워렌 버핏이 사려는 회사 만들기 아이디어 80

워렌 버핏이 사려는
회사 만들기
아이디어 80

바넷 C. 헬츠버그 지음 | 이수정 · 이경호 옮김

돈키호테

옮긴이 이수정

성균관대학교 독어독문과를 졸업하였고, 서강대학교 경제대학원에서
국제경제학으로 석사 학위를 받았다. 이후 기업은행에서 외환 딜러로 근무하며
외환시장에 대한 거시적인 안목을 갖게 되었으며, 2000년부터 로이터통신으로
옮겨 거시경제 및 외환 전문기자로 활약하고 있다. 역서 《달러의 경제학》,
《세계사를 바꿀 달러의 위기》(공역)

옮긴이 이경호

서강대학교 경영학과를 졸업하였고, 2002년부터 로이터통신에서 국제
전문기자로 근무. 2006년 이후 외환 및 거시경제 담당 기자로 근무.
역서 《세계사를 바꿀 달러의 위기》(공역)

워렌 버핏이 사려는 회사 만들기 아이디어 80

초판 1쇄 인쇄 2007년 10월 10일
초판 1쇄 발행 2007년 10월 15일

지은이 바넷 C. 헬츠버그
옮긴이 이수정 · 이경호
펴낸이 이윤희
펴낸곳 돈키호테

등록   제2005-000031호
주소   158-735 서울 양천구 목동 907
        현대월드타워 1826호
전화   02-2649-1687
팩스   02-2646-1686
E-mail liha2037@hanmail.net

ISBN 978-89-957-0987-0 03320
가격 15,000원

● 잘못된 책은 바꾸어 드립니다.
● 일러두기 *옮긴이 주(註)

이 책을 어머니 글래디스 펠드 헬츠버그(1905~73)께 드립니다.
어머니는 내가 좋아하는 저널리스트이며, 언어에 대한 사랑과
다른 사람들에 대한 배려를 포함해 모든 면에서 자식들에
많은 것을 주신 분입니다.

이 책을 또한 아버지 B.C. 헬츠버그 1세(1903~76)께 드립니다.
아버지는 이 책에 나와 있듯이 많은 교훈을 주셨으며
또한 행복과 성공에 대해 많은 가르침을 주셨습니다.

차 례

CHAPTER 1 경영관리 Managing

CHAPTER ② 의사결정 Decision Making

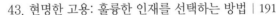

CHAPTER 6 집중하기 Focusing

"오마하의 현인"인 동시에 "투자의 귀재"로 잘 알려진 워렌 버핏! 그는 가치 투자를 통해 40년간 연평균 25%라는 경이적인 수익률을 올린 것으로도 유명하다. 바로 그가 회장으로 있는 투자회사 버크셔 헤서웨이가 2007년 미국의 경제 전문지 〈배런스 Barrons〉가 선정한 "존경받는 세계 100대 기업"에서 GE나 존슨앤존슨, 토요타 등 유수의 기업들을 제치고 당당히 맨 윗자리에 이름을 올렸다. 이를 계기로 세계에서 두 번째 부자이면서도 검소한 생활로 타의 모범이 되고 있는 버핏에게 또 한 차례 세간의 관심이 집중되기도 했다. 사람들은 이제 점점 더 버핏의 투자 전략을 배우느라 애를 쓰고 있고 그가 어떤 회사에 관심을 두고 있으며 어느 회사 주식을 보유하고 있는지에 대해 많은 관심을 갖게 되었다. 자연스럽게 버핏이 투자나 인수 대상으로 꼽은 기업들은 "믿을 만하고, 투자할 만하다"는 보증서를 얻게 된다고 해도 과언이 아닐 것이다.

이 책은 투자의 달인인 워렌 버핏이 한눈에 반해서 인수한 "헬츠버그 다이아몬드"라는 기업에 대한 이야기다. 한 마디로 경영 지침서라고 할 수 있는 이 책의 저자인 바넷 헬츠버그는 할아버지와 아버지에 이어 가족기업인 헬츠버그 다이아몬드를 맡아 그 분야에서 최고의 기업으로 성장시켰다. 이 책에는 버핏을 매료시킬 만큼 훌륭한 기업을 키워낸 저자의 경영 지식과 노하우가 빽빽하게 담겨 있다. 또 79년 동안 3대에 걸쳐 내려온 경영자 집안의 혜안들도 고스란히 녹아 있다.

저자가 소개하는 지식과 노하우들에는 "당신의 사업을 차별화하라" 같은 다소 평이한 조언부터 "어떻게 좋은 회계사나 변호사를 찾을 수 있는가" 등의 구체적이고 시시콜콜한 정보까지 포함되어 있다. 제품 가격을 어떻게 인상해야 고객들에게 충격을 주지 않으면서 매출을 유지할 수 있는가 하는 다소 기술적이면서 실용적인 내용도 담고 있다. 반면에 지나친 자존심을 경계하라는 식의 정신적인 측면을 강조하는 것도 잊지 않고 있다.

저자인 바넷 헬츠버그는 소신이 있으면서도 상당히 개방적인 인물이다. 각각의 장(章) 처음이나 끝 자락에 소개된 각계각층 인사들의 명언은 그가 얼마나 다양한 분야에 지식을 갖고 있으며 얼마나 폭넓게 사회 여러 분야의 인물들로부터 영향을 받았는지를 보여 주고 있다. 이 책은 각각의 주제별로 구분된 짧은 분량의 세분화된 장들로 구성되어 있다. 저자가 직접 경험한 일화들로 각 장이 시작되고 끝 부분에는 그 장의 내용들이 깔끔하게 요약·정리되어 있다.

서점에 나가 보면 셀 수 없을 정도로 많은 종류의 경영 관련 서적들이 독자들의 선택을 기다리고 있다. 그 중에는 워렌 버핏의 가치 투자와 관련된 책들도 즐비하다. 하지만 이 책은 기존의 딱딱한 경영 관련 서적들과는 분명 차별화된 장점이 있다. 이 책이 "사람 냄새가 나는" 따뜻한 경영 지침서일 뿐만 아니라 인생의 나침반 역할도 훌륭히 할 것으로 믿어 의심치 않는다. 쉽지 않은 번역 기간 동안 과연 이 책이 얼마나 많은 독자들의 선택을 받을지를 생각해 보았다. 저자는 서문에서 다른 사람들의 견해를 이용하는 것에 대한 자유로운 심정을 표현했다. "세계라는 정원"에서 "훌륭한 사람들의 생각"이라는 "꽃"을 마음껏 누리라는 저자의 말처럼 이 책에 소개된 회사 경영을 위한 지식과 혜안들을 마음껏 누려 보는 것은 어떨까.

세계 최고의 투자가에게 매각하기

어떻게 30초도 안 되는 시간에 당신의 회사가 세계 최고의 투자가에게 팔릴 수 있는가

1994년 5월의 어느 화창한 날 아침에 58번 거리와 5번가 인근의 플라자 호텔을 걸어서 지나칠 때였다. 누군가가 큰 소리로 "워렌 버핏이다!"라고 외치는 소리가 들렸다. 목소리가 들리는 방향으로 고개를 돌렸을 때 화사한 붉은색 옷을 입은 한 여성이 도로변에 버핏을 세워놓고 그와 정답게 이야기를 나누고 있었다. 버핏은 편안한 캐주얼 정장을 입고 그 여성이 말하는 것에 귀를 기울이고 있었다. 그 여성은 나중에 알고 보니 버핏이 경영하고 있는 성공적인 회사인 버크셔 해서웨이(Berkshire Hathaway)의 주주였다. 당시 이 전설적인 투자가인 버핏은 미국에서 두 번째로 부유한 사람이었고 버크셔의 주가는 대략 2만 달러였다.

그날 나는 회사에 대해 의논하기 위해서 모건스탠리의 우리 회사 재무 고문을 만나려고 뉴욕에 있었다. 우리 회사는 당시 전국적으로 143개(현재는 245개)의 보석 가게를 운영하고 있었다. 개인적으로 나는 회사가 점점 커져서 가게 매니저들의 이름을 듣고서도 누군지 모르는 것이 싫었다. 우리는 이미 그 이상으로 커버렸고 계속해서 성장하고 있었다. 그렇지만 우리는 회사를 공개하는 데 전

혀 관심이 없었다. 우리는 분기 이익과 주식 가격 등에 많은 신경을 쓰고 싶지 않았다. 그것보다는 회사의 장기적인 영업 건전성과 직원들의 복지에 관심이 있었다. 우리는 금융 도축업자들이 우리 회사라는 이 보석을 제멋대로 나누고 조금씩 팔아치우는 것을 절대로 원하지 않았다. 나는 또한 직원들이 내 무덤에 침을 뱉게 되는 것도 원하지 않았다.

그 여성이 작별인사를 하고 돌아섰을 때 버핏은 길을 건너려고 했고 나는 그때가 기회라고 생각하고 앞으로 걸음을 옮겨 손을 내밀었다. "안녕하십니까, 버핏 씨! 나는 캔자스 시티 헬츠버그 다이아몬드 사의 바넷 헬츠버그입니다." 그는 나를 알지 못했지만 공손하게 악수를 하면서 "안녕하시오"라고 인사하고는 내가 하는 말을 끝까지 들었다.

우리 곁에는 바쁜 뉴욕 사람들이 빠르게 지나쳐 갔고 거리의 자동차들도 낮은 진동음을 내며 지나갔다. 나는 미국에서 가장 날카로운 통찰력을 지닌 사람들 중 한 사람인 버핏에게 왜 그가 우리 가족이 79년간 경영해 온 보석 사업을 사는 것이 좋은가를 말했다. 우리 가족의 보석 사업은 미주리 주 북 캔자스 시티에 본사를 두고 있었다. 나는 "우리 회사가 당신의 투자 기준에 잘 맞을 것이라고 생각합니다"라고 말했다. 그러자 그는 "나에게 관련 자료를 보내 주세요. 그것은 기밀로 취급될 것입니다"라고 간단하게 대답했다.

버핏과 나의 대화는 30초도 채 걸리지 않았다. (사실 길거리에서 내가 버핏에게 했던 설명은 2002년 1월에 발간된 "하버드 경영 커뮤니케이션 레터"(Harvard Management Communication Letter)에서 특집으로 다루었다. 그 특집호에서는 나의 경우를 어떻게 엘리베이터가 세 층을 움직이는 정도의 시간 동안 당신의 생각을 팔 수 있었는가 하는 엘리베이터 설득(elevator's pitch)의 대표적인 사례로 소개하고 있다.) 내 생각은 물론 그의 주의를 사로잡았다. 당신이 길거리를 걷다가 우연히 버핏을 만나서 당신의 가족 회사에 대해서 그의 호기심을 자극할 수 있는 기회가 일생에서 몇 번이나 되겠는가?

나는 그 자리를 떠나면서 내가 버핏에게 그렇게 접근한 것이 노골적으로 건방진 정도는 아니라 해도 그가 당혹스러웠을 수는 있겠다고 생각했다. 그럼에도 불구하고 나는 3대에 걸친 우리의 성공적인 가족 사업이 버핏의 버크셔 헤서웨이와 딱 들어맞는 사업이라고 확신했다. 버크셔 헤서웨이는 〈포춘〉이 미국에서 가장 존경받는 10대 회사 중 하나로 여러 번 뽑은 회사이다. 1994년 버크셔의 순가치는 119억 달러로 코카콜라와 펩시콜라를 합친 것보다도 컸다. 그것은 시스 캔디(See's Candy), 월드북(World Book) 그리고 네브라스카 가구 마트(Nebraska Furniture Mart) 등을 포함해 30개 회사를 합친 것이다. 그리고 버크셔는 질레트(Gillette), 코카콜라 그리고 아메리칸 익스프레스사(American Express Company)의 최대 주주였다.

당신이 자신의 회사가 얼마나 잘 성장했고 발전했는가 하는 측정 기준을 찾고자 하고, 당신이 얼마나 회사를 잘 경영했고 회사 동료들에게 제대로 신경을 썼는가를 측정하려면 워렌 버핏이 그 회사를 사고 싶게끔 만드는 것이 최선의 방법이다. 그것이 바로 1994년에 우리 회사가 처한 상황이었다.

버핏은 헬츠버그의 3세대 주인으로서 우리의 자신만만함을 마음에 그리면서 나중에 왜 그가 우리 사업을 매수하기로 결정했는가에 대해 다음과 같이 말했다. "우리는 미국 업계에서 진정한 보석을 찾고 있었는데 헬츠버그가 이 보석 수집에 동참한 것은 매우 적합한 결정이었다고 생각합니다. 헬츠버그는 실로 우리가 투자하고자 하는 바로 그런 회사였습니다. 회사는 눈에 띄는 우수한 경영을 하고 있었고 리더십도 훌륭했습니다. 헬츠버그는 발전하고 있었고 나는 당신들과 경쟁하고 싶지 않았습니다. 나는 당신들 편이 되고 싶었습니다. 그것이 우리가 가고자 하는 방향이었습니다."

우리 가족 사업의 매수자로 나는 줄곧 워렌 버핏이 이상적이라고 생각하고 있었다. 나는 버핏이 본사를 계속 캔자스 시티에 유지할 것이라는 점이 믿을 만하다고 생각했다. 버핏은 회사의 성격을 바꾸지 않을 것이고 모든 헬츠버그의 사람들을 계속 고용할 것이라는 점도 알았다. 최고 가격을 제시한 사람에게 회사를 파는 것이 더 간단할 수도 있다. 그렇지만 그렇게 하는 것은 마치 신경외과 의사를 재능이나 명성이 아니라 치료비가 가장 싼 의사를 선택하는 것과 같다.

나는 1989년에 버크셔 헤서웨이 주식 4주를 사서 버크셔의 연례 미팅에 참석할 수 있었기에 버핏의 지혜로움을 어느 정도 알고 있었다. 그의 연설은 따뜻하고 겸손했다. 그는 성실하게 사람들을 대했다. 그는 종종 "훌륭한 사람들이 훌륭한 일을 한다"는 말을 인용하곤 했다. 그는 또한 "우리는 단지 우리가 신뢰할 수 있는 기업만을 산다"고 즐겨 말했다. 그가 헬츠버그 다이아몬드를 사들였을 때 그것은 확실히 사실로 입증되었다.

버크셔 헤서웨이의 연례 미팅에 처음 참석했을 때 나는 뜻밖의 새로운 발견을 했고 워렌 버핏과 그의 철학에 대해 많은 것을 배웠다. 나의 메모에는 "매우 뛰어난 능력을 가진 사람을 고용하라"는 내용이 포함되어 있었다. 또 다른 매우 인상적인 말은 켈로그 비즈니스 스쿨의 한 학생이 한 질문에 대해 버핏이 대답한 내용이었다. 그 학생은 "내가 앞으로 어떤 일을 할 것인가를 어떻게 결정해야 합니까?"라고 물었다. 버핏의 대답은 단순했다. "당신이 존경하는 기업에서 당신 자신이 사랑하는 일을 하라!" 그가 가장 중요하다고 생각하는 것은 사람임에 분명했다. 나도 아버지에게 "사업은 곧 사람이다"라는 것을 배웠기 때문에 버핏의 이런 생각은 매우 인상적이었다.

버핏은 그가 어떻게 우리 회사를 인수하게 되었는가에 대해 주주들에게 다음과 같은 방법으로 상세히 설명했다. "바넷(Barnett)은 우리가 관심을 가질 만한 사업을 갖고 있다고 말했다. 사람들이 그렇게 말할 때 그것은 종종 그들이 레모네이드 가판대*(lemonade stand, 여름에 청소년들에게 저가의 청량음료를 파는 길거리 가게. 여기에서는 가치가 별로 없는 기업을 의미)를 갖고 있는 것으로 판명되곤 한다. 물론 그것이 차세대 마이크로소프트로 빠르게 성장할 잠재력을 지니고 있을 수도 있다. 그래서 나는 바넷에게 회사의 상세한 내용을 보내 달라고 요청했다. 나는 이 거래가 이 정도에서 중단될 것으로 생각했다."

사실 거래는 거기서 거의 끝났다. 나는 즉시 집으로 돌아왔고 비밀 유지 문제로 시달리면서 버핏에게 아무것도 보내지 않았다. 나는 누군가에게 시간을 알려 주기 전에 그 사람의 사회보장번호(Social Security number)를 물어 보는 그런 류의 사람이다. 그러던 어느 날 밤 버크셔의 연차 보고서에서 그 회사 회장의 편지를 다시 읽게 되었다. 거기에서 버핏은 그의 인수 기준을 충족하는 회사들에게 정보를 보내 줄 것을 요청했다. 그리고 "완전히 비밀을 유지할 것을 약속한다"고 했다. 다음날 아침 면도를 하면서 나는 거울을 통해 상황을 더디게 터득해 나가는 자신을 발견했고 꾸물거리는 스스로를 질책했다. '그는 너에게 직접 거래 내용을 비밀로 유지한다고 말했다. 그는 너에게 서면으로 그렇게 말했다. 무엇을 더 바라는 거야? 그에게 정보를 보내.' 나는 결국 그렇게 했다.

우리가 버핏에게 마지막 정보를 보낸 지 오래 지나지 않아 그는 우리에게 전화를 해서 대화를 나누고 싶다고 했다. 그는 우리 회사가 버크셔와 많이 비슷하다고 말했는데 그 말이 나에게는 엄청난 찬사로 들렸다. 곧 우리는 오마하에 있는 그의 사무실에서 매각을 위한 협상을 했다.

우리의 방문 기간 동안 그는 믿기 어려울 정도로 단호하게 흥정하는 수완을 보여 주었다. 딜로이트 & 투세(Deloitte & Touche)의 우리 공인회계사는 버핏이 다른 회사를 사들일 때 지불한 금액에 근거해서 우리 사업에 대해 그에게 엄청나게 높은 가격을 불렀다. 나는 그 가격이 실제로 그가 최종적으로 지불한 가격의 두 배 가까이 되었음에도 불구하고 버핏이 아무런 반응을 보이지 않았던 것을 기억한다. 버핏과 나 두 사람 모두 그것이 터무니없이 높은 가격이라고 생각했음에 틀림없다.

"이것은 역사상 가장 단기간 내에 이루어진 거래일 것입니다"라고 버핏이 말했다. "그렇지만 정밀심사(due diligence)는 어떻게 되는 겁니까?"라고 내가 물었다. 협상이 너무 빠르게 진행되는 데 대해 나는 놀라고 있었다. 대부분 주식을 매입하는 측에서는 회사가 그 동안 갖고 있던 자투리 서류까지 볼 것을 요청하고 모든 최고 매니저들과의 인터뷰를 요구한다. 그런데 버핏의 방식은 달랐다. 버핏은 "나는 이러한 것들을 냄새로 알아차릴 수 있습니다"면서 "이 회사는 향기가 좋습니다"라고 말했다.

놀라운 일은 그것만이 아니었다. 나는 비경쟁 조항*(non-compete clause, 바넷 헬츠버그가 버핏에게 회사를 판 후 새로 비슷한 경쟁 회사를 만들지 못한다는 조건)에 대해 "당신은 분명히 그것을 원할 것입니다. 그렇지 않소?"라고 물었다. 버핏은 어깨를 으쓱하면서 "당신은 이 회사에 해가 되는 일은 어떤 것도 하지 않으려 할 것이오"라고 말했다. 어떤 사람이 당신에게 그렇게 말할 때 이는 당신의 남은 생애 동안 당신이 명예롭고 정직하게 행동할 것을 믿는다는 말이다.

버핏이 회사를 사들일 때 그는 돈을 벌기 위해 재빨리 그 회사를 되팔고자 하지는 않는다. 그는 우리에게 말하기를 "누군가가 언젠가 나에게 주식을 얼마나 오랜 기간 보유하고자 하는가에 대해 물었는데 나는 '영원히'라고 대답했습니다. 그것이 바로 우리가 사업을 할 때 느끼는 방식입니다"라고 했다.

우리가 그의 사무실을 떠나면서 택시를 부를 수 있겠느냐고 물었을 때 그는 우리를 엘리베이터까지 배웅하겠다고 나섰고 우리와 함께 엘리베이터를 타고 내려와서 택시를 기다리는 동안 함께 거리에 서 있었다. 이것이 버핏이 사람들을 대하는 전형적인 방식이다. 우리가 탄 택시 기사는 우리 회사에 대해 필사적으로 알고자 했다. 나는 어쩔 수 없이 거짓으로 우리가 하드웨어 소매상이라고 말해 버렸다.

회사를 사들이는 워렌 버핏의 접근 방식은 매우 솔직하다. 그는 그가 관심이 있는지에 대해 즉각적으로 대답하고는 더 이상 흥정할 수 없을 가격을 즉시 제시하는 식이다.

한 절친한 친구는 회사를 살 때 그의 변호사로부터 각각의 인수 계약서마다 일곱 가지 사항을 기입했다는 얘기를 들었다. 버크셔가 내 친구의 사업을 인수했을 때 그는 아무것도 요청하지 않았다. 그러한 내용은 이미 계약서 속에 담겨 있었기 때문이다. 이 사실은 워렌 버핏의 훌륭한 성격의 한 단면을 보여 주는 것이다. 그의 성격은 미국의 업계 풍토에서 훌륭한 사람들이 일등을 한다는 것을 입증하는 아주 중요한 역할 모델이다(혹은 빌 게이츠에 이어 2등일 수도 있다).

헬츠버그를 사들인 뒤에 버핏은 주주들에게 다음과 같이 설명했다. "우리의 소유권 구조는 내가 회사를 사서 그대로 유지한다고 말했을 때 회사를 판 사람에게 그 약속이 어떤 의미가 있다는 것을 알게 해줍니다." 그는 계속해서 "우리는 자신들의 회사와 회사 사람들에게 무슨 일이 있어났는지에 관심이 있는 소유주들과 거래하기를 좋아합니다. 그러한 유형의 매도자와 거래를 하면 단지 회사를 경매처분 하듯이 팔아치우려는 사람들보다는 불쾌한 일로 놀라게 되는 경우가 적기 때문입니다"라고 했다.

말을 하기는 쉬워도 실천하기는 어렵다. 그러나 버핏은 실천한다. 어떻게 그렇게 할까? 이는 현명하고 직관력이 있는 리더가 있는 회사를 사들이고 그 리더의 방식에 참견하지 않음으로써 가능하다. 버핏이 우리 회사를 샀을 때 새로 버핏의 제국에 들어간 22,000명의 직원들은 오마하(Omaha) 본사에 있는 단지 11명의 사람들에 의해서만 감독을 받았다. 거기에는 세부사항에 대한 아무런 통제도 없다. 단지 신뢰만이 있을 뿐이다. 그가 어떻게 이처럼 접근하지 않는 업무 방식을 만들었는가를 설명하면서 버핏은 다음과 같이 말했다. 그는 "매니저는 완전한 자율성을 갖고 경영을 하기 때문에 그들은 대단한 일을 하는 것이고 우리는 그들을 관리할 어떠한 사람도 필요로 하지 않습니다. 경영자는 그들 자신의 사업을 경영합니다. 그들은 어떠한 중앙 경영자에게도 보고할 필요가 없습니다. 우리가 4할 타자를 갖게 되면 우리는 그들에게 어떻게 스윙을 하는지에 대해 말할 필요가 없습니다"라고 말했다.

약속한 대로 버핏은 헬츠버그 리더쉽을 털끝만큼도 바꾸지 않았다. 그는 헬츠버그의 제프 코멘트(Jeff Comment)의 리더쉽에 만족했다. 제프는 과거 와나메이커(Wanamaker)의 회장이었다. 버핏은 훗날 말하기를 "제프는 우리와 같은 매니저였습니다. 사실 우리는 제프가 그 회사를 경영하고 있지 않았다면 그 사업을 사들이지 않았을 것입니다. 훌륭한 경영진이 없는 소매상을 사들인다는 것은 엘리베이터가 없는 에펠탑을 사들이는 것과 같은 일입니다"라고 했다.

헬츠버그 다이아몬드를 버핏이 사들인 것은 우리 가족의 힘든 노력이 옳았다는 것을 증명한 것이다. 우리는 수익성이 높은 고객을 중심에 두며, 그 어디에도 뒤지지 않는 품질과 가치, 서비스를 제공하는 보석상으로 국내 영업 기반을 세우기 위해 많은 동료들과 함께 애를 썼다. 우리의 노력을 모든 사람이 인정함으로써 우리는 돋보이게 되었다. 1994년 11월 산업 보고서에서 골드만삭스는 헬츠버그 다이아몬드를 "보석 산업의 노드스트롬(Nordstrom)"이라고 불렀다.

그 보고서는 헬츠버그의 점포당 평균 매출액이 1994년에 1백7십만 달러 이상을 기록했다고 했다. 그것은 업계 평균의 거의 두 배에 달하는 것이다. 골드만삭스는 헬츠버그가 그 시장의 틈새에서 다른 보석상들에게 탁월한 전형을 수립했다고 말했다. 헬츠버그는 중류층과 중상위층 소비자들에게 물건을 팔아서 틈새를 개척한 것이다. 보고서는 다른 백화점들이 노드스트롬과 경쟁하는 법을 배우려 했던 것처럼 다른 신용 있는 보석회사들도 헬츠버그와 효과적으로 경쟁하기 위한 전략을 개발해야 할 것이라고 끝맺고 있다.

버크셔는 미국 내에서 S&P사에 의해 트리플 A(AAA)의 신용등급을 부여 받은 십여 개 회사 중의 하나이다. 버핏은 우리의 협상이 끝난 후 훗날 우리에게 "당신들은 실로 불루칩 가운데서도 최고로 인정받고 있는 회사와 연결되었습니다. 그리고 우리는 헬츠버그와 연결됨으로써 그 분야에서 최고로 인정받는 다른 회사들과도 결합되었습니다"라고 했다. 나는 이보다 더 정중하게 말할 수는 없다고 생각했다.

만약 아버지인 바넷 1세와 할머니인 모리스가 아직도 살아 계시다면 그분들도 우리 가족 사업에 대해 자랑스러움과 만족감을 느꼈을 것이다. 우리 가족의 사업은 1915년 캔자스의 캔자스 시티에서 가게 하나로 시작해 1994년 현재는 23개 주에 143개의 매장을 거느린 그룹으로 성장했다. 우리의 총 매출액은 2억8천2백만 달러이며 매장들은 잘 관리되고 있다. 버핏은 뉴욕의 길거리에서 처음 시작된 그 협상에 대해 최종적으로 다음과 같이 이야기했다. "우리는 레모네이드 가판대에 대해 이야기한 것은 아니었다."

다이아몬드 캐기(Mining for Diamonds)

◆ 아버지는 우리에게 더 높은 위치로 갈수록 더 나은 대접을 받는다고 말했다. 버핏은 그 규칙을 실증적으로 보여준 예이다.
◆ 버크셔가 하는 것처럼 공정한 계약을 활용하라. 다른 한쪽이 생각하기에 당신이 그쪽을 속이려는 놀이를 한다고 생각하게 해서는 안 된다.
◆ 사회적 계층과 사업의 성공은 상호 배타적인 것이 아니다.
◆ 매우 귀중한 교육의 기회를 갖기 위해 버크셔 헤서웨이의 B주식 한 주를 사라. 그러면 그 회사의 연례 보고서를 얻을 수 있고 (웹사이트에서 활용할 수 있다), 회사의 연례 미팅에도 갈 수 있다 (주주들만 참석할 수 있다). 어떤 사람들은 버크셔의 한 차례 미팅이 한 학기의 MBA 수업보다 더 가치 있다고 주장하기도 한다.

너 자신을 알라

기업가가 되기 위해 필요한 것

아버지가 우리 집안의 사업을 물려받았을 때 그의 나이는 불과 14살이었다. 할아버지 모리스 헬츠버그(Morris Helzberg)가 갑자기 돌아가셨을 때 캔자스 시티에 있던 작은 보석 가게를 운영할 사람은 아무도 없었다. 아버지의 형인 모튼(Morton)은 치과 대학에 다니고 있었고 다른 형인 길버트(Gilbert)는 제1차 세계대전에 참전 중이었다. 당시 아버지도 학교에 다니고 있었기 때문에 우리 가족은 한 친척 아저씨에게 아버지가 학교에서 돌아올 때까지 그 가게를 봐달라고 부탁해야 했다. 아버지는 그러한 결정을 순순히 받아들었다.

이는 아버지가 진정한 기업가적 자질을 가지고 자연스럽게 그 임무를 받아들였음을 의미한다. 그는 타고난 장사꾼이었다. 한 사람의 손님이라도 더 모시기 위해 종종 폐점 시간 후에도 가게에 남아 있곤 했다. 학교 선생님은 아버지의 관심이 학교에서 일로 바뀌어 가는 것에 대해 걱정하며 하루는 이렇게 물었다. "바넷, 대체 공부는 어디서 하니?" 아버지는 솔직하게 "차 안에서 하는데요"라고 말해 반 친구들을 웃게 만들었다.

17살이 되면서 아버지는 가게를 좀 더 큰 건물로 이전시켰고 젊은 혈기로 자기 자신을 다이아몬드 상인이라고 선언했다. 그 가게는 다른 보석 가게들과 마찬가지로 반지와 시계를 팔았지만 그 상표는 아버지가 자기 자신과 집안의 사업을 위해 원대한 포부를 갖고 있다는 것을 온 세상이 알게 해주었다. 미국 경제가 침체에 빠졌던 1932년 아버지는 가게의 크기를 배로 늘리면서 침체된 지역사회에서 용기와 긍정적인 사고의 상징으로 떠올랐다. 그는 어떠한 시련에도 성공할 수 있는 긍정적인 성격을 우리 세 아들들에게도 가르치고 요구했다.

　　아버지는 내가 15살 때 여름방학을 이용해 가게에서 일을 하도록 시켰다. 당시 나는 아버지가 나에게 무엇을 기대하는지 잘 몰랐다. 순종적이지만 소심한 어린아이였던 나는 아버지에게 이 일을 하지 않게 해달라고 졸랐다. 나는 장사꾼으로 가망이 없었던 것이다. 하지만 아버지는 체험을 통해 배우는 것의 중요성을 알고 있었다. 그래서 나는 판매하는 일부터 시작했다. 그 일에 대한 나의 사랑은 내가 처음 물건(라디오였던 것으로 기억한다)을 팔고 나서 느꼈던 들뜬 기분 이후에 시작되었다. 그리고는 그 전까지 내가 가졌던 거부 반응을 뛰어넘을 수 있었다. 나는 고객과의 상호작용에 그리고 그 결과 생겨난 상호관계에 매료되었다.

　　첫 번째 판매를 무난하게 넘긴 나는 내가 이 일을 할 수 있다는 자신감을 갖기 시작했다. 그것은 일이 아니었고 "재미"였다. 그해 여름이 끝날 무렵, 나는 회사 전체의 시계 판매 콘테스트에서 톱10위 안에 들었다. 다이아몬드를 팔 수 있는 자격을 얻지는 못했지만 나는 한 사람의 기업가였으며 내 운명의 주인이었다. 내가 마음먹은 일은 무엇이든 할 수 있었다. 모든 것이 가능했다. 나는 다른 기업가들이 추진력을 어디서 얻었는지를 말할 수는 없지만 아마도 많은 이들이 나처럼 어린 시절에 얻었을 것이라고 확신한다.

스스로가 자기 자신의 주인이 된다는 느낌, 그리고 당신의 손으로 미래를 결정한다는 느낌은 겁이 날 정도로 소름 끼치면서도 동시에 흥분되는 것이다. 아버지는 병에 걸리자 나에게 회사를 물려주겠다고 했다. 1962년 나는 29살의 나이로 헬츠버그 다이아몬드(Helzberg Diamonds)의 사장이 되었다. 나는 두려웠고 완전히 준비가 안 된 상태였지만 아버지를 비롯해 모든 집안 식구들의 전폭적인 지원 속에 사장직을 맡게 되었다. 힘든 일도 많았지만 그것은 항상 흥미로웠다. 실수도 저지르고 때로는 실패도 맛보았지만 나의 열정과 가족들의 지지는 절대로 흔들리지 않았다.

성공한 모든 사람들은 실패를 경험한다. 어린아이가 스스로 걸을 수 있을 때까지 얼마나 많이 넘어지는가. 베이브 루스는 1330번이나 삼진을 당했지만 714개의 홈런을 친 타자로 기억된다. 기업가들이란 실수와 과오에도 불구하고 보다 큰 목표를 위해 포기하지 않는 특별한 종족이다.

이미 고인이 된 나의 정신적인 지주 어윙 카우프만(Ewing Kauffman)은 매리온 연구소(Marion Laboratories)의 설립자이자 캔자스 시티 로열스 야구팀의 전 구단주이다. 그는 1950년대에 제약회사 판매사원이 되었고 사람들에 대한 사랑으로 위대한 성공을 이루어냈다. 제약회사 판매사원 시절 그는 자신에게 주어진 판매 할당량을 매번 초과달성 했고 자신의 상사보다 많은 돈을 벌어들였다. 그러자 상사는 카우프만의 영업 범위를 줄여 버렸다. 이러한 시련에도 불구하고 카우프만은 그 전보다 높은 실적을 올렸고 또 다시 상사보다 많은 돈을 벌어들였다. 그러자 이듬해 상사는 카우프만의 판매 수수료를 줄여 버렸다. 그 당시까지 충분히 많은 것을 이뤄 놓았던 카우프만은 회사를 그만두고 자신의 사업을 시작했다. 그는 자기 집 지하실에서 제품을 포장했고 차 트렁크에서 물건을 팔았다. 1989년 카우프만은 자신의 매리온 연구소를 메릴 다우(Merill Dow)에 65억 달러에 팔았다.

모든 이들이 어윙 카우프만이 되기를 원하지는 않는다. 나는 헬츠버그 기업가 멘토링 프로그램(Helzberg Entrepreneurial Mentoring Program, 경험이 적은 기업가들을 보다 경험이 많은 기업가들과 연결시켜 주는 프로그램) 안에서 매일 비슷한 꿈과 욕망을 가진 젊은 기업가들을 발견한다. 그들은 자신의 미래를 자기 스스로의 힘으로 결정 짓고 싶어한다. 아무도 성공적인 기업가가 될 수 있는 쉬운 지침서를 갖고 있지는 않다. 만일 그런 방법을 알고 있다고 말하는 사람은 분명 거짓말을 하고 있는 것이다. 성공하기 위해서는 어느 정도의 운도 필요하다. 그 "운"은 종종 다른 사람들에 앞서 기회를 발견하고 포착하는 것으로 연결되곤 한다.

기업가들은 아주 다양한 외형과 역량, 성별 그리고 사회적 배경에서 탄생한다. 어떤 이들은 자신의 레모네이드 가게를 시작하는 순간부터 기업가가 되기도 한다. 어떤 경우에는 특정 상황이 기업가들을 만들어내기도 한다. 직장에서 해고를 당해 어쩔 수 없이 기업가가 되는 경우도 있고 아니면 오히려 자신의 보스를 쫓아내고 회사를 어려운 상황에서 구출하기도 한다. 기업의 다운사이징(Downsizing)이 일련의 새 기업가들을 만들어낸다.

기업가들은 성공지향적이다. 그들은 대부분이 자신의 길을 방해하는 것은 아무것도 없다는 고지식한 신념을 가지고 있다. 또 자신이 생각하고 있는 기회를 폄하하는 사람들의 말은 잘 들으려 하지 않는다. 그들은 경쟁하는 것을 좋아하고 경우에 따라서는 코스를 바꿔서라도 목적지에 도달하려는 부상당한 육상 선수들의 기술을 가지고 있다.

　만약 당신이 이런 사람이 아니라면, 쓸데없이 기업가가 되려고 하지 마라. 이는 전혀 가치가 없는 일이다. 어떤 일을 끝까지 추진할 수 있는 진정한 욕망이나 끈기가 없이 그저 현재 당신의 일이 마음에 들지 않는다는 이유로 당신만의 사업을 시작하려고 한다거나 사장이 될 수 있다고 생각하는 것은 재앙을 초래하는 짓일 뿐이다. 진정한 "뜻"이 없는 곳엔 절대로 "길"이 없다.

　어떤 이들은 자기 가족들과의 시간을 포기해야 하는 대가를 치르려 하지 않기도 한다. 그 "선택"에 대해서는 논란의 여지가 있지만 어떤 일이 누군가의 목덜미를 잡아 치열한 경쟁 속에 집어넣는 경우라면 선택의 여지가 없을 것이다.

　정부의 통계에 따르면, 매년 약 1백만 개의 기업이 생겨난다. 그리고 그 중 절반 이상은 자금난이나 경영 원칙의 부재, 혹은 기업가 정신의 부재로 2년을 버티지 못하고 실패한다. 어떤 이들은 실제 상황보다 개념에 보다 집착한다. 그들은 등산을 시작하기도 전에 이미 그 산의 정상에서 바라볼 아름다운 경치를 예상할지도 모른다.

　반면 기업가들은 무엇보다 산에 오르고 싶어한다. 그리고 정상에 서서 매혹적인 경치를 잠시 감상한 뒤 바로 다음에 오를 산을 물색한다. 만일 당신이 자신의 창의적인 생각들이 성공하는 것을 지켜보겠다는 집념을 가지고 있고 그에 대해 대가를 치를 의지가 있다면, 당신은 새로운 사업을 시작하든 기존의 사업을 확장시키든 관계없이 기업가로서의 삶을 추구해야 할 것이다. 나의 경우에는 "아버지가 어렵게 재산을 모으면 아들이 풍요롭게 살고 손자는 다시 열심히 일한다"는 속설이 잘못됐다는 것을 입증하겠다는 다소 독특한 동기가 포함되어 있었다.

이미 미국에는 2천2백만 개의 작은 기업들이 존재한다. 그들은 전체 미국 기업의 99%를 차지한다. 그들은 민간 고용의 53%를 차지하고 있고 미국 전체 GDP의 절반 이상을 만들어낸다. 기업가들은 매일 성공적임을 입증하고 있고 지역사회와 국가에 진정한 혜택을 제공한다.

정말로 미친 듯이 원한다면 당신은 성공할 수 있다. 오늘날의 유망한 기업가들은 내 시대의 기업가들에 비해 훨씬 더 생각이 깊다. 그 중 내가 연락하고 지내는 기업가들은 어떤 모험에 뛰어들기 전에 미리 득과 실을 따져야 하고 자신의 장단점을 파악해야 한다는 것을 충분히 이해하고 있는 것으로 보인다. 그들은 가족에게 할당해야 할 시간과 근무 시간을 신중하게 생각한다.

거기에 마술 같은 공식이나 그 본질을 바로 파악할 수 있는 리트머스 시험지 같은 것은 없다. 단지 얼마나 헌신해야 하는가를 깨달으면 된다. 하지만 성공한 기업가들의 특성은 일반적으로 다음과 같다.

- **결단성**(Decisive): 그들은 직관이나 살아가는 데 있어서 알아

야 할 지혜, 심지어는 동물적인 육감 등에 의존한다. 아울러 그들은 논리나 다른 세부적인 내용들을 완전하게 몰라도 큰 아이디어들을 잡을 수 있다.

- **위험 감수자**(risk takers): 그들은 이런저런 가능성을 고려하면서도 재빨리 실행한다. 만일 그러한 행동이 부정적인 리스크를 수반하고 있다면 그것은 기업가들이 기꺼이 지불해야 할 대가이다.

- **집념**(Persistent): 실패는 그들이 언젠가는 얻을 것이라고 믿고 있는 성공에 대해 지불하는 계약금에 불과하다. 그들은 항상 제2안을 갖고 있다.

- **현실성**(Tough-minded): 그들은 엄청난 것을 꿈꿀지 모르지만 결과에 대해 점수를 매길 때는 현실적이 된다. 그들은 다음 실험의 확률을 구하기 위해 무엇이 필요한지 알아야 한다.

- **독립성**(Independent): 그들은 자신의 장단에 맞추어 행진하는 것을 더 선호한다. 그리고 그것은 종종 더 힘든 결과로 이어지기도 한다.

- **돈에 민감함**(Money-sensitive): 실제로 돈을 얼마나 벌었느냐는 그들이 어떤 노력을 기울였는지에 상관 없이 얼마나 제대로 일했는지를 나타내 주는 분명한 메시지다. 그들 가운데 대부분은 이익(profit)은 의견(opinion)이며, 현금(cash)은 사실(fact)이라는 것을 잘 알고 있다.

- **절대로 만족하지 않음**(Never satisfied): 목적지에 아무리 빨리 도달하더라도 그들은 기존의 것을 대체할 새로운 계획들을 세운다. 그들은 아무리 성공을 거두더라도 끊임없이 새로운 일을

시작한다.

- **정열적임**(Passionate) : 그들은 자신이 하는 일을 사랑한다. 그
  들에게 시간은 항상 빠르게 지나간다. 그들은 "지루함"을 면제
  받은 사람들이다.

위에 열거한 특징 외에도 성공한 기업가들은 다음과 같은 감정
적인 자질의 소유자들이 많다.

- 리더가 되는 것을 좋아한다.
- 책임자가 되는 것을 즐긴다.
- 비난과 거부반응을 잘 수용한다.
- 성공을 위해 얼마나 발전해 나아가야 하는지를 알고
  싶어한다.
- 자신의 장점과 약점을 알고 있다.
- 언제 어디서 도움이 필요한지를 알고 있다.
- 자신이 부족한 분야에서 강점을 가진 사람들을 고용하는
  혜안이 있다.
- 비판이 좋은 관계를 맺는 데 방해가 되지 않게 한다.
- 아무리 불합리하거나 지나친 요구를 하는 상사를 위해서라도
  기꺼이 일하려 한다.
- 성공을 위해 필요한 자제심을 보여 주며 열심히 일하려 한다.
- 가족들을 위해 보낸 시간들에 대해 기꺼이 비싼 대가를 치를
  생각이 있다.
- 처음에는 상대적으로 적은 이익을 만들려고 한다(이왕이면 제한

적인 시간 안에).

결국 가장 중요한 것은, 기업가들은 그들의 아이디어를 사업으로 만들어낸다는 것이다. 그들은

- 차별화시킨다. 그들은 시장에서 어떤 아이디어를 다른 아이디어들 속에서 부각시키는 방법을 알고 있다.
- 자금조달을 생활화한다. 그들은 사업을 키우고 유지하는 데 충분한 자금 조달원을 발견하는 것이 얼마나 필요한지를 이해하고 있다.
- 실행한다. 모든 것을 한데 모아 작동하도록 하기 위해 그들은 기술과 직감, 행운 등을 조합한다.

기업가들은 인내심과 팀워크가 필요한 경우에는 그다지 함께하기에 적합한 종족들이 아닐지도 모른다. 그들은 친구를 사귀기 위해 많은 시간을 투자하려 하지 않는다. 그들은 일중독자가 될 수 있다. 그들을 현실에 어두운 몽상가나 심지어 사기꾼으로 오도하는 것은 쉬울 수 있다. 하지만 결국 그들은 아메리칸 드림에 참가하기 위한 시점을 기다리고 있는 이들에게 일자리와 안전 그리고 소득을 제공해 줄 수 있는 능력을 가진 사람들이다. 기업가들이 없다면 기업의 세계는 재미없는 단순 반복적인 곳이 된다. 그래서 심지어는 관료들조차 무엇인가 재미있는 일을 만들어 줄 용기와 지혜를 가진 누군가를 원할지 모른다.

그렇더라도 당신이 기업가가 되기 위해 어떤 사업을 새로 시작

할 필요는 없다. 어떤 사람들은 조그마한 사업을 물려받거나 나처럼 떠밀리는 식으로 사업을 맡게 되는 경우도 있다. 또 다른 이들은 커다란 기업 안에서 기업가 역할이 필요한 부서를 담당하기도 한다. 이 책 안에 담긴 아이디어들은 그러한 기업가들에게도 도움이 될 것이다. 만일 이 책을 읽고 나서 이것이 당신의 인생이라는 생각이 들지 않는다 하더라도 당신은 적절하게 충고를 얻은 셈이다.

이런 이야기들을 듣고도 당신은 아직도 기업가가 되기를 원하는가? 나는 그랬으면 한다. 만일 그렇다면 나는 당신을 지지하고 당신에게 경의를 표하는 바이다. 나의 사업 경험은 나에게 기업가라는 직업이 세상에서 가장 위대한 직업이 될 수 있음을 가르쳐 주었다. 물론 거기에는 여러 장애물이 있을 수 있다. 하지만 요기*(Yogi, 미국 프로야구 뉴욕 양키스의 전설적인 선수)가 말했듯이 "진짜 끝나기 전에는 아직 끝난 것이 아니다."

꿈과 희망의 세계는 고통을 이겨낼 수 있게 한다. 그것은 바로 아버지가 당신에게 말했을, 그리고 우리 모두가 알고 있는 "아버지는 무엇이 가장 좋은 것인지 안다"(Father knows best)이다.

■ 감사의 글

아내 셜리 부시 헬츠버그(Shirley Bush Helzberg)에게 감사한다. 그녀는 매일 나에게 힘과 용기를 불어넣으면서 자극을 주었다. 도움과 격려를 아끼지 않은 워렌 버핏, 데이빗 퓨(David Phgh), 인내심을 갖고 나를 격려해 준 편집인 샘 플레이시맨(Sam Fleishman), 나의 훌륭하고 성실한 대리인 패트리샤 브라운 글렌(Patricia Brown Glenn), 아주 중요한 조언을 해준 킴 아이젠하워(Kim Isenhower), 이 책을 여든 번이나 다시 읽었다고 주장하는 폴 웬스크(Paul Wenske), 그들이 없었다면 이 책은 완성되기 어려웠을 것이다. 그리고 편집과 자료를 추가해 주고 나를 격려해 준 밥 클락(Bob Clark) 박사, 앨리스 지노트 콘(Alice Ginott Cohn) 박사, 테드 콘(Ted Cohn), 리치 데이비스(Rich Davis) 박사, 밥 돌(Bob Dole) 상원의원, 톰 에블런(Tom Eblen), 폴라 파이어스톤(Pola Firestone), 톰 길(Tom Gill), 존 굿맨(John Goodman), 바 헬츠버그(Bar Helzberg), 부시 헬츠버그(Bush Helzberg), 찰스 헬츠버그(Charles Helzberg), 래비 모리스 마골리스(Rabbi Morris Margolies), 하비 맥케이(Harvey Mackay), 존 맥밀(John McMeel), 딕 밀러(Dick Miller), 에릭 모겐스턴(Eric Morgenstern), 쉐니 모겐스턴(Shanny Morgenstern), 피에르 모넬(Pierre Mornell) 박사, 엘레너 문디스(Eleanor Mundis), PV&M의 조안나 포메란츠(Joanna Pomeranz), 베스 스미스(Beth Smith), 하비 토마스(Harvey Thomas) 박사, E.J. 워터스(E.J. Waters) 그리고 나의 친구들, 학생들, 헬츠버그 다이아몬드 사 직원들, 헬츠버그 사의 멘토링 프로그램 회원들, 그리고 나의 멘토들에게 감사 드린다. 그들은 나를 잘 참아 주었고 오랜 세월 동안 나에게 가르침을 주었다.

■ 표절을 자백함

표절은 최근 언론과 몇몇 저명한 저술가들에게 흥미롭고 논쟁의 대상이 되는 주제이다. 나는 아주 많은 사람들이 내가 활용할 수 있는 생각들을 만들어내고 있다는 것을 알았다. 내 평생을 통해 나는 그것이 사실임을 알았다. 나는 나의 생각과 사고가 많은 현자들로부터 빌리거나 훔쳐온 것이라는 사실을 고백한다.

나는 항상 다른 사람들의 의견을 구하고 그들이 신봉하는 주장들을 귀 기울여 듣고자 했다. 심지어 내가 그들과 극단적으로 반대 의견을 갖고 있는 경우에도 다른 사람들의 의견을 경청했다. 그 결과 나는 내 생애를 통틀어 단 하나의 독창적인 생각만을 주장하며, 그리고 이 책에서는 수년간 많은 위대한 사람들의 훌륭한 사고를 훔친 표절자라는 것을 드러내고 싶을 뿐이다.

세계를 당신의 정원이라고 생각하라. 그곳에는 훌륭한 사람들과 생각들로 가득 차 있으며 당신에게는 제한 없이 그것들을 선택할 수 있는 권리가 있다. 정원의 꽃들을 마음껏 즐겨라!

Enjoy the Flowers!

경영관리
Managing

01 통제할 수 있는 일에만 신경 써라

언제나 주위 상황을 통제할 수 있는 것은 아니다. 그러나 스스로
의 생각은 통제할 수 있다. – 찰스 포필스타운(Charles Popplestown)

근심은 결코 빌린 적이 없는 돈에 대한 이자이다.   – 작자 미상

나는 자라면서 아버지가 사업에서 오로지 통제할 수 있는 요소에
만 신경을 쓴다는 점이 흥미로웠다. 그는 불황이라는 것을 인정하지
않았으며 불황기에도 꽤 사업을 잘 꾸려 나갔다. 경기침체와 20인치
나 온 눈에 대해서는 말하려고 하지 않았다. 단지 그가 통제할 수 있
는 상황에 대해서만 생각하고 말하려고 했다.

나는 매일매일 아버지의 행동에서 이러한 성향을 보았다. 그러므
로 국가경제가 침체되어 있을 때에도 아버지가 말하지 않았기 때문
에 나는 그런 상황에 대해 알지 못했다. 당시 사람들은 노동절에는
모든 사람이 교외로 나가므로 가게 문을 닫아야 한다고 권고했다.
이에 대해 아버지는 "얼마나 많은 사람이 가겠는가?"라고 말하곤 했
다. 물론 우리는 가게문을 계속 열어 놓았고 장사도 그럭저럭 괜찮
았다.

아버지는 "사소한 일에 신경 쓰지 않는다"는 말을 대단히 신봉한
사람이었다. 그는 우리에게 우리가 통제할 수 있는 일에만 집중하도
록 가르쳤다. 이것이 크게 성공한 사람들의 공통된 특징이라는 것을

깨닫기까지는 아버지의 이러한 점이 독특하다고 생각했다. 그런 사람들은 결코 희생자가 되지 않았다. 그들은 자신들 앞에 닥친 상황을 받아들이고 해결해 나갔다. 그 밖의 일들은 시간 낭비였다.

나는 나의 수호신으로 포고 포슘*(Pogo the Possum, 델코믹 사가 발간한 2,500페이지에 달하는 월트 켈리의 코믹북으로 고도의 모험과 기발한 상상에서 법석을 떠는 광대극에 이르는 내용을 담고 있다)을 선택했다. 그것은 만화가 월트 켈리(Walt Kelly)가 그린 지혜로운 창작물이다. 포고는 "우리는 적을 만났는데, 적은 곧 우리다"라고 말했다. 이 철학은 다른 사람들을 탓할 수 있는 여지를 남겨 두지 않으면서 우리를 확실한 성공의 길로 이끈다. 1992년 민주당 대선 전략가인 제임스 카빌(James Carville)도 포고의 말에 동의했다. 카빌은 "그것은 인류 역사상 가장 현명한 것이다"라고 했다. 이는 몇 년 전 〈타임〉지 기사 중에 인용된 말이다.

"유일하게 통제할 수 있는 거래"라는 철학은 당신 스스로가 주목해야 하는 일에만 집중할 수 있도록 도와준다. 이러한 원칙을 명심하다 보면 시간과 자원을 아낄 수 있다. 결과적으로 문제를 해결하기 위해 아무것도 할 수 없다면 문제를 그냥 놔두는 방법밖에 없다.

다이아몬드 캐기

◆ 통제할 수 있는 문제만 다루어라.

◆ 결코 희생자가 되지 말라.

◆ 성공하려면 하나만 선택할 수 있는 궁지에 빠져 있다고 스스로를 속여라.

02 당신의 사업을 차별화하라

큰 것이 더 좋은 것은 아니다… 더 나은 것이 더 좋은 것이다.

– 비비안 제닝스(Vivien Jennings)

다이아몬드의 가치를 가장 이해하기 쉽게 측정하는 방법은 크기이다. 모든 사람은 1캐럿의 다이아몬드가 1/2 캐럿의 다이아몬드보다 크다는 것을 안다. 그것이 소비자들이 기본적으로 알고 있는 것이다. 이러한 마케팅 환경에서 놀랍게도 아버지는 미국 전체의 다른 보석업체들과는 180도 다른 접근을 시도했다. (이 책을 읽으면서 여러분은 우리의 고객들이 당시 중산층이었다는 사실을 명심해야 한다.)

아버지는 약혼 반지 매장에서 외알박이 다이아몬드를 팔 때 "완벽한" 것이 아닌 것은 팔지 않았다. 즉 질적으로 결함이 없고 좋은 색깔을 지니고 있으면서 커팅이 좋고 투명도가 완벽한 것이어야 했다. 아버지는 이런 개념에 적절한 말을 찾으려고 애쓰고 있었는데, 우연히 집어든 베이킹 소다 박스에 "이 베이킹 소다는 완벽함을 보증한다"라고 씌어 있는 것을 보았다. 이렇게 하여 헬츠버그의 "완벽보증"(Certified Perfect) 다이아몬드가 탄생하게 되었다.

고객들이 우리 가게에 들어왔을 때 다이아몬드는 돈값에 비해 실제로 좀 작았다. 우리는 그들에게 다이아몬드가 완전무결한 완벽성

을 갖추고 있으며 돈으로 살 수 있는 최고의 품질이라는 것을 설명
했다. 우리는 우리의 고객들이 사랑의 징표로 다이아몬드를 그들의
신부에게 주어야 할 의무가 있다고 느꼈다.

이것은 무엇을 말하는 것일까? 나는 무엇보다 먼저 이 일이 직책
을 막론하고 우리 회사 내의 모든 직원들에게 자긍심을 갖게 해주었
다는 측면에서 최고의 의미를 부여하고 싶다. 우리 직원들은 우리가
완전히 독특한 입장에서 다이아몬드의 품질이 완벽하지 않은 것은
판매하지 않는다는 것을 알고는 자부심을 갖게 되었다. 이는 대개 그
런 식으로 대접받는 데 익숙하지 않은 고객들을 굉장히 존중한다는
것을 보여 주는 것이었다.

이 일은 헬츠버그 다이아몬드에서 아주 독특한 판매 전략을 만들
어냈으며 우리 회사를 완전히 다르게 만들었다. 우리는 이제 고객들
에게 다음과 같이 당당하게 말할 수 있는 기회를 갖게 되었다. "당신
이 헬츠버그의 다이아몬드를 살 필요는 없습니다. 그렇지만 우리는
당신이 완벽한 다이아몬드를 갖게 되기를 진심으로 바랍니다"라고
말이다. 사실 그 동안 어느 누구도 고객들에게 이렇게 말한 사람이
없었기 때문에 이것은 고객들이 헬츠버그 다이아몬드에서 쇼핑을 하
게 만든 굉장히 멋지고 독특한 계기가 되었다. 우리는 우리만의 고유
한 시장을 창출해냈다. 그냥 다이아몬드 시장에 들어가 있는 것이 아
니라 우리가 완벽한 다이아몬드 시장을 만들어낸 것이다. 헬츠버그
가 보증한 다이아몬드라는 개념보다 훨씬 더 큰 것은 헬츠버그가 만

들어낸 일종의 문화였다. 나는 이것이 아버지가 만들어낸 최고의 전략이었다고 생각한다.

몇 년 후 특정 보석에서는 보증된 완벽한 품질을 얻는 것이 거의 불가능하게 되었을 때 나는 우리의 정책에 변화를 주어야 하는 몇 가지 이유를 가지고 아버지에게 갔다. 나는 당시 2년간 끝이 뾰족한 타원형의 완벽보증 다이아몬드를 우리가 사지 못했다는 점을 지적했다. 또한 우리의 사업이 번성하고 있으며 많은 고객들이 같은 돈으로 더 큰 다이아몬드를 원한다는 사실을 아버지에게 지적했다. 내가 제시한 이유가 타당한 것이었고 또 아들이라는 점이 작용하면서 아버지는 나의 구상에 대해 고마워했다. 결국 결정은 우발적으로 이루어졌으며 설상가상으로 그날 내가 아버지에게 설명한 요인들까지 더해져서 완벽보증 다이아몬드는 세계 다이아몬드 거래 시장에서 사라지게 되었다.

아버지가 사용한 다른 독특하고 이례적인 기법들은 다음과 같다.

1. 상품의 가격 협상은 절대로 하지 않는다(이 전략은 독특한 것은 아니었지만 매우 이례적이었다).

2. 그러면서도 모든 고객들을 존경심을 갖고 대할 것을 요구했다. 그렇게 함으로써 비할 수 없는 충성심을 낳았다. 실제로 한 고객이 가게에 들어와서 나에게 텔레비전을 주문해 줄 것을 요청한 적이 있었다. 그 고객은 다른 가게에는 계좌를 개설하고 싶지 않았기 때문에

우리가 텔레비전을 팔지 않았음에도 불구하고 우리에게 그것을 주문한 것이었다.

3. 많은 사람들이 바로 오늘날까지도 잊지 않고 있는 아이디어가 있는데, 바로 "틴에이지 워치 클럽"(Teenage Watch Club)이라는 것이다. 10대들을 대상으로 한 이 광고는 그들이 부모의 허락을 받으면 가게에 들어올 수 있으며 50달러 미만의 시계를 사면 누군가가 그들을 위해 서명하지 않아도 10대들 자신의 신용으로, 즉 외상으로 살 수 있었다. 그 광고에는 "이 절차에는 어떠한 법적 제약도 없습니다"라고 되어 있다. 우리는 항상 부모님의 허락을 얻었으며 이 방식으로 많은 친구들을 얻었다. 이러한 발상의 위력을 알아보기 위해서 경찰관이 나의 형을 속도위반으로 불러 세운 뒤 형에게 어떻게 말했는지를 살펴보자. 그는 "내가 첫 신용을 만들 기회를 준 사람에게 어떻게 속도위반 티켓을 줄 수 있겠느냐?"고 했다. 일반적으로 신용은 당신의 과거 신용 기록에 기반을 두고 있다. 당신이 신용 조회처를 갖고 있지 않는 한 신용을 얻을 방법이 없기 때문에 대부분의 사람들에게 옴짝달싹 할 수 없는 상황을 만들어내곤 한다. 이 젊은이들이 수년 후 약혼할 시기가 되면 제일 처음 누구를 생각하겠는가? 여러 해 뒤 나는 "틴에이지 워치 클럽"이라는 특별한 구상의 힘이 얼마나 엄청난가를 깨닫기 시작했다. 많은 사람들의 경험을 통해서 볼 때 당신이 나이를 먹을수록 당신의 부모님들은 더욱 현명해진다.

다이아몬드 캐기

◆ 경쟁에서 차별화할 수 있는 방법을 찾아내라. 분명하고 설명할 수 있는 차이점을 보여 주어라.

◆ 이익 욕구가 아니라 원칙이 당신의 사업을 만든다.

◆ 기업가들은 사업을 향상시키고 경쟁자와의 차별성을 만들어내는 최신 방법을 찾기 위해서 항상 성공적인 방식으로 무장해야 한다.

◆ 만약 당신이 혼잡하고 경쟁이 심한 시장에 있다면 당신 자신만의 시장을 창조해라. 그것은 다이아몬드 시장이 아니라 완벽한 다이아몬드 시장이다. 쇠고기 시장이 아니라 앵거스*(angus: 스코틀랜드 산의 뿔 없는 검은 소) 쇠고기 시장이다. 그냥 맥주 시장이 아니라 가장 신선한 맥주 시장을 말한다.

◆ 차별화하고 더 나아져라! 독특한 판매 계획안이 필요하다.

◆ 회사 직원들이 특별히 자랑스럽게 생각할 수 있는 원칙을 갖고 회사를 운영할 때 활기가 넘치고 사기가 북돋워지며 놀랄 만한 이익이 발생한다는 사실을 명심하라.

03 시간을 최고로 활용하라

더 적은 것이 더 많은 것이다.
― 르 코뷔서(Le Corbusier, 1887~1965), 스위스 건축가

여러 곳의 소매점을 운영하다 보면 흔히 좋은 실적을 올리는 곳과 좋지 않은 실적을 올리는 곳이 있기 마련이다. 한때 우리는 총매출 80만 달러를 올리는 가게에서 연간 매출액 85만 달러를 달성하기 위해 엄청난 노력을 기울인 적이 있었다. 전통적인 방식에서는 가장 취약한 곳에 많은 노력을 기울이라고 가르친다. 나는 이 문제에 대해 미네아폴리스(Minneapolis)에 살고 있는 친구인 스티브 리버만(Steve Lieberman)과 상의한 적이 있었다. 그는 여러 해 동안 수백 개의 쇼핑센터에서 카루셀(Carousel) 스낵바를 운영하고 있는 핫도그 계의 거물이었다. 그런데 이 친구가 "자네는 신규 점포를 열기보다는 실적이 안 좋은 점포를 폐쇄함으로써 더 많은 돈을 벌 수 있을 걸세"라는 조언을 해주었다.

그의 철학은 이치에 맞는다. 우리는 잠재력이 크지 않고 규모가 작은 점포에 신경 쓰기보다는 4백5십만 달러의 매출을 올리는 점포가 연간 매출 6백만 달러를 달성할 수 있도록 시간과 노력을 들이는 것이 낫다는 결정을 내렸다. 이것은 물론 수익이 좋지 않은 점포를 바로 포기한다는 의미는 아니다. 그 점포가 훌륭한 인력 또는 적정

한 상품판매 계획 혹은 다른 통제 가능한 변수가 부족했다면 우리는 반드시 그것을 바로잡았을 것이다. 그렇지만 우리는 해마다 가장 실적이 나쁜 점포를 폐쇄함으로써 전체 연간 매출을 끌어올리는 쪽으로 대응했다.

당신이 어떤 일을 하면 당신은 그 일을 하느라 다른 어떤 일을 하지 못한다. 즉 당신은 언제나 기회비용을 치루어야 한다. 당신은 직원들의 시간과 재능에 투자하고 있는 것이다. 재능이 많은 사람을 탁월한 실적을 낼 수 있는 곳으로 보내지 않고 마른 우물에서 평균적인 성과를 거두는 곳으로 보내는 경우, 실제 비용은 어떻게 될까? 그 비용은 그 사람의 인건비에 비해 훨씬 더 비싸다. 따라서 문제가 있는 곳의 불을 끄는 일이나 물이 새는 둑을 손가락으로 막는 일은 새로운 기회를 놓쳐 버린 데다 발전의 여지도 줄어들었다는 측면에서 그 비용이 엄청나다.

피터 드러커(Peter Drucker)는 그런 것을 가리켜 "문제에는 영양분을 공급하고 기회는 굶겨죽이는 것"이라고 했다. 문제를 고치는 데 전념하려는 유혹은 매우 강하지만 기회에 자양분을 공급하는 것이 훨씬 더 이익이 된다. "지금 내가 하는 일은 나를 목표로 데려다줄 것인가?"라는 질문은 "내가 할 수 있는 다른 일이 아니라 바로 이 일이 나를 목표로 데려다줄 것인가?"로 바꿔야 한다.

상대적으로 부진한 영업은 그 반영구성과 무한대로 의존하려는 성향 때문에 당신이 상황을 반전시키기 위해 보낸 훌륭한 사람들을 파멸시킨다. 동시에 비생산적인 데 자금을 쏟아붓는 것이며 훌륭한 매니저들과 팀원들에게서 자극적인 기회를 빼앗는 것이다. 경영의 도전은 무제한의 기회를 이용해 가장 재능 있는 사람들의 능력에 초점을 맞춰 승자가 되는 것이다. 승자들이 성공하도록 몰고감으로써 바로 헬츠버그 다이아몬드 매장의 평균 매출 규모를 높일 수 있었다. 아마도 워렌 버핏이 세계에서 가장 성공한 투자가가 된 주된 이유 중의 하나는 그가 회생하는 회사를 사들인 게 아니라 성공한 회사만을 사들였다는 사실일 것이다.

승자에게 집중하는 것은 이익을 극대화하는 데 도움을 줄 것이고 삶을 더 즐겁게 할 것이다. 승자들을 결승선으로 몰고 가서 장미 화환을 얻게 되는 것보다 더 흥분되는 일이 무엇이 있겠는가? 이는 분명히 부진한 실적을 올리는 사람을 보통 수준으로 끌어올리는 것을 훨씬 능가하는 것이다.

집중이 성공으로 가는 지렛대이다. 리더로서 당신은 당신과 당신의 팀이 올바른 일을 하고 있다고 확신해야 하며, 매니저들도 그 일을 올바르게 해야 한다. 올바른 일을 하는 것이 리더십을 구성하는 요소이다. 그것은 분명 당신에게 달려 있다. 올바르게 일을 하는 것이 매니저의 본분이며 당신은 매니저들에게 그 책임을 주고 있다. 이처럼 올바른 일을 하는 데 초점을 맞추지 못하는 것은 모두 발전을 방해하는 요소이다. 실패하는 사업에 무한정 노력을 기울여서는 성공을 이루어내지 못한다.

당신과 동료들이 집중하기 위해서는 엄청난 양의 정신적인 훈련이 필요하다. 훌륭한 대안과 유혹하는 기회들이 널려 있으며 다양한 방향으로 나가라는 유혹들이 끊임없이 몰려든다. 물론 일이 잘 풀릴 때는 계속 기본에 충실한다는 것이 지루하게 느껴질 수 있다. 프린트 가게나 간판 가게를 열고 독자적으로 종업원을 거느리는 게 어때? 아니면 돈을 절약하기 위해서 많은 일을 직접 하는 것은? 당신이 핵심 사업에서 최고가 되기 위해서는 끊임없는 진보가 필요한데, 이러한 유혹은 그것을 가로막는다.

당신 스스로가 최고가 되도록 하라. 최고가 되는 것이 무엇을 의미하는지를 분명히 정의하고 그 중심의 우두머리가 되는 것에 초점을 맞춰라. 그 업계에 있는 누구와도 다르게 말이다. 분명하고 단순한 목표를 가져야 한다. 당신의 팀이 로드맵을 개발하도록 하고 그것을 향해 나아가라!

다이아몬드 캐기

◆ 당신은 자신의 핵심 사업에 집중하고 있는가? 어느 분야에서 당신은 최고인가?

◆ 당신의 초점을 흐리게 하는 활동들을 없애고 있는가?

◆ 당신은 가장 강력하면서도 최소로 줄인 기회들에 초점을 맞추고 있는가?

◆ 당신이 올바른 "더 적은 것"(less)에 전념할 때에는 더 적은 것이 실로 더 많은 것이다.

◆ 이기기 위해서는 성취도가 높은 사람, 즉 최고의 기회에 잘 어울리는 최적의 사람에게 집중하라.

04 최고급 서비스: 기업가의 친구

새 차를 사고 나서 나는 딸려 있는 부속 용품을 샅샅이 살펴보았다. 교육용 카세트 테이프에는 "자동 세차기로 자동차를 씻어서는 안 된다"라고 되어 있었다. 그런데 교본에는 "자동 세차기를 통과해도 괜찮다"고 언급되어 있었다. 나는 자동차 대리점의 서비스 부서에 전화를 걸어 카세트 테이프와 교본 중에서 어떤 것이 맞는지 물었다. 서비스 담당자는 "일단 차를 가져오십시오. 무료로 차를 세차해 드리겠습니다"라고 대답했다.

자동차 대리점에 도착해 보니 오전 8시 30분부터 오후 3시 30분까지 일주일에 6일간 회사가 고객의 차를 무슨 일이건 비용을 청구하지 않고 세차해 주고 있었다. 나는 그곳에 책이라도 읽을 수 있는 대기실이 있고 다이어트 콜라를 살 수 있는 시설이 있었으면 좋겠다고 생각했다. 그런데 거기에는 대기실뿐만 아니라 무료 다이어트 콜라까지 구비되어 있었다. 내가 사용할 수 있는 전화기가 있느냐고 물었을 때 두 대의 전화기가 있다는 답변을 들었다. 그 중 한 대는 개인 전용 사무실에 있었다.

그 회사는 특별한 서비스를 제공했다. 그렇다. 그들은 무료 자동차 세차와 무료 다이어트 콜라를 제공함으로써 내 마음을 얻었다. 이는 내가 차를 보유하는 기쁨을 세 배로 만들어 주었다. 과거에는 자동차에 서비스가 필요하거나 새 차를 둘러보기 위해서만 자동차 대리점을 방문했었다. 그리고 유쾌한 적도 별로 없었다. 그런데 그들이 나에게 보여 준 부가적인 서비스로 인해 나는 훨씬 더 자주 그리고 매우 밝은 기분을 갖게 되었다. 나는 다음 번 차를 구매할 일을 기다릴 것이며 틀림없이 그 대리점을 다시 찾게 될 것이다.

같은 날 나는 물품을 좀 사기 위해 식료품점에 갔다. 식료품을 내려놓으면서 나는 가게 주인인 마이크(Mike)와 리비(Libby)의 집 전화번호가 식료품 봉지의 오른쪽에 적혀 있는 것을 발견했다. 거기에는 내가 그 가게에 대해 만족하지 않으면 전화를 하라는 안내문이 함께 적혀 있었다. 게다가 그 가게의 곳곳에는 나를 행복한 고객으로 만들기 위한 표지들이 있었는데 가게 주인들이 그렇게 행동할 마음이 있다는 것을 입증하는 것이었다. 그 가게 주인들은 훌륭한 서비스에 대해 책임을 지는 것이 분명했다.

비록 그 식료품점의 서비스에 대해 내가 주인에게 직접 전화를 할 내용은 없었지만 봉지에 적혀 있던 글은 분명히 그들이 나를 배려하고 있음을 알 수 있었다.

1996년 5월 15일, 알(Al)과 낸시(Nancy)는 TCBY 요구르트 체인점 영업권을 획득했다. 2002년 여름에는 회사 규모가 실질적으로 두 배가 되었다. 손님들은 길게 줄지어 서서 차례가 오기를 참을성 있게 기다렸다. 왜 같은 지역의 같은 상품이 특별히 그 지역 경제에 놀 랄 만한 일도 없었는데 사업이 두 배로 성장한 것일까?

낸시의 생각은 이렇다. "그것은 고객을 섬기는 마음의 결과다. 고 객에게 최고의 주의를 기울이고 문 닫는 시간을 내걸지 말고 손님이 들어오는 한 늦게까지 가게문을 열어둘 것이며 지역사회의 토막소 식을 게시하라. 거기에는 물론 우리의 첫 손주인 엠마의 사진도 포 함되어 있다. 노인들이 메뉴판을 읽을 수 있도록 도와주고 우리 직 원들이 일주일에 다섯 사람의 이름을 기억하도록 교육하는 것도 포 함되어 있다. (고객에게 당신의 이름을 말하고 이어서 그들의 이름을 물어 보라. 당신이 일주일에 다섯 사람의 이름을 기억하기 위해 일하고 있다는 것을 설명하면서 "만약 손님이 다시 왔을 때 내가 이름을 기억하지 못하고 있다면 무료 토핑을 주겠다"라고 말하라.) 아들 제스(Jess) 부부가 이따 금 가게를 운영하게 한 것처럼 가족들이 함께 참여하게 하라. 계속 해서 직원들에게 많은 훈련을 시키면 그들은 우리가 기대하는 것이 무엇인지 알게 된다."

그들은 관계를 만들어 나갔다. 나의 사촌인 조지가 나에게 전화 를 해서 낸시로부터 내가 곧 손자를 보게 될 것이라는 말을 들었다 고 했다. 낸시가 나보다도 빨리 알려 준 것이다. 항상 기분 좋은 인 사말과 "요즘 학교 생활은 어떻습니까?" 하는 식의 질문이 이어진 다.

낸시와 알은 여러 지역에서 오는 몇몇 제안들은 거절해 왔다. 그 들은 커다란 은광보다는 작은 금광을 세우기를 좋아한다. 그들은 앞 으로 두 번째 가게를 여는 것을 고려하고 있는지 모른다. 아들 제스 부부가 어느 쪽이든지 하나는 운영할 것이라고 생각한다. 나는 알과 낸시가 나를 떠나지 않기를 간절히 희망한다.

위대한 서비스가 존재한다. 다행스럽게도 기업가에게 있어 그것은 아주 드문 일이다. 최고의 서비스가 진부하고 흔한 것이 될 때까지(그런 일은 결코 없을 테지만) 야심만만한 사람에게 그것은 큰 기회이다. 최고의 서비스는 보는 사람의 마음에 있다는 점을 기억하라. 그것이 꼭 값비싼 것일 필요는 없다. 고객의 이름과 고객이 필요로 하는 것을 기억하는 것 그리고 단지 고객에게 물건을 팔기보다 고객이 원하는 것을 도와주는 태도를 보임으로써 당신이 추구하는 성실성을 획득할 수 있다. 예상치 못한 훌륭한 자필 메모로 그들에게 즉시 결제해 준 데 대해 감사를 표현하거나 그들의 거래에 대해 단지 감사를 표시하는 것은 어떤가?

헬츠버그 다이아몬드에서 우리는 방문객들을 위해 초음파 기계설비에 반지를 세척해 주고 시계 전지를 무료로 교체해 주는 일을 기꺼이 했다. 실제로 이러한 일들을 하는 것이 진짜 핵심은 아니다. 나는 항상 "고객들을 알기 위해서는 그들을 사랑해야 한다"라고 말했다. 서비스 그 자체가 아니라 서비스의 방식이 차이점을 만들어낸다. 나는 서비스는 형편없지만 훌륭한 음식을 제공하는 곳보다는 음식은 형편없지만 서비스가 훌륭한 곳을 선호한다. (공포 소설과 고객 서비스에 관한 성공적인 스토리를 찾는다면 테드 콘(Ted Cohn)과 레이 콘시딘(Ray Considine)이 쓴 《웨이미시 WAYMISH... Why Are You Making It So Hard... for me to give you my money?》를 보면 된다.)

당신은 우수한 서비스를 제공할 수 있다. 그러면 당신만의 고객을 갖게 된다. 이는 모든 사람들의 일을 더 재미있게 만들 것이다. 또한 당신의 사업을 번창하게 할 것이다. 훌륭한 기업가는 목표가 제품의 가격이나 품질 혹은 서비스가 아니라 종합적인 고객 경험이라는 것을 인정한다. 이제 핵심이 되는 질문은 "어떻게 당신의 회사에서 그것을 실행시킬 것인가?"이다.

고객에게 훌륭한 서비스를 제공하는 직원에게는 분명한 보상을 해주어야 한다. 헬츠버그 다이아몬드에서는 고객들로부터 고마운 감사의 말을 들은 직원에게는 내가 손수 쓴 메모를 보내서 격려한다. 그 메모들은 오랫동안 게시판에 게재된다. 내가 자동차를 고치기 위해 서비스 센터에 갔을 때 그곳의 서비스 대표자는 자신을 소개하면서 그의 서비스 질에 대해서 공장에서 나에게 편지를 쓸 것이라고 말했다. 내가 차를 가지러 갔을 때 그 매니저는 만약 서비스에 대해 내가 매긴 등급이 5등급 이하라면 그에게 알려달라고 메모를 남겼다.

반대로 잘못된 종류의 고객 서비스에 대해서는 매우 빠르게 움직여서 삼진아웃 제도를 활성화해야 한다. 또한 직원들이 고객을 최고로 다루지 않는 행위를 결코 가만히 두어서는 안 된다. 이것을 당신의 비즈니스 영역에서 절대적인 것 중의 하나로 정착시켜야 한다. 고객 서비스의 질은 결코 타협할 수 있는 것이 아니다.

다이아몬드 캐기

◆ 당신의 경쟁자가 제공하는 불량한 서비스는 당신에게 무한대의 기회를 제공한다. 그 기회를 통해 돈을 벌어라.

◆ 고객의 기대치를 능가하는 서비스를 보여 주어라. (약속은 적게 하되 더 많은 것을 이행하라.)

◆ 단지 만족이 아니라 충성심(장기적인 고객의 가치)에 당신의 주된 목표를 설정하라.

◆ 훌륭한 고객 서비스에 대해 보상을 해주고 더 훌륭한 서비스를 하도록 하라.

◆ 불친절한 고객 서비스가 감지되었을 때에는 삼진아웃 정책을 활용하라.

맥스의 법칙(MAX'S LAWS)

1. 이 음식점은 종업원과 주인의 편의를 위해서가 아니라 고객들의 즐거움과 만족을 위해 운영되는 곳입니다.

2. 우리 직원이 다가와서 "모든 것이 괜찮습니까?"라고 말하면 당신은 무료 음료를 마시게 될 것입니다. 우리가 질문을 하면 그것은 좋은 질문일 것입니다.

3. 버거나 샌드위치 혹은 튀김 음식이 나오기 전에 머스터드와 케첩이 반드시 먼저 제공됩니다.

4. 우리는 바삭바삭하지 않은 요리는 싫어합니다. 그런 음식은 돌려보내면 주방에서 당신의 메시지를 알아차리게 될 것입니다.

5. 소금 간이 된 쇠고기와 파스트라미는 지방이 있기 때문에 좋습니다. 그렇지만 요즈음의 음식 문화에 맞추느라 소금 간이 된 쇠고기와 파스트라미에는 이제 지방이 아주 적게 들어 있습니다. 따라서 전통적인 맛을 원한다면 지방이 더 많이 함유된 것을 요청하십시오. 만약 당신이 지방이 전혀 없는 음식을 원한다면 우리의 칠면조 또는 칠면조 파스트라미는 어떻겠습니까?

6. 칠면조는 항상 신선합니다. 더 이상의 말이 필요 없습니다.

7. 우리의 아이스 티는 테이블 위에서 준비됩니다. 얼음이 들어 있는 큰 컵에 그것을 붓기만 하면 됩니다.

8. 당신은 우리의 빵과 패스츄리를 좋아할 것입니다. 그것들은 매일 매일 맥스 베이커리와 주방에서 새로 만듭니다.

9. 알림: 우리는 될 수 있는 한 우리 고유의 이스트로 겉이 딱딱한 빵을 굽습니다. 만약 당신이 부드러운 빵을 좋아한다면 가운데 부분을 드시면 됩니다.

10. 아이스크림 소스는 우리가 자부심을 갖고 있는 것입니다. 그 소스는 뉴욕에서 만드는데 비법을 공개하기를 거부한 공인된 초콜릿으로 만듭니다. 그 소스의 맛은 단순하지만 국내 최고입니다. 우리는 그저 단순히 자만하는 것이 아닙니다.

11. 우리는 아이스크림 소스를 뉴욕시에서 가져와 여기에서 먹습니다. 항공 요금을 절약합니다.

12. 이곳은 다이어트를 위해 좋은 장소가 아닌 동시에 좋은 장소이기도 합니다.

13. 우리의 후식은 좀 풍부합니다. 이 말 외에 더 적합한 말은 없을 것입니다. 만약 당신이 매우 배고픈 상태가 아니라면 후식을 다른 사람과 함께 나눠 먹을 것을 권합니다.

14. 마음에 들지 않는 음식은 다른 음식으로 바꾸어도 됩니다. 주저하지 말고 요구하십시오.

15. 우리는 튀김요리와 살짝 튀기는 음식에도 콜레스테롤이 함유되지 않은 기름을 사용합니다. 어떤 음식이든 불에 굽는 것은 지방이 없는 것을 사용합니다.

16. 당신이 혼자 저녁을 먹게 될 경우에는 "한 분이십니까?"라는 표현으로 우리는 당신을 반길 것입니다. 당신은 우리와 함께 저녁식사를 하는 것입니다.

17. 우리는 손님이 항상 옳다는 말에 동의합니다. 만약 당신의 음식이나 서비스에 어떤 문제가 있다면 매니저를 부르십시오. 바로 조치할 것입니다. 그렇지 않고 당신이 식사를 마친다면 그것은 매우 나쁜 일입니다. 자, 이제 호출하시겠습니까?

05 고객 유지하기

성공하기 위해서는 당신의 마음은 사업에 두고, 사업은 자신의 가
슴에 두어라.   – 토머스 왓슨(Thomas Watson, 1914~1993), IBM 회장

모교인 미시건 대학 비즈니스 스쿨이 연간 기금을 모금하려 했을
때 나는 많은 사람들에게 편지를 써서 왜 지금까지 기부하던 돈을
더 이상 내지 않는가에 대해 물었다. 그들의 대답은 "돈이 필요할 때
에만 연락을 하기 때문이다"라는 것이었다. 대학이 생각하는 것은
그렇지는 않았다. 대학측은 값비싸고 매우 전문적인 출판물을 통해
자금을 기부한 사람들의 도움이 얼마나 효과적이었는가를 보여 주
고 있다고 생각했으나 기부자들의 생각은 매우 현실적이었다.

나는 대학 룸메이트인 하워드 보스버그(Howard Boasberg)와 아
침식사를 하면서 어떻게 고객을 유지할 것인가에 대해 많은 것을 배
웠다. 그는 대학 졸업 후에 뉴욕 주의 버팔로에서 캔자스 시티로 이
주했다. 하워드는 홍보 업무에서 엄청난 성공을 거두었다. 아침식사
후에 나는 하워드가 성공한 요인 중의 많은 부분이 "다른 사람들의
입장에 서서 움직이기"에 기인한다는 것을 알게 되었다. 하워드는
대부분의 회사들이 해마다 서면 질의서로 고객에게 회사의 서비스
질에 대해 물어 본다고 했다. 그는 자신도 고객들을 정기적으로 찾
아다니면서 이러한 일을 했다고 말했다.

게다가 그는 질의서를 작성하는 데 걸리는 시간이 얼마나 되는지 고객들에게 미리 정확하고 세심하게 말한다고 했다. 그는 직업적인 관계에서 대부분의 결별은 업무의 질보다는 대화의 부족 때문에 일어난다고 지적했다. 그것은 피할 수 있는 일이라고 그는 느꼈다.

많은 전문적인 조직의 고객이기도 한 나는 확실히 그의 철학에 동의했다. 전문적인 서비스를 받는 고객으로서 당신은 이러한 대접을 받을 가치가 있지 않은가? 당신의 고객은 어떠한가? 얼마나 자주 당신은 인연을 맺기 위해서 고객과 접촉하며 그들의 불만족에 대해 알고자 하는가? 어떻게 당신은 고객에게 주는 자신의 서비스를 향상시키려고 하는가?

이는 당신의 내부 고객인 직원이나 동료에게도 적용된다. 그들에게는 기업이 하는 활동의 질과 자부심 그리고 정직함에 대한 확신이 필요하다. 모든 것이 직원들로부터 흘러나오므로 그들은 중요하다. (사명이나 비전이 아니라) 회사가 실제로 어떻게 하는지를 보고 직원들은 그 회사에서 일한다는 사실을 자랑스러워하지 않겠는가? 당신의 동료들이 어떤 행동을 자랑스러워하는지를 알면 이는 당신이 보다 나은 판단을 내리는 데 도움을 줄 것이다. 이곳은 당신이 일하면서 자부심을 느끼는 곳인가?

다이아몬드 캐기

◆ 고객이 불만을 나타낼 때까지 기다리지 말라. 일상적이고 개인적인 토대 위에서 고객과 따뜻한 관계를 맺어라.

◆ 현재의 고객에게 투자하라. 당신의 사업을 키워 주는 사람들을 배제할 새로운 사업에 몰두하지 말라.

◆ 고객들에게 하는 것처럼 당신의 직원들과 동료들에게도 계속 선전을 해라.

06 불평하는 고객은 최고의 기회

> 목표는 고객을 만족시키는 것이 아니라 고객을 기쁘
> 게 하는 것이다.　　　　　　　　　　- 작자 미상

　　한 사람이 무더운 여름날 고속도로에서 차를 몰고 가고 있었다. 그때 그가 타고 있는 차의 타이어 하나에 갑자기 펑크가 났다. 그는 차를 멈춘 뒤 트렁크 안에서 여분의 타이어를 발견하고는 안도했다. 그러나 타이어를 교체하는 데 필요한 기구인 잭을 찾을 수 없자 망연자실했다. 그는 1마일 이상 떨어져 있는 그나마 가장 가까이에 있는 주유소까지 되돌아 걸어가기 시작했다.

　　그는 땀에 젖은 채 걸어가면서 그 주유소 점원이 아마도 그에게 잭을 빌려주지 않을 수도 있다고 생각했다. 결국 여분의 타이어는 갖고 있었지만 펑크 난 타이어를 바로 갈아끼울 수는 없게 된다. 주유소 점원이 그를 도와줌으로써 얻을 수 있는 것은 실로 아무것도 없다. 그는 더 멀리 걸을수록 점점 더 더위에 지쳐 화가 났고 그의 모든 불편함을 주유소 점원의 탓으로 돌렸다. 주유소 점원은 그에게 잭을 빌려주지 않을 것이라고 그는 확신했다.

　　주유소에 도착했을 때 그는 이 미칠 듯이 더운 날 그에게 잭을 빌려주려고 하지 않을 것 같은 주유소 직원에게 너무나도 화가 났다. 그는 깜짝 놀란 주유소 직원의 어깨를 거머쥐고 "왜 나에게 그 잭을 빌려주지 않는 거야?"라고 따졌다.

헬츠버그 다이아몬드에서 우리는 이를 빗대어 "잭 이야기"(The Jack Story)라고 부른다. 우리는 그것을 핵심 고객 서비스 과제를 설명할 때 예로 활용한다. 화를 내고 의심이 많은 고객들을 대하기 위해서 말이다. 많은 고객들이 당신에게 올 때까지 함부로 대접받는다. 그들은 이미 끔찍한 서비스를 받을 것이라고 예상한다. 그들은 도움을 청하면서 거북함을 느낄지도 모른다. 혹은 자신들의 요구가 무시당할 것이라고 아주 확신할지도 모른다. 그래서 그들은 방어적이 되거나 심지어 싸움을 걸려고 할 수도 있다. 그렇지만 이러한 일들은 강력한 관계를 구축하기 위한 훌륭한 기회가 될 수 있다. 그들을 불만스러운 비평가에서 충성스러운 고객과 후원자로 바꾸어 놓을 수 있다.

사실 나는 지금까지 당신에게 최고의 고객은 화가 나서 당신에게 온 사람들이라고 굳게 믿고 있다. 그들은 자신들의 말을 경청하고 자신들의 불평에 호의적으로 응대한 당신의 기꺼운 마음씨에 노여움을 버린다. 그들은 특별한 느낌을 갖고 떠난다. 왜냐하면 당신이 그들의 문제를 풀기 위해서 정성을 다했기 때문이다. 이러한 고객들은 다시 돌아오게 마련이다. 그들은 당신이 그들에 대해 관심을 갖고 있으며 그들이 행복하기를 원한다는 사실을 알기 때문이다.

나는 아이오와의 데스모네스에 있는 헬츠버그 다이아몬드 가게에 당당하게 들어왔던 한 여인을 기억한다. 그녀는 깨진 멜맥(Melmac)

식기류 한 세트를 갖고 있었다. 우리는 개당 29.95달러에 멜맥 수천 세트를 팔았다. 여기에는 파손될 경우에 보증한다는 조건이 붙어 있었다. 그러나 이러한 보증서에도 불구하고 이 고객의 태도를 보건대 그녀는 가게가 그 물건을 교환해 줄 책임을 회피할 것이라고 미리 확신하고 있는 게 분명했다.

그런데 회피하기는커녕 우리 가게의 매니저인 L.W. 몽고메리는 정중하게 그녀가 표출하는 불만을 들었으며 그녀를 편안하게 해주었다. 그리고 나서 그녀에게 불편을 줘서 매우 유감임을 표시하고 두말 없이 저장 창고로 가서 교환할 물건을 보여 주었다. 그녀는 충실한 고객을 잃지 않으려는 우리의 조건 없는 노력에 매우 기뻐했다. 그러면서 그녀는 가게를 돌아다니면서 시계를 하나 샀다. 아마도 시계가 필요하긴 했지만 헬츠버그에서 꼭 그것을 살 필요는 없었을 것이다. 그녀가 우리 가게에 들어왔을 때에는 틀림없이 시계를 살 기분은 아니었을 것이다. 이 일에서 얻은 교훈은 무엇일까? 신속하고 친절한 서비스를 제공하면 당신은 평생 동안의 고객을 얻게 된다는 것이다.

훗날 나는 몽고메리 씨에게 우리가 파는 모든 식기류 상자에 깨진 멜맥을 좀 넣어 두어야 할지 모른다고 농담을 했다. 그러면 우리는 헬츠버그 보증서 내용대로 확실히 이행한다는 것을 증명할 또 다른 기회를 갖게 되는 것이다. 물론 우리가 실제로 그렇게 하고자 한 것은 아니었다. 핵심은 고객들에게 당신이 그들을 보살피고자 한다는 것을 보여 줄 수 있는 모든 기회를 찾는 것이다. 고객의 문제를 해결하는 데 있어서 마음이 내키지 않으면서 하기보다는 기꺼운 마음으로 행하라. 불평을 하며 시간을 빼앗는 고객들에게 감사하라. 아버지는 항상 "네가 고객들을 어쨌든 소중히 하고자 한다면 왜 이익을 얻지 못하겠느냐?"라고 말씀하셨다.

아버지가 실로 옳았다. 최근 〈월스트리트 저널〉 기사에서는 화난 고객을 행복하게 만드는 것은 엄청난 가치를 지니고 있다면서 충성스런 고객의 가치와 비교해서 설명했다. 핵심은 충성심은 단순한 만족감보다 훨씬 더 가치 있는 것이라는 점이다. 충성심의 평생 가치를 계산한 페덱스(FedEx)의 개념(즉 연간 2만 달러를 20년간 곱하면 40만 달러의 고객이라는 것)은 이를 극적으로 묘사한다. 불평하는 고객들은 자신들의 불만을 당신에게 표현할 정도로 당신을 많이 생각해 준다는 사실에 대해 자랑스럽게 생각하라. 당신의 사업에서 최고의 손실은 바로 문제를 인지하고 있는 고객이 당신의 가게를 결코 다시 방문하려 하지 않는 것이다. 그들은 불평하기 위해 당신의 가게를 찾는 대신 자신들의 친구들에게 "그 형편없는 회사와는 결코 거래를 하지 않을 것"이라고 말한다.

내가 읽은 한 연구물에 의하면 한 사람의 불만스러운 고객은 18명의 다른 사람들에게 나쁜 경험에 대해서 말한다는 것이다. 이는 매우 큰 기회를 놓쳐 버리는 것이다. 나는 공식적으로 불만을 표출한 고객들이 친구들에게 우리가 그들의 문제를 어떻게 해결했는가에 대해 말하는 것을 훨씬 더 좋아한다. 불만을 갖고 있다고 말을 하는 고객은 상냥하게 대해야 할 보물 같은 존재이며 만족하고 있는 고객보다 잠재적으로 훨씬 더 중요한 고객이다. 이러한 느낌을 당신의 동료들

사이에 확산시키도록 해야 한다. 그러면 동료들은 불만을 갖고 있는 고객을 풀어야 할 문제라기보다는 실질적인 기회로 간주할 것이다.

다이아몬드 캐기

◆ 항상 당신의 고객들과 마음으로부터 공감해야 함을 자각하라. 잭의 일화를 당신의 동료들에게 예를 들어 설명하는 데 활용하라.

◆ 불만스러운 고객들을 기꺼이 받아들여라. 그들은 당신의 충성스러운(단순히 만족하는 수준이 아닌) 후원자가 될 잠재력을 갖고 있다.

◆ 웃으면서 바로 잡고 고객을 만족시켜라. 만약 당신이 그들을 어떤 식으로든 소중히 여긴다면 반드시 이익을 얻게 될 것이다.

07 위험 관리

> 계산된 위험을 받아들여라. 이는 경솔한 것과는 매우 다른 것
> 이다. - 조지 S. 패튼(George S. Patton, 1885~1945), 장군·전쟁 영웅
>
> 당신이 잡지 못한 공은 모두 놓치게 된다.
> — 웨인 그레츠키(Wayne Gretzky), 프로 하키 선수

제2차 세계대전 직후 우리 회사가 인근에 있는 쇼핑 지역으로 확
장하기 시작했을 때 많은 사람들은 그것이 이치에 닿지 않는다고 말
했다. 그렇지만 아버지는 우리의 경쟁 상대가 실제로 그 시장에 들
어올 생각을 하지 않았다는 것을 알았다. 어떤 시장에서는 보석가게
로는 맞지 않아도 시계를 만드는 가게로 명성이 자자한 곳도 있었
다. 헬츠버그 다이아몬드는 모든 보석류를 취급하는 가게들과 보조
를 맞추었으며 대부분은 매우 성공적이었다.

내가 진출한 분야 중에는 우편 주문을 받는 보청기 사업도 포함
되어 있었다. 이는 당시 우리가 경영하고 있던 성공적인 우편 주문
부문과 연계되어 있었다. 나는 나이 든 분들의 주소록을 활용할 수
있다는 생각이 들었고 보청기 대당 가격으로 29.95달러를 제시했다.
그 사업은 모험적이었으나 물론 성공적이었고 매우 선견지명이 있
는 것이었다. 그것은 우리가 발송한 신청서에서 들어올 주문의 비율
을 예측하는 단순한 숫자 맞추기 놀이였다. 그런데 예측할 수 없었

던 점은 보청기가 신발을 신어 보는 것처럼 매우 개인적인 품목이었다는 점이다. 우리는 4만 개의 보청기를 개당 29.95달러에 팔았는데 그 중 3분의 2 이상이 반품되어 왔다. 보청기가 모두에게 맞지는 않았기 때문이다.

내가 배운 교훈은 우리가 좀 더 차분하고 성숙했다면 몇 백 개의 보청기를 더 팔 수 있었고 일의 최종 결과를 알기 위해 시간을 두고 좀더 기다렸어야 한다는 것이다. 테스트는 모든 반품을 포함해 전체 회전 주기를 포함하는 것이다. 나는 아버지가 "이것들 중에 많은 것이 되돌아올 것이다"라고 반복해서 말하는 것을 제대로 듣지 않았다. 아버지는 매일 물건을 발송하는 곳을 지나치면서 그렇게 말했다. 나는 내가 "닷컴"(dot.com) 현상을 남보다 앞서 경험했다고 생각했다. 전 세계가 알지 못했던 현상을 말이다.

이 모험적인 사업은 실패했지만 우리의 핵심 보석 사업에 영향을 주지는 않았다. 그리고 팔리지 않은 보청기는 제조업자에게 반품하는 옵션을 실행할 수 있었다. 우리가 제대로 이해하지 못했던 최신 사업에 뛰어드는 데 따른 위험을 줄이는 방편으로 우리는 미리 이러한 옵션 계약을 협상해 놓았다. 결국 우리에게 재앙이 될 수도 있었던 일이 훨씬 적은 손실을 입는 것으로 끝났다. 이는 우리가 판매하지 못한 제품을 반품할 수 있는 옵션 계약을 체결함으로써 안전망을 구축했기 때문에 가능했다.

성공하는 회사는 위험 관리에 대해 배운다. 그렇지만 위험하다고 해서 스키를 타지 말아야 하는 것은 아니다. 나는 위험에도 불구하고 스키 타는 것을 즐긴다(어쩌면 어느 정도는 위험하기 때문에 스키를 즐기는지도 모른다).

소매업에서 새 가게를 여는 것은 항상 위험을 내포한다. 그렇지만 위험을 최소화할 수 있는 방법은 항상 존재한다. 만약 한 보석상이 쇼핑몰에서 연간 2백만 달러를 벌어들인다면 이 가게는 돈벌이가 된다. 가격을 매기고 광고를 하고 또는 판매를 촉진하는 데 있어서 실수할 위험을 줄이기 위해서 우리는 시장을 광범위하게 연구한다. 그렇지만 결국 성공하는 데 핵심이 되는 요인은 인적 자원이라는 것을 알게 된다. 우리는 우리가 고용한 사람들을 믿는다. 사업에 있어서 어떻게 해야 가게를 제대로 운영하는지에 대해 어느 누구보다도 그들이 더 잘 안다고 생각한다. 그래서 우리는 새로운 시장에 접근할 때에는 성공적인 점포에서 일하고 있는 검증된 매니저와 직원들을 이동 배치함으로써 기본적인 위험을 줄일 수 있었다.

우리는 여러 기준을 사용하여 위험을 조심스럽게 평가한다. 현재 우리가 받아들일 수 있는 위험의 총량이 얼마일까? 그 기회는 얼마나 중요한 것인가? 위험의 정도는 노력의 크기에 따라 바뀌는 것이다. 사업을 하면서 우리 모두는 때때로 성공의 기회가 왔으나 특별한 노력을 하지 않아서 그 기회를 놓치는 경험을 한다. 아주 최악의 시나리오를 펼쳐 놓고 당신이 재정적으로 그리고 감정적으로 그 상황을 다룰 수 있는가를 살펴보아라. 경기침체나 홍수, 화재, 가뭄, 9·11 참사 같은 예기치 못한 일이 닥칠 경우를 대비하라.

또한 사전 준비를 얼마나 했는가 하는 점이 새로운 모험 사업을 펼치는 데 따른 위험을 줄일 수 있다. 예를 들어 새로운 혁신적인 아이디어를 테스트하고자 할 때 우리는 먼저 그것을 테스트하는 방법을 배웠다. 그러면 그 절차를 수정하거나 미세조정 하는 데 초점을 맞출 수 있다. "작게 실패하고 크게 성공한다"는 것은 훗날 나의 모토가 되었다. 새로운 생각은 항상 조정을 거치기 마련이다. 잘못을 찾아 고친 뒤에 생각을 키워라. 가능하면 발가락만 살짝 담그는 것이 새로운 모험 사업을 시작하는 방식이다.

또한 시장에 대해 완전히 연구함으로써 자신이 감수할 위험을 최소화할 수 있다. 경쟁자의 성공으로부터 많은 것을 배울 수도 있다. 당신의 성공 가능성을 다른 사람이 성공하지 못한 것을 갖고 항상 판단할 필요는 없다. 만약 다른 사람이 특정 시장에서 돈을 벌지 못한다고 해서 그것이 당신도 돈을 벌 수 없다는 것을 의미하는 것은 아니다. 아마도 당신의 경쟁자는 단지 시장의 모든 가능성을 검토하는 일을 하지 않았을 것이다.

이상한 것은 쇼핑몰이 등장했는데도 헬츠버그의 3세대인 우리는 잠을 자고 있었고 매우 늦게 그 게임에 뛰어들었다. 우리의 지각으로 회사는 거의 망할 지경이었는데 운이 좋게도 엄청난 노력을 통해 실수를 만회하고 회사를 계속해서 운영했다.

마침내 우리는 성공할 수 있고 위험을 관리할 수 있게 되었다는 사실을 깨달았다. 우리는 캔자스 시티 교외의 캔자스 오버랜드 파크 (Overland Park)의 한 쇼핑몰에 보석 상점을 갖고 있었다. 그런데 그 가게의 매출액은 항상 큰 폭의 증가세를 보였다. 우리는 최상의 경영을 했고 서비스 정신이 투철한 판매 직원들이 있었다. 그리고 우리는 제품의 가격을 어떻게 매력적으로 정하는지를 알고 있었다. 이렇게 해서 우리는 시장의 여러 쇼핑몰에 착실히 진출했다. 덴버 지역에 있는 신데렐라 시티(Cinderella City)의 쇼핑센터에서 우리는 잘 알려지지 않은 보석상도 새로운 시장에서 훌륭한 팀과 좋은 입지를 갖고 있으면 사업을 할 수 있다는 것을 배웠다.

우리에게 돌아온 보답은 엄청난 것이었다. 실질적으로 회사는 무한대의 성장 기회를 갖게 되었다. 1995년 우리가 회사를 매각할 당시에 점포당 평균 매출은 2백만 달러 이상으로 늘어났다. 그때 우리는 쇼핑몰을 중심으로 143개로 점포를 늘린 상태였다.

다이아몬드 캐기

◆ 위험을 회피할 수는 없다. 당신은 보상받을 가능성에 대비하여 발생 가능한 최악의 결과를 저울질함으로써 위험을 최소화할 수 있다.
◆ 당신은 변화할 때나 그렇지 않을 때나 항상 위험을 받아들이고 있다.
◆ 새로운 모험 사업에 진출할 때에는 위험을 줄일 수 있는 방법을 신중하게 생각하라.
◆ 자신이 잘 아는 사업에 끝까지 충실하면 위험을 줄일 수 있다.
◆ 당신은 자신이 무엇을 모르는지 알지 못한다는 것을 기억하라.
◆ 당신의 가장 큰 위험은 위험을 받아들이지 않는 것일 수 있다.

08 인센티브는 수익에 근거해야 할까, 매출에 근거해야 할까?

당신의 모든 일이 제자리를 찾아가도록 하라; 당신이 하는 각각의 일이 그것에 맞는 시간을 갖도록 하라. – 벤저민 프랭클린 (Benjamin Franklin, 1706~1790), 정치가·작가·과학자

내가 실행에 옮겼던 최악의 계획 중 하나는 소유주로서 매니저들에게 순전히 수익에만 근거해서 보상을 한 것이다. 이 방식은 궁극적으로 역효과를 일으켰는데, 일부 가게 매니저들이 매출보다는 총경비에 지나치게 신경을 쓰게 되었기 때문이다. 한 매니저는 얼마 되지 않는 비용을 줄이느라 고심했다. 다른 매니저들은 비용 부담 때문에 재고품을 극히 낮게 유지하는 데 초점을 맞추었다. 수익을 유일한 판단 척도로 활용함으로써 매니저들을 잘못된 몇몇 과제에 집중하도록 자극하여 결국 핵심을 잘못 파고들게 만들었다.

이러한 행태는 1970년 마틴 로스(Martin Ross)가 관리 담당 부회장으로 회사에 합류한 뒤부터 바뀌었다. 그는 경영 담당 부회장이었던 론 아치슨(Ron Atcheson)과 팀을 이루었다. 그 팀은 현명하고 비범할 정도로 능력이 뛰어났다. 회사의 본사에서 고용과 지출 경비를 관리하기로 하고 가게 매니저들에게는 첫째도 둘째도 단지 매출에만 전념할 것을 주문했다. 그것은 대 성공이었다. 가게는 오로지 매출에만 초점을 맞추었고 이것은 회사가 괄목할 만한 성장을 하는 데 도움

을 주었고 평균 매출을 그 어느 때보다 높게 끌어올렸다.

사업에 있어서 수익과 매출 규모의 중요성은 나에게는 완전히 이해하기가 가장 어려운 개념 중의 하나였다. 다행스럽게도 나는 운이 좋아 나와 함께 일을 하는 사람들이 수익과 매출 두 가지가 균형을 이루는 것이 중요하다는 것을 알고 있었다.

경영 관리자들은 어떠할까? 수익이 그들에게 가장 중요한 요체가 되어야 하는 것이 아닌가? 그것은 절대로 그렇지 않다. 사업 세계에서 일을 배운 지 39년 만에야 나는 보너스가 매출 규모와 순이익 모두에 기반해서 결정되어야 한다는 직원들의 놀랄 만한 지혜를 볼 수 있었다. 그 누구도 순수하게 수익에 근거한 보너스에만 초점을 두고 일을 해서는 안 된다. 그것은 단기적인 성과를 내겠다는 생각을 조장할 뿐이다. 그러므로 우리는 어느 정도는 수익에 근거하고 부분적으로는 매출 규모에 근거해서 보너스를 산출해냈다.

수익은 단기적이고 매출 규모는 장기적인 것이다. 만약 매출 규모가 늘어나고 있다면(제품과 서비스를 헐값으로 파는 게 아닌 한) 당신은 고객수를 늘리거나 현재 고객보다 더 나은 고객들을 만드는 것이다. 어쩌면 두 가지 모두가 가능할 수도 있다. 이러한 고객 수의 증가는 고객들의 제품 구매 결정과 관련이 있다. 이는 당신과 동료들이 더 나은 업무를 수행하고 있음을 의미한다. 고객들도 이를 지지하고 있다. 매출 신장은 당신 회사의 미래를 위해 필수 불가결한 요소이다.

수익은 확실히 필요한 요건이지만 수익 자체만으로 사업을 측정하는 것은 위험한 방식이 될 수 있다. 수익에 기반한 결정은 또한 장기적으로는 성과를 거두지 못하는 방향으로 회사를 이끌 수 있다. 수익과 매출, 이 두 가지 사이에서 조화를 이루는 것이 열쇠이다.

다이아몬드 캐기

◆ 수익은 단기적인 것이다. 수익은 일을 잘 수행했을 때 따라오는 부산물이다.
◆ 매출 규모는 장기적인 것이다. 공장이든 가게든 현재 갖고 있는 영역에서 이익이 나는 매출을 많이 올리는 것은 성공으로 가는 데 가장 중요하다(소매업에서는 이를 한 점포에서 매출이 늘어나는 것이라고 한다).
◆ 매출에 초점을 맞출 것인지 아니면 매출과 수익 둘 다에 초점을 맞출 것인지는 누가 인센티브를 받는지 그리고 그 사람의 매출과 수익의 통제 능력에 달려 있다.

09 컨설턴트: 독인가 값싼 보약인가?

변화는 내부에서만 열 수 있는 문이다. – 테리 네일(Terry Neil)

훌륭한 컨설턴트이자 공인회계사인 어윈(Erwin)은 헬츠버그를 방문해서 당시로서는 하루 100달러라는 매우 비싼 비용에 우리 회사의 영업 전반을 검토한 뒤 제안을 했다. 그가 한 제안이 우수했으므로 우리는 그를 다시 초대했다. 그렇지만 이번에는 비용이 하루에 300달러로 올라갔다. 나는 그에게 전화를 해서 "어윈, 나는 도대체 이 청구서를 이해할 수가 없군요"라고 했다. 그러자 그는 "당신은 내가 처음 방문했을 때 말한 것들 중에서 그 어느 것도 이행하지 않았습니다"라고 답했다(나는 채찍질을 당한 셈이었다).

어윈은 그의 주장을 관철했다. 만약 우리가 그의 제안에 따라 움직이지 않는다면 우리의 돈과 그의 시간을 더 이상 낭비할 필요가 없다는 것이다. 그는 우리가 돈을 낭비하는 것을 우리만큼이나 염려했다.

컨설턴트는 당신에게서 시계를 빌려서 시간을 알려주고 그 시계를 잘 보관하는 사람이다. 컨설턴트에 대한 이 오래된 이야기는 그럴 듯한 측면이 있다. 컨설턴트도 다른 직원을 고용할 때처럼 신중하게 선택해야 한다. 때때로 외부 사람들이 회사를 위해 중요한 지적을 하지만 핵심은 실행이다. 만약 당신의 팀이 새 아이디어나 절차를 수립하는 것을 받아들이지 않고 또 실행 계획표를 세우거나 사후 점검 등에 나서지 않는다면 당신은 귀중한 시간과 돈을 허비하는 것이다.

컨설턴트를 데려오는 데 올바른 방법은 무엇인가? 사업의 특정 영역에서 원하는 결과를 얻기 위해 외부의 도움을 받으려면 그 이전에 그 문제에 가장 깊이 관련된 사람들과 일대일로 만나 미리 결과를 위한 씨를 뿌려 두어라. 그들은 그 문제에 당신보다 더 가까이 있으며 매일 그 문제를 다루고 있다. 그들은 도전과제가 무엇인지 가장 잘 알 수 있다. 가장 큰 이익을 얻기 위해서는 어쩌면 컨설턴트의 제안보다 더 나을 수도 있는 당신 팀이 내놓을 아이디어를 포함해서 컨설턴트가 제시한 제안을 깊이 있게 토론하고 이행해야 한다. 더 많은 고통을 받을수록 뒤이어 얻게 되는 환희도 커지게 마련이다.

이런 방식은 또한 그들이 친구이든 멘토이든 간에 당신의 유급 또는 무급의 조언자들에게도 적용된다. 그들의 시간은 귀중한 것이다. 만약 그들의 생각을 높이 평가하지 않는다면 왜 당신의 시간뿐만 아니라 그들의 시간까지도 허비하는가? 시간은 당신의 가장 귀중한 자산이다. 만약 당신이 예금증서를 맡기면 은행은 연말에 더 많은 돈을 돌려주겠지만 당신의 시간은 늘어날 수 없다.

다이아몬드 캐기

◆ 어윈(Erwin)을 기억하라. 만약 당신이 다른 사람의 제안에 따라 움직일 계획이 아니라면 시간과 돈을 허비하지 말라.

◆ 각각의 아이디어들을 분리해서 분석하고 다른 사람들과도 대화를 나누어라. 그 아이디어들은 다른 사람을 자극할 수 있고 심지어 내부 그룹에서 더 훌륭한 아이디어가 나올 수도 있다.

◆ 행동지향적이 되어라. 해야 할 일들의 목록을 만들어라. 거기에는 누가 책임이 있으며 이정표와 완성되는 날짜 등이 포함되어야 한다. 정기적인 미팅에서 참석자 그룹과 진척 사항을 재검토하라.

◆ 만약 당신 내부자들의 태도가 적대적이고 시기하거나 화를 내고 있다면 컨설턴트에게 당신의 시간을 낭비하지 말아라. 당신은 내부의 지지가 필요하다.

◆ 가장 큰 위험은 당신 내부 팀의 이해타산적인 태도 때문에 진전이 없는 것이다. 당신은 아이가 필요한 것이지 출산의 고통이 필요한 것이 아니다. 주간 단위 혹은 월간 단위의 진척 상황에 대한 보고가 절대적으로 필요하다.

10 자부심을 억제하라

부도덕한 리더는 사람들을 경멸하는 사람이다.
훌륭한 리더는 사람들을 바꾸어 놓는 사람이다.
위대한 리더는 사람들로 하여금 "우리 스스로 그것을 해냈다"
고 말할 수 있게 하는 사람이다.
　　　　　　- 라오쯔(Lao Tsu, 기원전 604~531), 중국의 도가 철학자

큰 사람은 성장하고 작은 사람은 우쭐댄다. - B.C. 헬츠버그 1세

　　"바넷, 당신이 도시를 떠날 때마다 이곳 주변의 모든 일들이 아주
잘 풀린다"라며 내 동료들은 나를 놀리곤 했다. 물론 그들은 농담조
로 그렇게 말했다. 최소한 내가 생각하기에는 그렇다. 그렇지만 나
는 그것을 일종의 찬사로 받아들였다. 나 자신이 영원한 생명을 가
질 수는 없다고 생각하면서 내가 일을 제대로 해내기만 한다면 내가
사라진다고 해서 회사에 해가 되지는 않을 것이라고 느꼈다. 나는
헬츠버그 다이아몬드가 계속해서 성장함으로써 그 사실이 어느 정
도 증명되었다고 믿는다. 헬츠버그 다이아몬드는 우리가 회사를 버
크셔 해서웨이에 매각한 이래로 기록적인 수익을 달성했다.

　　만약 당신이 내일 죽는다고 했을 때 회사가 당신 없이도 매우 잘
커나갈 것이라고 말할 수 있다면 이는 당신이 훌륭한 리더였다는 것
을 의미한다. 워렌 버핏에게 회사를 팔았을 때 나는 헬츠버그 다이
아몬드가 계속해서 더 좋아질 것이라고 분명히 느꼈다. 내가 계속
회사를 맡을 필요가 없었다. 그것이 바로 버핏이 우리 회사를 산 이

유 중의 하나이다. 우리 회사를 인수한 뒤 그는 경영진에 어떠한 변화도 주지 않았다.

뛰어난 사람인 짐 콜린스(Jim Collins)의 책 《좋은 기업을 넘어 위대한 기업으로 Good to Great》에는 어마어마한 양의 조사 내용이 들어 있다. 좋은 회사에서 위대한 회사가 된 회사들에 대해 알려진 놀라운 사실 중의 하나는 리더들 중의 많은 사람들이 겸손했다는 점이다. 대부분 그들은 당신이 기대하는 것처럼 카리스마적인 명사가 아니었다. 그들 중 대부분은 심지어 당신이 알아차리지조차 못하는 사람들이었다.

큰 회사들 중 상당수는 회사의 리더가 후계 구도 계획을 만들지 않아 휘청거린다. 작은 회사들과 벤처 회사들 역시 이러한 교훈을 가슴 깊이 받아들인다. 만약 회사의 정신이 기업가에게만 머물러 있다면 그 회사의 장기적인 생존은 불확실해진다. 사실 회사의 번영보다 자신들의 자존심을 더 중요하게 여기는 기업가들은 회사의 설립에 도움을 주었고 회사의 장래에 이해관계가 있는 뒷사람들에 대해서는 생각하지 않는다. 자신들이 없으면 회사가 쇠퇴할 것이라고 믿는 리더들은 정신을 차려야 한다. 만약 아주 재능 있는 사람들을 고용했기에 당신이 없어진 뒤에도 오랫동안 사업이 계속 커나갈 것이라고 자랑할 수 있다면 이는 내가 생각하기에 당신 모자에 깃털 장식을 단 것과 같다. 당신이 고용한 그 재능 있는 사람들한테는 다음 번에 무슨 일을 해야 한다고 말할 필요가 없기 때문이다.

당신의 이름이 코너 사무실 문 위에 있다고 해서 당신이 진실을 독점하고 있다는 것을 의미하는 것은 아니다.

소위 대다수 사업의 전문가들은 자부심이 도움이 된다고 설교한다. 이는 "만약 당신이 그것을 해내기만 한다면 그것은 허풍이 아니다"는 것이다. 유감스럽지만 나는 그 말에 동의하지 않는다. 그것은 기대하지 않을 결과를 초래하며 잘못된 허장성세일 뿐이다. 자신들의 능력에 대해 상당한 자신감을 가진 사람들은 굳이 자존심을 과시할 필요가 없다.

자부심은 단지 방해가 될 뿐이다. 보다 복잡하고 불운한 성공의 조짐 중 하나는 자부심을 다루기가 어렵다는 것이다. 사실, 성공은 실패보다 훨씬 더 다루기 어렵다고 할 수 있다. 나는 두 가지를 모두 경험했기에 그 사실을 안다.

성공의 부작용은 다른 사람의 말을 점점 더 경청하지 않으려 한다는 것이다. 그리고 당신이 시작한 일은 무엇이든지 영원히 정확할 것이라고 믿는 것 또한 부작용이다. 그것은 마치 몇몇 성공적인 사업가들의 귀에 자라는 곰팡이와 같은데, 다른 사람의 말을 들으려는 능력을 마비시켜 버린다. 통제할 수 없는 자아를 가진 사람들은 종종 똑똑한 사람들이 주변에 있는 것을 참지 못한다. 그래서 그들은 그 사람들을 잃게 되며 상황은 더더욱 나빠진다.

나는 우리가 겸손하게 살도록 하기 위해서 신이 모차르트를 우리에게 보내 주었다고 생각한다. 겸손하게 살 수 있는 기회를 많이 가졌다는 점에서 나는 축복을 받았다. 나는 당신이 리더로서 할 수 있는 가장 현명한 일은 아무 말 없이 방안에 있는 것이라고 믿는다. 나는 결코 속임수를 쓰지 않는다. 나보다 똑똑한 사람들을 고용했을 때 우리의 사업은 실제로 활기를 띠기 시작했다. 흔히 내가 했던 일들은 똑똑한 사람들의 방식에 간섭하지 않는 것이 전부였다. 당신이 이렇게 훌륭한 사람들을 찾았을 때 그들은 당신의 꿈을 실현시켜 주고 더 나아가 당신의 꿈 그 이상을 향해 나간다. 만약 누구에게 영예가 돌아가든 상관하지 않는다면 당신은 무엇이든 얻을 수 있을 것이다.

다이아몬드 캐기

◆ 성공했을 때 따르는 위험한 부작용은 다른 사람들의 귀중한 충고를 점점 더 듣지 않으려는 것이다.

◆ 자부심은 당신의 성공을 돕는 데 필요한 똑똑한 사람들과 당신 사이에 장벽을 만들어 버릴 수 있다.

◆ 만약 누가 영예를 얻든 상관하지 않는다면 당신은 자신의 꿈을 이룰 수 있을 것이다.

11 명확하고 예측 가능한 목표 수립

> 삶을 성공적으로 만드는 사람은 착실하게 그의 목표를 향
> 해 빗나가지 않고 나아가는 사람이다.
> — 세실 B. 드밀(Cecil B. De Mille, 1881~1959), 영화감독 겸 제작자

1970년 어느 날, 내가 오클라호마의 우리 가게를 방문했을 때 크로스로드(Crossroads) 쇼핑몰의 가게 매니저인 짐 피셔(Jim Fisher)는 나에게 자신과 함께 외출하자고 요청했다. 우리가 단둘이 있게 되었을 때 그는 직원들에게 그 가게의 월 목표가 2만 달러라는 것을 말하지 말아 달라고 부탁했다. 나는 그 말을 듣고 처음에는 곤혹스러웠다. 짐은 최고의 매니저 중의 한 사람이었고 월 2만 달러의 매출은 분명히 그가 해낼 수 있는 목표였다.

짐은 부드럽게 웃었다. 아마 그는 내가 놀라고 있음을 알아차린 것 같았다. 그리고 그는 기쁘게도 2만 달러가 문제가 아니라 그와 오클라호마 시의 동료들은 월간 매출 목표를 회사가 책정한 것의 두 배인 4만 달러로 자체적으로 정했다고 설명했다. 그의 팀은 매출 3만8천 달러를 기록했는데 이는 회사가 짐과 그의 매장의 정력적인 판매 직원들에게 기대했던 것의 90% 이상이었다. 이제 당신 자신과 직원들을 위해서 보다 높은 기대치를 수립하는 것에 대해서 말해 보자.

짐의 경험은 나에게 높지만 현실적인 목표를 수립하는 것이 중요하다는 것을 강조해 주었다. 만약 당신이 기대치를 충분히 높게 설정한다면 쉽게 이룰 수 없는 일을 향해 나아갈 수 있다. 당신은 아마 달을 쏠 수 있을지도 모른다. 목표는 당신으로 하여금 시간을 관리하고 최종 기한을 설정하며 우선순위를 정해서 책임을 할당하는 일을 하도록 한다. 확실한 목표는 또한 당신에게 자신의 성과를 측정할 수 있는 능력을 준다. 예를 들어 짐의 판매팀원들은 기대되는 것이 무엇인지를 정확히 알고 있었다. 즉 각 개인에게 필요한 시간당 매출 규모를 제대로 알고 있었던 것이다. 기대는 분명하고 달성할 수 있으며 측정이 가능한 것이어야 한다. 목표는 단순히 매출을 늘리는 것이어서는 안 되며 매출 4만 달러를 달성하는 것이어야 한다.

개인별 목표를 세우는 것은 구성원들이 회사를 성공적으로 만들기 위해 적극적인 역할을 하도록 독려한다. 측정 가능한 목표를 세우는 것은 구성원들에게 보상을 해줄 수 있고 그들의 성공을 축하할 수 있도록 한다. 내가 짐으로부터 배운 또 다른 교훈은 10명의 직원 중 9명은 당신이 그들에게 정해 주는 것보다 더 높은 목표를 세울 것이라는 점이다.

이제 여기에 목표와 관련해서 기억해야 될 몇 가지 다른 사항들이 있다.

- 목표는 명백하고 현실적이어야 한다.
- 목표는 측정할 수 있어야 한다.

- 목표는 최종 기한에 맞추어야 한다.
- 목표는 모든 사람과 분명한 대화를 통해 설정해야 한다.
- 목표를 달성하거나 초과달성 했을 때에는 보상을 해야 한다.
- 목표의 종류가 너무 많아서는 안 된다(예상하지 않았던 성과를 내려면 목표는 3개 이하여야 한다). 그래야 집중도가 유지될 수 있다.

다이아몬드 캐기

- 당신의 목표를 높게 설정하라. 불가능한 것에 도달하려고 애쓰라. (그러면 당신은 아마 달에 갈 수도 있을 것이다.)
- 목표는 당신이 얼마나 멀리 갈 수 있는가를 알아보도록 해줄 것이다.
- 절대로 결단코 그 누구에게도 막연히 최선을 다하라고 말하지 말라. 구체적인 기대치를 주어라.

12 사람들을 신뢰하기

우리 회사가 초창기 성장할 당시 우리는 규칙을 부여하기 시작했다. 그렇게 한 이유는 그것이 잘못된 행위의 재발을 방지하는 데 좋은 방법이라고 믿었기 때문이다. 무슨 일이 잘못되거나 누군가가 중대한 실수를 했을 때 우리는 새로운 규칙을 추가했다. 늘어나는 주요 사항들을 여러 가지 규정의 리스트들로 만드는 것이 핵심이었다. 직원들은 실수라도 할까 봐 그들 자신의 방식대로 행동하는 것을 두려워했다. 그렇지만 그들이 실수를 했을 때는 어쨌든 매우 예민해졌다. 마침내 누군가가 이 모든 규칙들이 추한 상처투성이 정책을 만들어서 사람들을 격려하기보다는 낙담하게 만들었다고 지적했다.

우리는 입장을 바꾸었다. 매장과 직원들에 대한 강한 기대는 계속 유지했지만 의미 없는 규칙들은 집어던졌다. 왜냐하면 그러한 규칙들은 사람들이 자발적으로 일하면서 자신들이 갖고 있는 재능과 풍부한 지략을 활용하고 기대치를 뛰어넘게 일하는 것을 방해했기 때문이다. 우리는 재능 있는 사람들이 우리를 위해 일해야 한다는 것을 깨달았다. 그렇지 않다면 무엇 때문에 우리가 그들을 고용하겠는가? 일이 잘 되도록 그들의 능력을 믿어야 한다.

우리 직원들은 이제 실수를 할까 봐 두려워하기보다는 그들이 자신들 스스로 결정을 내릴 때 신뢰받고 있음을 느끼고 있다고 표현하기 시작했다. 우리는 확실히 그들의 노고를 알고 있었고 그들은 누군가가 자신들의 공적을 알고 있다고 느꼈다. 사실 당신이 그들의 노고에 대해 긍정적인 피드백을 제공하지 않는다면 많은 직원들은 궁극적으로 "무엇 때문에 그렇게 일하는가?"라고 생각할 수 있다. 인정한다는 것은 판매직 직원들에게 그들이 고객을 상냥한 태도로 대하고 있다고 말해 주는 것처럼 간단한 것이다.

동료들이 능력을 펼치고 회사의 성공에 기여할 수 있도록 자극한다면 당신에게는 그것이 충분한 보상이 될 것이다. 동료들은 심지어 당신이 더 많이 성취하도록 용기를 줄 것이다. 그것은 "당신이 대접받고 싶은 대로 다른 사람들을 대접하라"라는 격언의 다른 말이라고 할 수 있다.

만약 이 말을 지나치게 낙천적으로 받아들인다면 때로 실망할 수도 있고, 화가 날 때도 있을 것이다. 그렇지만 다른 사람들을 믿는다면 당신은 위험과 보상에 따라 사람들이 실패할 때 이를 기꺼이 받아들여야 한다. 다른 사람의 의견이 당신의 의견만큼 좋지는 않더라도 그럭저럭 괜찮은 것이라면 그 사람의 방식대로 진행하도록 허락하는 것이 더 나은 경우가 있다. 의견보다 더 중요한 것은 실행의 자질이다.

점점 더 복잡해지는 사업 세계에서 성공하기 위해서 기업가는 회사 내의 모든 사람들의 재능이 필요하다. 다른 사람들의 능력을 믿고 그들이 성장하도록 해야 하며 최선을 다해 업무를 수행하도록 해야한다. 다른 사람들이 업무에서 성과를 거두도록 도와주는 것이 모든것을 당신의 방식대로 행하는 것보다 더 큰 성공을 가져다줄 것이다. 개개인에 대한 당신의 믿음이 실망감으로 변질되는 불가피한 상황에서는 숨을 깊게 들이마셔라. 정말이지 많은 사람들이 기대치를 뛰어넘어 당신을 기쁘게 할 것이다.

모든 사람들에게 기본적으로 필요한 것은 진가를 인정받고 있다고 느끼는 것이다. 이는 단지 이해받고 있는 것보다 더 큰 의미를 갖는다. 물론 이해받는 것도 중요하기는 하다. 내가 말하고자 하는 것은 당신이 누구이며 무엇을 대표하며 상황을 더 개선하기 위해서 무슨 일을 하는가 하는 점이다.

고객들과 당신 회사에 물품을 공급하는 사람들은 당신이 그들을 소중히 여기고 있다는 것을 알고 싶어한다. 고객들은 당신이 그들에 대해 관심을 갖고 있다는 것을 알고 싶어한다. 무엇보다도 당신 직원들은 회사의 성공을 위해 기여하는 자신들의 능력을 당신이 믿고 있는지를 알고 싶어한다. 그런데 그들을 소중히 여기고 있다는 마음을 보여 주기 위해서는 당신이 사람들을 믿어야만 한다. 직원들에 대한 변치 않는 믿음은 당신 사업의 번창뿐만 아니라 당신의 정신 건강을 위해서도 꼭 필요하다.

만약 당신에게 물품을 공급하는 사람들이 바가지를 씌울까 걱정한다면 당신은 그들에게 의심을 갖고 접근할 것이다. 만약 고객들이 당신을 이용하고 있다고 생각한다면 당신은 그들을 불법 침입자처럼 다룰 것이다. 또한 직원들이 당신을 속이고 있다고 생각한다면 당신은 그들 행동의 세세한 부분까지 모두 관리할 것이다. 이처럼 오랫동안 부정적인 행동을 추구하다 보면 당신은 근거 없는 심한 불신에 사로잡힐 것이고 회사의 발전은 매우 고통스러운 정체 상태를 맞게 될 것이다.

다이아몬드 캐기

◆ 개개인들은 진가를 인정받을 필요가 있다. 어떻게 당신과 당신의 회사가 그들에게 감사를 표현할 수 있는가를 생각해 보라. 그것은 당신이 책임져야 할 중요한 사항이다.

◆ 규칙을 정도 이상으로 강조하지 말라. 올바른 조치를 취하기 위해서 개인의 능력에 대한 믿음을 보여 주는 문화를 만들도록 하라.

◆ 누군가에 대한 믿음의 결과가 실망으로 나타났다 해도 가끔 한 번씩 일어나는 일 때문에 단념하지 말라.

◆ 정신적 뒤틀림은 당신이 앞으로 성공하는 데 크게 역효과를 낼 것이다. "나는 괴롭지 않아. 나는 대가를 치르지 않을 거야"라고 말하는 이혼남을 본받아라.

감정적으로 성숙하기 위한 기준

- 현실을 건설적으로 다루는 능력
- 변화에 적응하는 능력
- 긴장과 불안감에 의해 생기는 증상에서 상대적으로 자유로워지기
- 받는 것보다는 주는 것에서 더 큰 만족을 찾을 수 있는 역량
- 서로 만족과 도움을 주면서 다른 사람들과 계속 관계를 유지하기
- 다른 사람들의 본능적이고 적대적인 에너지를 창조적이고 건설적인 표현수단으로 승화시키는 포용력
- 사랑할 수 있는 도량

> – 윌리엄 C. 메닝거(William C. Menninger, 1899~1966),
> 메닝거 재단의 공동 설립자

아이디어

13 결코 다리를 불태우지 말라

당신은 아침마다 항상 그들에게 지옥을 선사할 수 있다.
– 톰 머피 (Tom Murphy), CapCities/ABC의 전 사장
워렌 버핏에 의해 인용됨

실제 생활에서 리더에게 가장 실질적인 충고는 인질을 인질
처럼 다루지 말고 왕자도 왕자처럼 다루지 말며 모든 사람
을 사람으로 대하라는 것이다. – 제임스 맥그리거 번즈(James
MacGregor Burns), 작가이자 역사가 · 1970년 퓰리처상 수상자

우리가 가게를 열고 싶어서 한 쇼핑몰의 주인을 찾아갔을 때 짐
(Jim)이라는 이름을 가진 약간 뚱뚱한 친구는 창문을 내다보면서 소
란스럽게 팝콘을 즐기고 있었다. 우리는 그에게 다음과 같이 말했
다. 우리 회사가 잘 알려지지는 않았지만 헬츠버그 다이아몬드를 그
의 쇼핑몰에 입점시킬 경우 우리가 놀라운 이익을 그에게 안겨줄 것
이라고 말이다. 그렇지만 우리는 창문 밖의 나무들과 팝콘에 매료되
어 있는 그를 방해할 수가 없었다.

우리는 그의 회사가 조성하고 임대중인 쇼핑 센터에 있는 그의
방을 나선 뒤 아버지의 좌우명을 계속해서 따라야겠다고 생각했다.
그것은 다른 사람들이 당신을 울타리의 푯말처럼 하찮게 취급한다
해도 다른 사람과 연결된 다리를 태워 버리지 말라는 것이다. 그 다
음 주에는 우리가 그의 쇼핑몰에 입점하여 함께 일하게 될 수도 있
다고 생각했다.

이것은 아버지가 우리에게 준 가장 귀중한 교훈 중의 하나이다. 우리는 사람들이 대접받고 싶어하는 만큼 그들을 대한 데 대해서 결코 후회한 적이 없다. 때때로 이것은 그들이 우리를 무시했다고 해서 그들을 무시하지 말라는 내용도 포함한다. 이 원칙을 지키면 당신은 후회할 일이 많이 줄어들 것이며 상대방에게 어떻게 반응해야 할지 생각하는 데 허비하는 시간도 많이 절약할 것이다.

모든 규칙들처럼 이것에도 예외는 있다. 만약 고객이 직원을 심하게 매도한다면 당신은 그 손님에게 친절하게 서비스를 해줄 수 없음을 부드럽고 정중하게 말하라.

다이아몬드 캐기

◆ 모든 사람들이 대접받고 싶어하는 대로 그들을 대하라.

◆ 당신과 직원들에 대한 그들의 태도는 무시해 버려라.

◆ 미래에 그들이 당신에게 매우 중요한 사람이 될 수 있다는 가능성을 염두에 두어라.

◆ 예외: 만약 어떤 고객이 당신의 직원을 극단적으로 매도한다면 고객과의 관계를 끊을 수도 있다. 나는 39년 동안 단 한 번 그렇게 했다.

14 재난에 대처하는 방법

> 내일을 위한 최선의 준비는 오늘의 일을 최고로 잘하는 것이다.
> – 윌리엄 오슬러 경(Sir William Osler, 1849~1919), 물리학자·교수·역사가
>
> 친구의 집을 자주 방문하라. 잘 이용하지 않는 길은 잡초들이 메운
> 다. – 랠프 왈도 에머슨(Ralph Waldo Emerson, 1803~1882), 시인·철학자

지독하게 추웠던 1960년대 중반의 1월 11일, 우리 회사 부회장
인 J. B. 그로스만과 동생인 찰스 그리고 나는 정기적인 대출을 신청
하기 위해서 캔자스 시 퍼스트내셔널 은행(First National Bank)에
갔다. 크리스마스 시즌을 준비해 사들인 많은 물품 대금을 결제하기
위해서 물품 공급업자에게 하루 전에 발송한 수표를 결제해야 했기
때문이다. 우리는 퍼스트내셔널 은행과 30년 전부터 오랫동안 지속
적인 관계를 유지해 왔다.

우리는 필요할 때는 언제라도 50만 달러의 신용한도를 이용할 수
있다는 것을 확인한 보통의 계약서를 갖고 있었다. 그렇지만 그 계
약서의 마지막 문장에 만약 우리의 신용 상태에 변화가 있을 경우
은행과의 약정은 무효가 된다고 씌어 있는 것은 주의 깊게 보지 않
았다.

충격적이고 놀랍게도 은행은 우리에게 돈을 빌려주기를 거절했

다. 은행의 한 중역이 우리 회사가 신용할 만하지 못하다고 느꼈기 때문이다.

이 충격적인 상황에서 헤어난 뒤 우리는 바로 캔자스 시에 있는 시큐리티 내셔널 은행(Security National Bank)으로 갔다. 그곳은 아주 오랜 기간 동안 아버지에게 도움을 준 브리덴설(Briedenthal) 가문이 있는 곳이다. 모리스 브리덴설 주니어(Morris Briedenthal Jr.)는 우리에게 다음과 같은 질문만 했다. "얼마나 필요하십니까?" 바로 그 순간 우리가 그 수표를 결제하기 위해서 필요한 돈을 얻는 것은 시간 문제였다.

우리는 아마도 그 대출을 받을 자격이 없었는지도 모른다. 사실 나는 브리덴설 1세가 그의 임원에게 "그들의 아버지는 돈을 어떻게 버는가 하는 방법을 배웠고 그 아들들도 역시 어떻게 해야 하는가를 배울 것입니다"라고 말하는 것을 들었다.

그날의 위험은 업계에서 우리의 명성과 신용 등급을 끌어내렸다. 우리는 궁지에 몰렸지만 "두 공급자 법칙"(two-supplier principle)에 의해 구조되었다. 죽음의 문턱에서 당신은 다른 사람과 맺은 관계에 의해 구조될 수 있다. 우리가 바로 그랬다.

시큐리티 내셔널 은행은 헬츠버그 다이아몬드와 거래하면서 한 푼도 잃은 적이 없었다. 그 은행과 우리 회사의 우정은 결코 퇴색하지 않았다. 당신은 그 은행에 대한 우리의 충성도를 상상할 수 있을 것이다.

우리가 그럼 계속해서 그 두 은행과 거래를 했을까? 물론 절대적으로 그랬다. 다리를 불태우지 않는 것은 우리의 모토가 되었다. 그리고 우리는 여전히 두 곳과의 거래 관계를 원한다.

위급하지 않을 때에는 중요한 문제에 있어서 두 곳과 거래를 하는 것이 신경 쓰이는 일이기도 하다. 그렇지만 합병이나 매각뿐 아니라 공장에 불이 나거나 거래처가 파산하는 일, 홍수, 지진 그리고 토네이도가 발생하는 일 등은 근본적인 지각변동을 가져온다. 당신이 절망에 빠져 있고 필요한 서비스와 물품의 공급이 부족할 때에야 비로소 두 번째 거래 상대방을 찾아가는 것은 소용이 없다. 아무리 훌륭한 거래처라 하더라도 새로운 거래처를 추가하기보다는 자신의 고객을 먼저 돌볼 것이기 때문이다.

다이아몬드 캐기

◆ 한 곳 이상의 거래처를 갖고 있으면 중요한 일이 생겼을 때 선택할 수 있는 권한이 있으므로 안정감을 갖게 된다.

◆ 적당할 때 거래선과 개인적인 관계를 만들어 놓으면 곤경에 빠졌을 때 위험을 피하는 데 도움이 된다.

◆ 서로 다른 거래선은 각각 강점과 약점이 다르다. 그들이 상호 보완적 역할을 하도록 해라. 다른 상대방의 약점을 채워 주면서 말이다.

◆ 지금 두 번째 거래 상대방을 얻도록 하라. 아직 그들이 필요하지 않은 바로 지금 말이다.

15 헬츠버그 다이아몬드의 전환점

> 실패는 인생에서 맛볼 수 있는 한 부분이다. 나는 결코 과정에
> 서 낙오하는 그런 여자가 아니다.
> – 로잘린드 러셀(Rosalind Russell, 1907~1976), 연극배우 겸 영화배우

수년 전 피터 드러커(Peter Drucker)는 사업에서의 만병통치약들에 대해 〈월트리트 저널〉에 멋진 칼럼을 게재했다. 비용을 절감하고 현재 하고 있는 노력을 다시 배가하면 당신이 하고 있는 사업에서 발생하는 문제들은 고칠 필요가 없다고 그는 기술했다. 만약 세상이 더 이상 자동차에 장착된 긴 무선 안테나를 사려고 하지 않는다고 해서 종업원 수와 중간 관리자 계층을 크게 축소한다고 장기적으로 성공을 이루어낼 수는 없다. 비록 이러한 움직임이 단기적인 이익을 증가시킬 수는 있겠지만 그것은 회사를 어렵게 만드는 것을 일시적으로 막는 미봉책일 뿐이다. 진정한 치료를 미룬다면 당신은 어쩌면 회사가 망하는 시점을 앞당기게 될지도 모른다(우리는 시간을 끌면서 거의 망할 뻔했다).

헬츠버그 다이아몬드에게 1960년대는 매출과 수익 감소로 인해 힘겨운 시간이었다. 우리는 무료 찻잔 세트 증정과 같은 판매 촉진책에 중독되어 있었다. 마치 헤로인 중독처럼 처음 시작 단계에서는 판촉 행사를 별로 하지 않았지만 결국에는 비용이 드는 판촉 행사를 월별로 했다. 우리 고객들은 이러한 방식에 점점 단련이 되면서 판

촉행사를 기다렸다. 우리는 흥미를 끌지 못하는 일을 계속 하려고 했지만 고객은 이것을 거부했다. 우리는 마침내 이러한 행사를 완전히 중단하게 되었다. 비록 그것이 도움이 되기는 했지만 기적은 일어나지 않았다.

이어서 절망 속에서 우리는 할인점에서 보석 매장을 운영하는 매장 사업(licensed department business)에 진출했다.

우리는 실제로 상황을 더 나쁘게 만들었다. 즉 드러커(Drucker)가 말한 중죄를 범한 것이다. 처음에는 쓸모없는 도심 가게들을 되살리고자 안간힘을 썼고, 2막에서는 방향 전환을 잘못했다.

결국 우리가 쇼핑몰에 적당한 곳을 발견했을 때 상점과 임차한 매장을 포함해 39개 중 38개의 문을 닫고 쇼핑몰로 옮겼다.

물론 인생은 그렇게 단순하지가 않다. 두 거대 보석상인 제일 보석상(Zale Jewelers)과 고든 보석상(Gordon Jewelers)은 거의 모든 쇼핑몰에 진출해 한두 곳에 가게를 열고 있었다. 그들은 일반 가게는 물론이고 더 고급 제품의 가게도 운영했다. 그들은 실로 다른 사람들보다 훨씬 더 선견지명을 갖고 쇼핑몰의 개발업자들과 상당한 유대관계를 맺었다. 제일과 고든 보석상은 쇼핑몰 개발업자에게 돈을 빌려주고, 개발이 완성되면 그곳에서 가게를 열었다. 나는 당시에 이런 일들이 그저 존경스러울 따름이었다. 나로서는 다만 언젠가 우리도 그런 위치에 있게 되기를 희망할 따름이었다.

나는 뉴욕에서 열리는 쇼핑센터 대표자의 국제 회의에 참석하기 위해 공항에서 호텔까지 캔자스 시의 쇼핑몰 개발업자인 폴 코파켄

(Paul Copaken)과 함께 택시를 타게 되었다. 나는 그에게 좋은 임차인의 정의를 물어 보았다. 그가 내린 정의에는 물론 보다 많은 임차료를 지불하는 것이 포함되어 있었다. 모든 쇼핑몰의 임차료는 최소 금액이나 매출액의 일정률이 기본으로 정해진 위에 매출액이 높아질수록 가게 주인이 받는 임차료도 올라갔다. 만약 똑같은 임차 공간에서 우리 가게는 1백만 달러의 매출을 올린 반면에 경쟁사는 50만 달러의 매출을 올렸다면 우리의 임차료는 5만 달러이고 경쟁사의 임차료는 2만5천 달러가 된다. 임차료는 일반적으로 매출액의 5퍼센트 수준이었다. 만약 최소한으로 보증된 임차료가 1만5천 달러라면 우리회사와 경쟁사가 모두 초과분의 임차료를 지불할 것이다. 쇼핑몰을 소유한 사람에게는 우리 가게에서 올린 수익이 훨씬 더 크다(이 수치들은 1967년 것이다).

우리의 목표는 "모든 쇼핑몰의 보석상마다 제곱 피트 당 가장 큰 규모의 매출을 올리는 것"이었다. 그래서 우리는 가게 주인에 관심을 끌게 되었으며 마침내 좋은 임차인으로서 어느 정도 신용을 얻을 수 있었다.

다이아몬드 캐기

◆ 당신이 가고자 하는 방향이 어디인가를 결정하고 진로를 정하라.

◆ 장기적인 발전을 위해서는 근시안적인 생각이 발 붙이지 못하게 하라.

◆ 단기적인 수익이 아니라 장기적인 성공을 위해 계획을 세워라.

◆ 증상이 아니라 질병을 치료해라.

16

아이디어

새로운 아이디어 시험:
성공을 향해 발판을 쌓아올리기

> 진실로 의욕을 가진 사람들에게 성공은 필요한 것이지 선택이
> 아니다.　　　　　　　－ 줄리어스 어빙(Julius Erving), 프로 농구선수
> 단지 바보만이 물의 깊이를 두 발로 테스트한다. － 아프리카 속담

　　1970년대에 우리 회사의 가장 혁신적인 관리자 중 한 사람이었던 마티 로스(Marty Ross)는 정착된 지는 오래 됐지만 점차 번거로워지는 관행인 판매자금 대출제도를 없애고 싶어했다. 보석업계는 수년간 사내 신용을 취급해 왔다. 그런데 회의론자들은 보석상이 사내의 신용을 고객에게 제공하지 않고서는 살아남기 어렵다고 믿었다.

　　마티는 지금은 서킷 시티(Circuit City)로 이름이 바뀐 초창기 회사의 리더 중 한 사람이었다. 그는 가전업계에 몸 담았던 경험이 있어서 보석업계의 회의적인 시각에 물들지 않았다. 그렇다고 해도 외부의 신용 제공자들로부터 들어오는 수수료와 이자 수입의 손실이라는 측면에서 결정이 쉽지는 않았다. 그래서 마티는 우리 가게의 최고 매니저 중 한 사람을 골라서 자신의 생각을 시험했다. 즉 보석 가게는 다이아몬드 판매에 초점을 맞추고 신용 관련 업무와 이자 수입은 은행과 그쪽 업무의 전문가인 다른 대출기관에 맡길 경우 더 많은 돈을 벌 수 있는가 하는 것이다.

　　매니저인 마티는 캔자스 시의 불루리지 쇼핑몰에 있는 우리 가게

를 관리하던 세실 윌리엄슨(Cecil Williamson)을 선택했는데 이 사람은 무슨 일이든지 할 수 있는 사람이었다. 사람들이 다이아몬드들을 뒤죽박죽 상태로 만들어도 세실은 여전히 그것들을 팔 수 있었다. 그런데 그게 바로 핵심이었다. 마티는 자신의 테스트가 성공하기를 원했고 초기의 테스트 매니저인 세실과 함께 그 방법이 성공적으로 작동하도록 하기 위해서 절차를 미세조정 했다. 사실 그 일은 매우 잘 되었다. 세실의 성공은 회사 전체에 파문처럼 퍼져 나갔다. 마티는 다른 매니저들에게도 무엇이 잘 실행되었고 무엇이 그렇지 않았는지를 보여 주었다. 이러한 유형의 시험과 전파가 우리의 성공에 있어서 중요한 요소가 되었다. 그리고 우리가 경쟁 시장에서 빠르게 움직일 수 있었던 이유 중의 하나가 되었다.

고객의 신용을 아웃소싱 한 테스트 이후 우리는 이제 다른 헬츠버그 가게들을 대상으로 "그것은 성공적인 것으로 판명되었다"고 말했다. 다른 가게들이 그 새로운 시스템을 적용하기 시작하면서 우리의 전체적인 초점은 다이아몬드 구매와 판매가 되었고 은행 쪽 업무에는 신경 쓸 필요가 없게 되었다. 이는 기대 이상의 큰 수익을 가져다주었다. 오늘날 제너럴일렉트릭이나 기타 사적인 신용회사들이 훌륭하고 성공적인 많은 소매업자들에게 신용을 제공하고 있다.

나는 한때 새로운 제품 또는 발상이 우리 가게에 도움이 될 것인가를 평가하는 최선의 방법은 그것을 평범한 직원들이 일하는 평균수준의 가게에서 단순하게 테스트하는 것이라고 믿었다. 나의 단순하기 짝이 없고 잘못된 생각으로는 만약 그 훌륭한 생각이 보통의 가게에서 제대로 성공한다면 이는 우리의 모든 가게에서 올바르게 작동할 수 있다는 것이었다.

　그런데 나는 더 좋은 방법을 배웠다. 비록 비즈니스 스쿨에서 가르치는 방식과는 완전히 일치하지 않았지만 그 방식은 우리 회사에 큰 변화를 가져다주었다. 내가 배운 것은 승리하는 기업가는 그들이 보유한 최고의 직원들로 하여금 도전을 받아들이게 함으로써 새로운 아이디어와 제품들을 테스트하여 성공한다는 사실이다. 확실한 성공을 위해서 당신이 할 수 있는 한 모든 일을 하는 것이 테스트를 하는 다른 방법이라고 할 수 있다. 당신은 사실상 다른 모든 사람들이 당신의 성공으로부터 배우고 모방할 수 있는 성과를 위한 기준을 수립하고 있는 것이다. 우리가 달에 가는 것이 가능할까? 이 경우 평범한 우주비행사를 보내서는 안 된다. 그러면 달에 갈 수 있는 방법이 없다. 당신은 최고의 우주비행사를 보내서 달에 도착한 것을 증명해야 한다.

　사업하는 사람들 중에 많은 이들은 제품이나 아이디어를 테스트할 때 결과를 한쪽으로 치우치게 할 수 있는 요인들을 제거하고 상황을 설정해야 한다고 배웠다. 그들은 테스트 그룹과 비교를 위한 통제 그룹을 가져야 한다고 배웠다. 그리고 진정한 비교치를 얻기 위해서 가능한 한 최대한 많은 변수를 통제해야 한다. 이러한 지침들은 과학적으로 유효한 결과를 필요로 하고 그 결과들을 기다릴 수 있는 여유가 있는 사람들에게는 중요하다.

　그러나 실제로도 그렇지만 때때로 당신은 시장에서 승산이 있는 아이디어를 얻기 위해서 재치 있는 지름길도 받아들여야 한다. 그것은 당신의 사업에서는 제대로 작동하지 않을 수 있지만 제품들과 아이디어들을 빨리 테스트할 수 있게 해주고 동시에 뛰어난 피드백을 얻을 수 있다. 만약 새로운 아이디어가 우리의 최고 인재들에 의해 처음으로 적용된다면 그것을 비즈니스 스쿨에서 하는 방식으로 했을 때보다 실제로 더 많은 것을 배울 수 있다. 당신은 새로운 아이디어가 실제로 행해질 수 있는 일인지 아닌지를 입증할 수 있는 개척자적인 최고의 인재들을 회사에 갖고 있다. 그들은 새로운 아이디어를 실행하는 데 있어서 최고의 기술을 평가하고 연마할 수 있는 사람들이다. 이 테스트 방법은 우리에게 여러 이익을 가져다주었다.

- 우리는 최소한 최고의 여건 하에서는 그 아이디어가 작동할 수 있다는 것을 입증했다(경우에 따라서는 작동하지 않기도 했다).
- 우리는 미래의 새로운 컨셉의 잠재력을 평가할 수 있었다. 만약 최고의 매니저가 단지 작은 이익만을 얻는다면 그 켄셉의 잠재력은 매우 제한적이라고 볼 수 있다.
- 우리는 제대로 작동한 일과 그렇지 못했던 일 그리고 변화가 필요한 일에 대해서 피드백을 얻었다. 최고의 매니저는 과정을 연마하는 데 있어서 도움을 줄 수 있으며 그래서 그것은 표준화되고 문서화되며 훈련에 활용된다.
- 실질적인 세계에서는 가장 똑똑한 사람이 그 컨셉을 적용할 수 있는 최선의 방법을 찾아냈다. 그리고 우리는 진정한 비용이 무엇인지에 대한 감각을 얻었다.

- 만약 테스트가 제대로 작동한다면 우리는 그것을 처음으로 테스트한 직원들의 경험을 갖게 된다. 그들은 다른 가게에 그 생각을 전파할 수 있다.
- 최고의 매니저는 다른 매니저들이 힘들게 싸워 볼 만한 결과들을 달성했다. 우리는 높은 기준을 세운 사람들을 표준으로 삼았다. 그리고 그 높은 기준들은 달성될 수 있다는 것을 알았다.

다이아몬드 캐기

◆ 성공을 보증하라. 다른 사람들이 따라 할 수 있는 최선의 결과를 얻는 사례를 만들라.

◆ 처음 테스트는 미세조정을 하라.

◆ 성공을 향한 기준을 만들라.

◆ 새로운 발상을 본격적으로 펼쳐 보일 때에는 천천히 조심스럽게 하라. 당신은 그 과정에서 나타나는 문제들을 해결할 것이다. 미세조정을 계속하라.

17

아이디어

문제에 과민반응 하지 않기

> 길이 구부러진 것이지 끝난 것은 아니다. 당신이 방향
> 을 바꾸는 데 실패하지 않는 한 말이다.   - 작자 미상

아내 셜리(Shirley)와 나는 친구인 프레드(Fred)와 릴리스 빌(Lillis Beihl)과 비행기 수하물 구역의 콘베이어에서 우리 가방을 찾고 있었다. 릴리스의 가장 작은 가방이 보이지 않았을 때 그녀는 매우 속상해 했다. 그것은 그때까지 나오지 않은 유일한 가방이었는데 물론 가장 중요한 것이기도 했다. 거기에는 그녀의 보석이 담겨 있었다. 프레드는 "그들이 제대로 하나를 가져갔군" 하면서 그녀의 보석이 도난당한 게 틀림없다고 단정했다.

그녀가 점점 더 속이 상하게 되었을 때 나는 그녀에게 다가가서 "그것이 암은 아니잖아요"라고 말했다. 20분이 지났다. 두 가지 일이 일어났다. 하나는 가방이 나타난 것이고, 다른 하나는 릴리스가 내게로 와서 "고마워요. 당신 말이 정말로 도움이 되었어요"라고 말한 것이다.

이러한 일은 어느 정도 거리를 두고 풀어 나가야 한다. 나도 종종 열쇠나 안경, 지갑을 잃어버리고 짜증을 내기도 하지만 그러한 일은

사실 초조해 할 일은 아니다.

그것은 또한 사업에서 도전이 환영받아야 할 일이라는 것을 의미한다. 왜냐하면 도전 때문에 당신이 사업을 하는 것이기 때문이다. 문제를 해결하는 사람은 바로 당신이다. 치명적인 질병과 사업상의 문제 사이에는 큰 차이점이 있다. 그 차이점을 마음속에 새겨라.

다이아몬드 캐기

◆ "그건 암이 아니다."
◆ 거리를 두고 문제를 대하라.
◆ 당신이 사업을 하는 데 나타나는 도전을 즐겨라.

---

18 정직: 장기적인 수익원

> 내 지갑을 훔치는 사람은 쓰레기를 훔치는 것이다. 그렇지만 내 명
> 성을 훔치는 사람은 나에게서 그를 부유하게 만들 수 없는 것을 강
> 탈하는 것이며 나를 실로 가난하게 만들 것이다.
> ― 윌리엄 셰익스피어(William Shakespeare, 1564~1616), 작가·극작가·시인

MBA 과정에서 한 여성 수강생들이 말하기를 회사가 그녀에게 특별 휴가를 준 뒤에 그녀는 회사를 싫어하게 되었다고 했다. 왜 회사가 모든 직원을 위해 좋은 일을 했는데 그녀는 그렇게 화가 난 것일까? 그녀가 휴가를 받은 그날에 서비스를 하지 못한 것을 고객에게 어떻게 설명할 것인가를 회사측에 물었을 때 그녀는 전화선들이 불통이었다고 설명하라는 말을 들었다. 다음 주에 나는 그녀에게 그러한 내용을 우리와 공유한 것에 대해 감사했다. 하루의 휴가라는 것은 그녀에게 매우 소중한 것이었지만 그녀가 실제로 얻은 것은 회사의 정직성에 대한 매우 부정적인 느낌이었다. 만약 회사가 고객에게 거짓말을 하라고 그녀에게 말한다면 회사는 틀림없이 그녀에게도 거짓말을 할 수 있다는 것이다. 그녀는 그 다음 주에 회사를 그만두었다.

이 일화를 들으니 우리 직원들이 반복해서 나에게 말하는 것이

떠올랐다. "만약 그들이 당신을 위해 누군가의 물건을 훔친다면 그들은 당신의 물건을 훔칠 수도 있다." 그 여성은 회사가 고객에게 거짓말을 하라고 했다면 회사가 그녀에게도 거짓을 말할 수 있다는 것을 알았다. 마찬가지로 만약 다른 사람이 당신의 고객을 속이기를 기대한다면 당신은 그들이 당신의 회사를 속일 수도 있다고 예상할 수 있어야 한다. 당신은 양쪽 모두를 가질 수는 없다. 당신의 팀과 사업 그리고 당신 자신을 위해서 할 수 있는 가장 훌륭한 일 중의 하나는 절대적인 정직임을 나는 확신한다.

다이아몬드 캐기

만약 당신이 정직하게 영업을 한다면:
◆ 장기적인 성공을 위한 기반을 닦는 데 큰 도움을 받을 것이다.
◆ 항상 스스로를 거울에 비추어보는 게 좋다.
◆ 직원들은 당신의 이런 태도 때문에 회사를 사랑하게 될 것이다.
◆ 직원들이 일터에 대한 말을 퍼뜨리고 다른 사람들에게 당신 회사에서 일하라고 편안한 마음으로 추천하게 되므로 당신은 회사에 올바른 사람들을 끌어들일 수 있게 될 것이다.

19 즐겁게 지내기

사업은 결국 사람이다. — B.C. 헬츠버그 1세

매출에 관한 한 그 판매점은 부진을 면치 못하고 있었다. 우리는 목표를 정해 임원들이 반복해서 그 가게를 방문하도록 했다. 점원들은 잘하고 있었고 가게는 말끔하고 입지도 좋았다. 그들은 매출을 올리려고 매우 안간힘을 쓰고 있었다.

마침내 창의적인 한 임원이 그 가게를 방문해서 문제를 찾아냈다. 그 가게 팀은 너무 열심히 일하고 있었던 것이다. 그래서 고객들을 불편하게 하고 긴장하게 만드는 것이었다. 그 임원은 직원들에게 즐겁게 일하라고 말했다. 고객들의 방문을 즐기고 고객들이 집에 있는 것처럼 느끼게 해주라고 말이다. 대화를 해야 한다는 데 대해 스트레스를 갖지 말고 재미있게 대화할 수 있는 분위기를 만들라는 것이다. 스트레스는 바이러스와 같은 것이다. 당신은 참을성이 없고 퉁명스러우며 억지스럽고 노골적으로 무례하게 행동함으로써 고객들에게 바이러스를 쉽게 전염시킬 수 있다.

우리의 잠재 고객들이 어떻게 느낄지에 대해 생각해 보라. 그들은 물건을 구매해야 할지에 대해 아직 불확실한 상태다. 그들은 아마도 매우 신경질적이 될 수도 있다. 사람들이 처음 보석상에 들어

왔을 때 그들은 다이아몬드에 대해 잘 모르므로 종종 겁을 먹기도 한다. 그들을 놀라게 해서 쫓아 버리기란 아주 쉬운 일이다.

누구도 불친절하고 주제넘게 나서거나 건방진 판매원으로부터 스트레스를 받고 싶지는 않을 것이다. 특히 행복과 사랑을 전달하려는 선물인 다이아몬드와 같은 물건을 쇼핑하면서 말이다. 나는 사업에 있어서 가장 중요한 부문은 인적 자원이라는 점을 일찍 깨달았다. 그래서 우리 가게 중 매출 목표를 채우지 못한 가게가 있는 경우에 우리는 판매 직원들에게 너무 열심히 하려고 하지 말고 고객들과 함께 즐기라는 조언을 하게 되었다.

다음은 고객들과 함께 즐기는 경우의 한 예이다. 한 남자가 네브라스카 주의 오마하에 있는 우리 가게에 들어와서는 그의 아내 생일 선물을 할 반지를 주문했다. 그런데 그는 자신이 반지를 구매한 사실을 비밀로 하기를 원했다. 그러면서 가게 매니저에게 아내를 깜짝 놀라게 해주려고 하니 도와달라고 요청했다. 가게 직원들은 기꺼이 그를 도와주는 일에 나섰다.

그 사람은 아내를 데리고 나가 식사를 하고는 그녀에게 장난기 어린 웃음을 지으면서 "헬츠버그 가게를 구경하러 갑시다"라고 말했다. 그의 아내는 처음에는 깜짝 놀라더니 이렇게 대꾸했다. "헬츠버그요? 내 선물을 사려고 당신은 마지막 순간까지 기다렸군요?" 그들이 가게에 들어가자마자 점원은 그들을 반겼고 그의 아내에게 방금 도착한 "새로운 스타일"의 반지를 끼워 보라고 권했다. 그것은 완벽하게 꼭 맞았고 그녀는 깜짝 놀랐다. 그제서야 그녀는 자신의 남편이 미리 그 반지를 선택해서는 그녀의 사이즈에 맞게 만들어 놓았다는 것을 알았다.

모든 사람이 그렇게 미리 꾸미는 일에서 재미를 느꼈다. 그리고 일은 그렇게 진행되어야 하는 게 맞다. 고객들이 재미를 느끼게 하는 것을 비롯해 편안하고 근심걱정 없는 쇼핑을 할 수 있는 문화를 만들어라. 이것이 허브 켈러(Herb Kelleher)와 사우스웨스트 항공사가 하는 방법과 같아 보인다고 생각된다면 정말 좋겠다.

내가 고객이 된다면 나는 다리가 달린 지갑처럼 취급받기를 원하지 않는다. 즐거움은 전염성을 갖고 있다. 즐거움은 당신의 판매 직원들에게 활력을 주고 고객들을 매료시켜서 가게로 오도록 한다. 그리고 판매 담당 팀에는 즐거운 충격을 가져다준다. "상사가 우리에게 즐겁게 일하라고 말했다"는 것은 누구나가 실행하고 싶은 명령일 것이다. 당신은 쇼핑하기 위한 재미있는 장소를 어디라고 말하겠는가? 웃는 얼굴의 점원들이 바쁘게 고객들을 돕고 그들의 질문에 답하면서 물건을 추천하고 고객들의 선택에 찬사를 보내는 것이다. 그리고 그들은 고객들이 살 수 있는 물건에 대해서만 말하는 것이 아니다. 고객들이 휴가중에 잡은 큰 물고기와 여행 또는 다른 관련 없는 일들에 대해서 말하는 것도 들어 준다. 그들은 고객들과 친구가 되는 것이다.

당신의 고객들과 즐거움을 함께 나누는 방법에는 여러 가지가 있다. 우리가 했던 가장 최상의 방법 중 한 가지는 손님들이 그들의 음식을 가게에 가져오도록 초대하는 것이다. 그것이 아이스크림콘이든 머스터드 소스를 바른 핫도그이든 상관없다. 쇼핑몰에 있는 표준적인 가게 간판에는 "음식물 반입 금지"라고 적혀 있다. 그런데 우리 가게 간판에는 "이곳에서는 음식과 음료수 반입을 환영함" 이렇게 적혀 있었다. "우리 가게에서는 고객들의 방식대로 한다. 우리는 다르다"라는 것을 말하고자 했다. 연인들이 결혼반지를 사면 우리 가게 중 어떤 곳에서는 가게의 앨범에 그 커플의 사진을 넣어서 그 날을 기념했다. 결과적으로 고객들은 토스터기를 산 것이 아니라 소중히 간직할 추억을 얻고 있었다.

당신이 즐거워지기 위해서 창조적이어야 합니까? 창조적인 것이 도움이 되기는 하지만 그것이 필수 요소는 아니다. 대부분의 시간에 당신에게 필요한 것은 그저 호의적으로 그들을 대하면 되는 것이다. 고객의 넥타이나 옷에 대해 찬사를 보내라. 작은 호의를 베풀라. 우리는 고객들이 쇼핑하는 동안 그들의 반지를 무료로 세척해 준다. 우리는 돈을 받지 않고 고객들의 시계 배터리를 교환해 준다. 고객들이 환영받고 있다고 느끼게 해주고 집에서처럼 편안한 느낌을 갖게 해주어라. 그것이 다소 진부한 소리처럼 들릴 수 있지만 판매점장이 나를 "미국에서 가족이 경영하는 최고 보석상의 사장님"이라고 소개할 때가 나에게는 최고의 찬사인 것이다.

다이아몬드 캐기

◆ 만약 모든 사람들이 완벽하게 일을 하고 있는 것처럼 보이는데 매출 규모는 여전히 정체하고 있다면 그것은 아마도 당신의 팀이 너무 열심히 하고자 하기 때문일 것이다.

◆ 즐거움을 창조하라! 즐거움은 전염되고 그것은 생산성을 끌어올릴 것이다. 그것은 당신과 당신의 고객들을 위해 즐거운 경험을 만들어낸다.

◆ 당신이 하고 있는 사업의 문화와 분위기가 궁극적으로는 당신이 만들어내는 제품보다 더 중요할 것이다.

◆ 즐거움을 창조하는 사우스웨스트 항공사의 방법을 연구하라.

20 무엇을 위한 이익인가?

> 이익은 필수적인 것이다. 돈을 벌지 못하는 직원이나 회사에 안
> 전이란 없다. 그 사업에는 어떠한 성장도 없을 것이다. 회사가
> 돈을 벌지 못하는 한 개인적인 야심을 달성하려는 직원에게는
> 어떠한 기회도 없다. — 던컨 C. 멘지스(Duncan C. Menzies)

내가 연사로 나선 모임에서 질문 시간이 되면 "기업가가 지역사
회를 위해 할 수 있는 최선의 일이 무엇이라고 생각합니까?"라는 질
문을 때때로 받는다. 사실 나는 최우선 순위에 두어야 할 일은 회사
를 매우 성공한 기업으로 만드는 것이라고 생각한다. 그것은 이익을
포함해서 그렇다. 그 이유는 다음과 같다.

- 첫째, 사업의 연속성과 직원들의 일자리를 확실하게 지키기 위
  해서이다.
- 둘째, 회사가 좋은 시절뿐만 아니라 어려운 시기를 견뎌낼 수
  있게 하기 위해서이다. 회사가 잘 나갈 때 많은 돈을 벌어 놓는
  것이 중요하다. 왜냐하면 벌이가 줄거나 없어지는 어려운 시기
  가 온다는 것을 알기 때문이다. 당신이 강한 토대를 만들어 놓
  았다면 회사가 살아남을 가능성이 더 높아질 것이다.
- 셋째, 만약 당신의 회사가 이익을 많이 내고 당신이 능력이 있
  다면 이익을 회사 직원들과 함께 나누고자 애써야 한다.
- 넷째, 당신의 시간과 재정적인 능력을 당신이 속한 지역사회에
  되돌려 줄 수 있는 위치에 있게 된다면 그것은 당신에게 매우

기쁜 일이 될 것이다.

비록 돈이 유일하게 동기를 부여하는 요소는 아니지만(때때로 과대평가되기는 한다) 그것은 점수를 딸 수 있는 훌륭한 길이며 기업가가 회사의 많은 재산을 직원들과 함께 나누는 것은 매우 감동적인 일이다.

기부는 즐거운 일이며 나는 내 입장에서 항상 기부를 너그럽다기보다는 이기적이라는 시각으로 보아 왔다. 왜냐하면 내가 기부를 아주 많이 즐기기 때문이다. 나의 가장 훌륭한 조언자 중의 한 사람은 나에게 함께 나누는 것은 대단히 큰 즐거움이라고 가르쳐 주었다. 그것은 한 번에 한 벌의 옷만 입을 수 있고 하루에 과도한 칼로리를 섭취하지 않고 세끼의 식사를 먹을 수 있는 것만큼이나 큰 즐거움이라는 것이다.

헬츠버그 다이아몬드에서 우리는 10퍼센트의 이익 분배와 5퍼센트의 "발전 분배"(progress sharing), 그리고 2퍼센트의 직원들 개인퇴직금적립계좌(IRAs)를 합쳐서 최대 17퍼센트의 개인 소득을 증가시킨 전통을 갖고 있었다. 또한 상금, 표창, 축하 등과 같은 다른 포상금 명목으로 많은 돈이 지급되었다.

당신 회사만의 고유한 시스템을 고안해 내라. 그렇지만 매우 신중할 필요는 있다. 그러한 변화가 무엇인가를 빼앗는 것처럼 생각될 수 있는데 박탈당하는 것은 즐거운 일이 아니다. 그러므로 천천히 실행하라. 새로운 시스템을 일시적으로 시도해 보라. 그렇게 하지 않으면 잘못될 경우 스스로를 궁지로 몰게 된다(특권은 빠르게 권리가 될 수 있다는 것을 기억하라).

다이아몬드 캐기

◆ 이익이 중요하다.
◆ 직원들에게 이익을 배분해 주는 것이 중요하다.
◆ 올바른 마음을 갖고 이익을 배분하라.

자기발견이란 인간이 스스로를 찾기 위해 만든 여정이다. 만약 스스로를 찾는 일에 실패한다면 다른 무엇을 찾게 되든 그것은 그다지 중요한 일이 아니다.   – 제임스 A. 미체너(James A. Michener, 1907~1997),
소설가·1948년 퓰리처상 수상자·여행 서적 작가

그는 자선사업을 할 수 있을 만큼 충분한 부(富)를 갖고 있다.
   – 토마스 브라운 경(Sir Thomas Browne, 1605~1682), 물리학자·철학자

푼돈을 지불하면 형편없는 대접을 받을 것이다. – 작자미상

자동차의 휘발유처럼 자본은 사회의 발전에 중요하다.
   – 제임스 투르슬로 애덤스(James Truslow Adams, 1878~1949),
작가·역사가·1921년 퓰리처상 수상자

21 할 일을 바로바로 처리하기

> 당신이 해야만 하는 일이 있고 할 수 있다고 꿈꾸는 일이 있을 때는
> 그것이 무슨 일이든 일단 시작하라. 바로 지금 행동하라. 행동은 특
> 수한 재능과 힘 그리고 불가사의한 마법을 그 안에 담고 있다.
> — 요한 볼프강 폰 괴테(1749~1832), 시인·변호사·극작가
>
> 단지 움직이는 것만을 신뢰하라.
> — 알프레드 아들러(Alfred Adler, 1870~1937), 심리학자이자 저술가

목요일에 우리가 설립한 차터공립학교의 교장 선생님과 운영위원회가 우리의 컨설턴트와 만났다. 이 학교는 아내와 나, H&R 블록사의 전 CEO이자 회장인 토머스 블로치(Thomas Bloch), 지역사회 활동가이자 교육가인 린 브라운(Lynne Brown)이 설립한 곳이다. 컨설턴트와 만난 자리에서 두 가지 제안이 있었는데 그 중 첫째는, 현관 정문에 거울을 걸어서 학생들이 매일 학교에 오면서 그들의 모습을 볼 수 있게 하자는 것이다. 그렇게 하면 교장 선생님이 학생들에게 복장 규정을 다시 상기시킬 수 있다는 것이다. 두 번째는, 98퍼센트의 출석률을 기록하는 학생은 현금 50달러의 보상을 받을 수 있다는 것을 알리자는 것이었다. 우리는 만장일치로 이 의견에 동의했다. 그리고 이튿날인 금요일에 학교는 두 가지를 바로 실행에 옮겼다. 학생들은 학교에 들어서면서 거울 속에 비친 자신들의 모습을 보면서 깜짝 놀랐다. 그들은 이어 좋은 출석률을 기록하면 자신들이 얼마를 벌 수 있는가를 보고서는 감격했다.

아들과 며느리가 약혼을 발표했을 때 우리는 첫번째 선물을 그 다음날에 바로 그들에게 주었다. 아내는 나에게 거의 35년 전에 미틀(Myrtle) 아주머니가 우리에게 첫 선물을 주었던 때를 상기시켰다. 나는 당시 몹시 놀랐었다. 사람들은 보통 훗날 자신들이 기억하게 될 일들을 알지 못한다. 그렇지만 일반적으로 처음 일어난 일들은 또렷하게 기억한다.

절박감을 갖고 행동함으로써 당신은 직원들이 따라 할 수 있는 행동의 전형을 보여 줄 수 있다. 당신은 그들이 신속하게 행동할 것이라고 믿어도 된다. 만약 적절한 때 당신이 재빨리 행동한다면 직원들은 일을 그렇게 해낼 것이다.

당신은 선물을 보내고 난 뒤에 바로 감사의 메모를 받아 본 적이 있는가? 당신이 선물을 보냈는데 선물이 도착했는지도 정확히 모른 채 상대방의 반응이 올 때까지 매우 오랜 시간을 기다려야 한다고 생각해 보라. 감사의 메모를 쓰는 데는 그렇게 오랜 시간이 걸리지 않는다. 긴박감의 차이가 만들어내는 효과의 차이는 엄청나다. 나는 그래서 누구든 당신을 도와준 사람이라면 도움 받은 바로 그날 그에게 감사의 메모를 보내라고 강조한다. 감사의 마음은 조금만 시간이 지나도 아주 냉담하게 바뀔 수 있다. 저장 식품의 유효기간은 극단적으로 짧다.

빠른 행동이나 의사소통은 그것이 무엇이든 간에 훨씬 더 많은 것을 의미한다. 그 무엇도 제때에 행하는 재빠른 행동의 가치를 대신할 수 있는 것은 없다.

다이아몬드 캐기

◆ 일을 재빨리 처리하는 것에 최고의 우선순위를 두어라.
◆ 당신이 의사소통을 하기까지 시간이 오래 걸릴수록 그것은 덜 진실해 보인다.
◆ 당신이 최우선 순위에 둔 일을 행동으로 옮기는 데 더 오래 기다릴수록 나타나는 결과는 덜 호의적이다.
◆ 만약 당신이 약속과 동시에 실행에 옮기거나 결과를 내놓을 수 없다면 사람들에게 그 사실을 말하라. 즉 지연되는 이유를 설명해야만 그들은 당신이 잊지 않고 있다는 것을 안다.

22 중요한 것은 생각이 아니라 실행이다

> 능력은 결코 우연이 아니다. 그것은 항상 높은 이상과 성실한 노력, 현명한 선택 그리고 능숙한 실행의 결과물이다. 그것은 많은 대안들 가운데 현명한 선택을 했다는 것을 의미한다. — 작자미상
>
> 신념을 가진 한 사람은 단지 흥미만 갖고 있는 99명의 사람들과 맞먹는 힘을 갖고 있다.
> — 존 스튜어트 밀(John Stuart Mill, 1806~1873), 철학자이자 경제학자

여러 해 전에 나는 중요한 소매업 세미나에 참석했다. 그 세미나의 연사 중 한 사람이 그 당시 매우 성공한 회사인 에디슨 브라더스 제화(Edison Brothers Shoes) 회장인 버나드 에디슨(Bernard Edison)이었다. 그는 "우리의 전략은 매우 좋다. 그렇지만 우리의 실행력은 최고다"라고 말했다.

"이것이 누구의 생각이었어?" 당신은 이런 질문을 얼마나 많이 들었는가? 나는 늘 많은 아이디어들을 제안 받았는데 그 중의 어떤 것은 들을 때는 흥미진진했지만 실제로는 완전히 실현 불가능한 것도 있었다.

내가 말하고 싶은 것은 생각하는 것보다 실행하는 것이 훨씬 더 중요하다는 것이다. 사실 가장 감탄스러운 사람들은 어떻게 실행하는지 방법을 아는 사람들이다. 실행하는 능력은 생각하는 능력보다

훨씬 더 중요하다. 비록 내 생각이 조금 더 나아 보여도 각 개인들이 가능한 한 그들 나름의 방식대로 행하도록 해야 한다는 것을 나는 어렸을 때 배웠다. 그 충고는 바로 실행의 중요성을 강조한 것이다. 사람들은 그들 자신의 생각을 믿으며 일반적으로 다른 사람의 생각보다는 자신들의 생각을 실천에 옮기고자 한다.

보통의 생각을 제대로 실행에 옮기는 것이 훌륭한 생각을 실천하지 못하는 것보다 훨씬 더 나은 결과를 가져온다. 자기 일에 확신을 가지고 실천하면 확신하지 못하거나 열정이 없거나 전념하지 못하는 경우보다 훨씬 더 성공할 가능성이 높다.

다이아몬드 캐기

◆ 당신의 팀에 훌륭한 실행자를 두어라.
◆ 그들이 최대한 자신들의 방식대로 일할 수 있도록 하라.
◆ 쓸데없는 것들을 치워서 그들이 일할 수 있도록 하라.

의사결정
Decision Making

23 실수로부터 배우고 성장하기

바보들이 배울 수 있는 유일한 곳은 경험이라는 학교이다.
– 벤저민 프랭클린(Benjamin Franklin, 1706~1790), 정치가·작가·과학자

내가 매우 귀하게 여기는 멘토가 한 번은 이렇게 그의 지혜를 피력한 적이 있다. "쇼핑 센터들은 필요 없습니다. 당신에게 필요한 것은 기업들이 집중되어 있는 지역입니다." 나는 이것을 복음으로 간주하고는 이에 대해 스스로 생각해 보지도 않았다. 그런데 당시 미국이라는 나라는 막 쇼핑몰 문화가 꽃을 피우려는 시기였다. 아무런 고민도 해보지 않고 내린 우리의 어리석은 결정은 결국 좋지 않은 결과로 이어졌다. 우리는 미국 최초의 쇼핑몰 11군데 가운데 하나에서 철수하기로 결정했고 그것은 거의 치명적인 실수였다. 그 결정은 우리의 발전을 가로막았고 몇 년 동안 소중한 시간과 자원을 낭비하게 만들었다. 몇 년 뒤 우리와 조언자는 쇼핑몰에서 철수한 것이 적절한 조치가 아니었음을 깨달았다. 우리는 그후 공격적으로 쇼핑몰에 진출했다.

쇼핑몰로 진출하지 말라는 조언을 받아들이고 난 뒤 내가 얻은 교훈은 그런 적절하지 않은 조언을 받아들인 사람이 그 시나리오의 유일한 죄인이라는 것이다. 조언은 조언일 뿐 명령은 아닌 것이다. 나

중에라도 쇼핑몰에 입점한 것은 우리 회사가 성공하는 데 중요한 역할을 하게 되었다. 우리는 쇼핑몰을 외면함으로써 거의 파산할 뻔했던 것이다.

개인적으로 내가 또 한 번 실수로부터 교훈을 얻은 사례는 헬츠버그 다이아몬드의 우편주문 판매사업이었다. 당시 나는 우편주문 사업이 테스팅과 통계 기법을 이용해 거래량을 완전히 예상할 수 있는 사업이라는 것에 몹시 매료되어 있었다. 당시 우리는 개별 고객이 얼마나 자주 구매를 하는지 또 얼마만큼을 구매했는지 그리고 최근에 구매를 했는지 등을 평가함으로써 상당히 세련된 수준의 영업을 했다고 생각했다(현재의 훨씬 세련된 데이터베이스 마케팅과 얼마나 비교되는가). 가장 최근에 구매한 고객일수록 또 자주 구매한 고객일수록 그리고 많이 구매한 고객일수록 더 높은 가치를 매겼다. 그것은 현재의 기준에서 보면 상당히 구식이었지만 당시에는 나름대로 타당한 기준이었다.

나는 지갑 속의 작은 종이 위에 직접 계산을 해가며 200만 달러의 사업이 언제 1억 달러 사업으로 발전할지를 따지기 시작했다(당시 나는 적어도 3주면 될 것으로 판단했다). 당시 나는 "제대로 조종할 수 있는 성장 속도보다 빠르게 사업을 성장시켜서는 안 된다"는 점을 전혀 고려하지 않았다. 단지 어마어마하게 늘어날 매출만을 상상했다.

그 사업을 서둘러 시작해야겠다는 나의 조급함으로(아버지의 "급할수록 돌아가라"는 가르침을 완전히 잊은 채) 나는 그 사업을 모든 의미에서 실패로 만들었다. 테스팅 수준도 사업 규모에 비해 너무 컸다. 테스트 진행 중에도 테스트의 규모를 훨씬 더 줄일 수도 있었다. 그러나 그러지 않았다.

우편주문 사업 경험을 통해 3주 만에 2백만 달러짜리 사업을 1억 달러짜리 규모로 키울 수는 없다는 것을 배웠다. 최근에는 닷컴 이용자들도 비슷한 교훈을 얻었을 것이다. 당신의 실수를 헛되게 만들지 말라. 무엇을 배웠든 그것이 매우 값비싼 교훈이었음을 깨달으면 된다. 만일 당신이 어떤 과감한 결정을 내리기 직전이라면 경영상 일어나는 실수들의 잠재적인 비용을 계산에 넣어야 할 것이다. 그리고 잠재적인 실수를 저지르기에 앞서 과연 리스크/보상 비율이 적당하고 타당한지를 확인해야 한다. 최악의 시나리오를 고려하는 것도 잊어서는 안 된다.

대부분의 기업가들은 그들이 저지른 실수에 대해 충분히 생각할 수 있는 능력을 갖고 있다. 백미러를 들여다보는 이유는 당신이 무엇을 배웠는지를 정확하게 간파하기 위함이고 또한 그러한 실수를 다시 저지르는 것을 방지하기 위함이다. 자기 자신을 질책하는 것은 시간과 에너지의 낭비일 뿐이다. 아울러 무작정 두려움을 쌓아 가는 것도 발전을 가로막는 쓸모없는 일이다.

물론 이것이 내가 저지른 실수의 전부는 아니다. 다른 실수들은 이보다 더 큰 책에 소개될 정도로 수없이 많다. 유명한 발명가 에디슨이 그랬듯이 자신이 저지른 실수들을 아무 쓸모없는 잘못으로 볼 게 아니라 무엇인가를 배울 수 있는 경험으로 여겨야 한다. 아울러 당신의 성공 확률을 50% 이상으로 유지하려고 노력하면 된다.

다이아몬드 캐기

◆ 실수를 했을 때는 스스로에게 이렇게 물어라 "내가 무엇을 배웠지?"

◆ 아울러 스스로에게 "이런 실수가 반복되는 것을 방지하기 위해 무엇을 해야 할까?"라고 물어라.

◆ "급할수록 돌아가라."

◆ 초점을 잘못 맞추면 핵심 사업의 자원을 낭비하고 수익을 감소시킨다. 앞으로 얻을 이익이 이러한 리스크를 감수할 만큼 충분한가?

◆ 최악의 시나리오를 감안하고 그때를 대비해 필요한 재정 능력과 감정적인 능력을 갖추어라.

아이디어

24 분석의 무능함과 반사적인 결정

> 어떤 일을 잘해냈다는 느낌은 가치 있는 것이지만 그것을 완벽
> 하게 했다고 느끼는 것은 치명적일 수 있다.
> – 돈리 페더슨(Donley Feddersen, 1915~1979), 라디오 방송국 매니저

한때 우리는 고객들에게 인기가 있는 반지를 공급하는 능력 있는 어떤 바이어와 일한 적이 있다. 그는 그 반지를 최저의 원가로 공급하기 위해 노력했다. 그는 어딘가에 많은 물량이 있을 것이며 자신이 반드시 그것을 찾아야 한다고 생각했다.

그러는 동안 우리의 그 반지 재고는 점차 줄어들었고 판매도 줄어들기 시작했다. 만족하지 못한 고객들은 다른 가게로 발길을 돌렸다. 세상에서 가장 싼 가격을 찾겠다는 그 바이어의 집착은 의미가 없었을 뿐만 아니라 오히려 해가 되는 것이었다.

그는 반지의 원가에 만족하지 못했을지 모르지만 우리는 그가 반지를 제때 공급하지 못한 데 대해 점차 실망했다. 결국 우리는 수익이 줄어들더라도 선반을 채우기 위해 그리고 고객을 만족시키기 위해 추가로 반지를 매입하지 않는 게 낫다는 결론에 이르게 되었다.

그 바이어는 우리의 목표가 물건을 판매하기 위한 것이란 점을 파악하지 못했던 것이다. 가격에 대한 지나친 검토와 분석이 과연 그를 우리의 목표에 가깝게 만들었을까? 아니, 그렇지 않다. 그 반대의 결과를 가져왔을 뿐이다.

신선한 공기 속에서 숨 쉬는 것에 너무 집착해서 더 나은 공기를 찾을 때까지 숨을 쉬지 않으려는 사람이 있다고 가정해 보자. 물론 그 사람은 오래 버티지 못할 것이다.

분석은 기업가들에게 있어 기본적인 도구이다. 하지만 어떤 문제를 분석하는 데 너무 많은 시간을 소비하는 것은 불필요한 사소한 일에 매달리는 것이다. 어떤 일에 지나치게 오래 매달리면 당신은 희망이 없는 무력한 상태에 빠질 수 있다. 그렇다면 자신이 어떤 일을 지나치게 분석하기 시작했다는 것을 어떻게 알 수 있을까? 금방 알 수 있다. 아무 일도 일어나지 않기 때문이다. 그러면 당신은 좀처럼 앞으로 나가지 못한다.

그렇다고 즉흥적으로 문제를 해결하라는 말은 아니다. 사실 빠르고 성급한 결정은 비생산적일 뿐만 아니라 빠른 실패로 이어질 수 있다. 또한 스스로 상처를 초래할 수도 있다. 성급함과 조바심은 의사결정에 필요한 모든 요인들을 다 얻기도 전에 불완전한 결정을 내리게 할 수 있다. 잠시 뒤로 물러나서 그 문제에 대해 보다 다양한 내용을 고려하고 그 당시에 가능한 해결책 가운데 가장 최선의 답안을 선택해야 한다. 그리고 해결책으로 이끌어 줄 조치들을 실행해야 한다. 난해하게 들릴지도 모르겠다. 하지만 그렇지 않다.

이것은 좋은 판단 방법이지만 많은 사람들은 이렇게 하지 못한다. 그들은 별로 중요하지 않은 사소한 것에 집착하면서 더 큰 그림과 중요한 사실을 놓친다. 지금도 인구에 회자되는 이야기지만 타이타닉호가 가라앉을 때 일부 승무원들은 갑판 위의 의자들을 정리하고 있었다. 어떤 이들은 실패가 두려워 행동으로 옮기지 않기도 한다. 또 다른 이들은 보다 넓은 그림을 위한 실마리를 갖지 못해 오직 그들이 알고 있는 것(그것이 의미 없는 사소한 것들일지라도)에만 초점을 맞춘다.

지나치게 분석에 집착하지 않으면서도 즉흥적인 결정을 내리지 않기 위해 내가 받은 가장 좋은 충고는 의사 결정을 하는 데 자기 스스로 시간 제한(time limit)을 두는 것이다. 48시간 정도면 적당한 시간이라고 생각한다. 그리고는 노트를 꺼내서 결정해야 할 문제를 위에다 적고 가능한 해결 방안들을 적어 보라. 그리고 나서는 각각의 해결책마다 장점과 단점을 메모해라. 이것은 의사 결정을 위한 아주 좋은 방법이다. 이를 통해 당신의 뇌는 이성적인 과정을 통해 논리적인 결과에 도달하게 될 것이다. 그리고 그 결론이 옳았든 그렇지 않았든 나중에 당신이 왜 그러한 결론에 도달했는지를 기억할 수 있게 해줄 것이다.

다이아몬드 캐기

◆ 중요하지 않은 사소한 것들에 집착하면 분석을 제대로 하지 못하게 된다.

◆ 즉흥적인 판단은 당신을 재앙으로 몰고 갈 수 있다.

◆ 의사 결정을 하는 데 적당한 시간 제한을 두라.

◆ 각각의 잠재적인 결정 방안마다 장점과 단점을 꼽아 보아라.

◆ 존경하는 사람들과 대화를 하여 당신이 생각하고 있는 것을 공유하고 그들의 피드백을 얻어라.

◆ 결정을 내려라. (기억하라, 아무것도 하지 않는 것도 결정이다.)

너무 조심하면 살 기회를 놓친다.
- 윌리엄 셰익스피어(William Shakespeare, 1564~1616) 그라티아노,
"베니스의 상인 중에서"

모든 면에서 완벽을 추구하는 예술가는 아무것도 이루지 못한다.
- 유진 들라크루아(Eugene Delacroix, 1798~1863) 화가

---

25 성장하는 시장 포착하기

지혜는 단순히 경험을 통해서 얻어지는 것이 아니다. 그 지혜를 자기 것으로 만들 때에야 얻을 수 있다. - 조이 엘머 모건(Joy Elmer Morgan), 전미라디오교육위원회 공동 설립자 겸 에디터

미네소타 주 덜루스(Duluth)의 임대 계약을 마치고 난 뒤 나는 그 시장이 지난 10년 동안 3.3% 줄어들었다는 사실과 여전히 시장이 축소되고 있다는 것을 알고 잠을 이루지 못했다. 사실 업계의 메이저 업체들은 그곳을 계속 외면해 왔다. 그리고 당시 우리 같은 작은 업체들은 그러한 상황을 잘 알지 못했다. 하지만 우리는 그 지역 시장을 분석하면서 시내 중심의 보석 가게들은 괜찮은 실적을 올리고 있다는 것을 발견했다. 그리고 성장 가능성도 충분해 보였다. 그래서 덜루스의 유일한 메이저 쇼핑센터에 매장을 오픈했고 괜찮은 영업 실적을 거두었다. 한 개발업체가 인근에 다른 쇼핑센터를 세우려고 시도했지만 시장의 추가 성장 가능성이나 매력이 부족했기 때문에 이루어지지 않았다. 그 덜루스 쇼핑센터는 경쟁자 없이 더욱 강력해졌다.

성장하는 시장에 진입하려면 그것이 제품 시장의 성장이든 지리적인 시장의 성장이든 발빠른 행동이 필요하다. 전반적인 상황을 분

석한 결과 그 쇼핑센터가 엄청난 인기를 얻을 것이고 우리가 그 센터 안에서 좋은 위치를 차지할 수 있음을 알 수 있었다. 주변에 쇼핑센터들이 추가로 들어설 가능성은 희박했다.

텍사스 주 휴스턴에서는 석유 사업의 호황으로 지역 경기가 매우 좋았던 시절 거의 몇 블록마다 하나씩 쇼핑센터들이 들어섰다. 그 도시는 매우 작은 조각들로 나누어졌고 그것은 쇼핑센터들이 지나치게 많이 지어졌음을 의미했다. 그리고 마침내 "오일 붐"이 꺼졌을 때 헬츠버그 다이아몬드를 포함한 모든 이들이 고통을 겪었다. 마치 쥐떼처럼 우리는 그 뜨거워진 시장에 진입했고 결국 그 대가를 치르고야 말았다.

종종 성장하는 시장들은 "과열"과 지나친 경쟁을 야기시킨다. 그런 점에서 어쩌면 인기가 덜한 지역이나 제품이 오히려 좋은 기회를 제공하기도 한다. 샘 월튼(Sam Walton, 월마트의 창업자)을 기억하는가? 그가 초기에 초점을 맞췄던 것은 활기차게 성장하는 시장이 아니라 작은 마을(small town)이었다.

다이아몬드 캐기

◆ 판에 박힌 지혜가 당신에게도 적절할 것이라고 가정하지 말라.
◆ 인기가 덜한 지역이나 제품 분야가 훌륭한 기회를 제공할 수도 있다.

26 사업에 관련된 지식과 지혜 얻기

> 우리는 모두 빌려 쓰는 사람들이다. 발명이나 사용법, 아름다
> 움, 형식 등 모든 것과 관련해 우리는 빌려 쓰는 사람들이다.
> – 웬델 필립스(Wendell Phillips, 1811~1884) 미국의 사회 개혁가,
> 《잃어버린 기술 The Lost Arts》(1838)의 저자

명 CEO로 이름을 날린 대니 오닐(Danny O'Neill)은 행복하지 못
했기 때문에 미국 기업계에 큰 업적을 남길 수 있었다. 그는 자기 자
신의 보스(boss)가 되기를 원했다. 코스타리카에서 고등학교 시절을
보낸 오닐은 커피 원두 따는 일을 하면서 커피를 볶아 파는 사업의
꿈을 가지게 되었다. 하지만 오닐이 고백했듯이, 당시 커피에 대해
그가 알고 있었던 유일한 것은 자신이 커피 마시는 것을 좋아한다는
것뿐이었다.

농구선수처럼 마른 체격의 대니는 매력적인 웃음을 지으며 좀처
럼 부끄러워할 줄 몰랐다. 그는 커피 원두와 커피 만드는 법에 대한
모든 지식을 섭렵했다. 그는 미국 전역을 돌아다니면서 커피 업계에
종사하는 모든 사람에게 질문을 던졌다. 코스타리카를 여러 차례 방
문한 대니는 커피 재배자들과 커피 브로커들이 무슨 일을 하는지를
배웠으며 농부들에게 가장 좋은 커피 원두는 어떤 환경에서 얻어지
는지를 물었다. 그는 더욱 더 커피에 열정적이 되었다.

"에어 로스팅"(air roasting)으로 볶는 커피가 최고의 커피라는 것

을 확신한 대니는 에어 로스팅 기계를 구입해 자신의 집 지하에 설치했다. 그는 또 캔자스 시티의 사업가들과 마케팅, 영업 및 숙련된 직원을 고용하는 것에 대해 이야기를 나누었다. 아울러 유명 레스토랑과 가게들을 방문해 사업 관계를 형성했다.

그는 끊임없이 지식과 정보를 추구했다. 이미 그 지역에 거대한 커피 생산업체가 있다는 사실도 그에게는 별로 문제가 되지 않았다. 대니는 기존의 제품과 다른 새로운 제품의 커피를 판 것이 아니다. 그는 다만 자신이 더 낫다고 생각한 커피 제품을 판매했다. 많은 이들이 대니의 견해에 호응했다. 오늘날 그의 사업인 "더 로우스터리"(The Roasterie)는 캔자스 시티에 자체 공장을 갖고 있으며 그곳에서 생산된 커피는 미국 전역의 유명 레스토랑과 식당에 공급되고 있다. 이제 그는 해외 시장으로 사업을 확대하기 시작했다.

질문을 던질 수 있는 배짱도 일종의 특성이다. 자기보다 경험이 많은 사람에게 조언을 구하는 것을 두려워해서는 안 된다. 오히려 칭찬받을 만한 일이다. 많은 사람들은 대니 오닐과 같은 젊은 재주꾼들이 자신에게 지식을 공유해 달라고 요청하는 것을 기다리고 있다. 당신은 멋진 새로운 관계를 형성할 수 있을지도 모른다. 친구를 만들고 싶은가? 그렇다면 사람들에게 그들의 사업에 대해 질문하고 그들의 이야기를 들어라.

우리는 이런 일을 베테랑 사업가들이 기꺼이 신참 기업가들을 도와주는 헬츠버그 기업가 멘토링 프로그램을 통해 매일 만나고 있다. 만일 어떤 사람에게 감동을 받았다거나 그들의 능력을 존경한다면, 전 세계를 돌아다니면서 그들과 얼굴을 맞대고 이야기를 나누어라.

그것이 당신의 인생이나 성공의 정도를 바꿔 줄지도 모른다. 더 많은 사람과 얘기를 나눌수록, 당신의 뇌는 더 위대한 아이디어들로 채워질 것이다.

얼마나 편해진 세상인가. 오늘날, 우리는 단지 수화기를 들거나 마우스를 클릭하는 것만으로도 엄청난 양의 정보를 얻을 수 있다. 정보의 양만 증가한 것이 아니라 이전보다 훨씬 더 신뢰할 수도 있게 되었다. 인류는 오랫동안 믿을 수 없을 만큼의 엄청난 지식을 축적해 왔고 그 지식들은 경험과 연구를 통해 끊임없이 다듬어지고 있다. 이전 사람들의 아이디어를 바탕으로 새로운 발명들이 이루어지기도 한다.

이처럼 축적된 지식과 인류의 경험은 기업가인 당신에게 엄청난 기회와 도움을 준다. 당신은 많은 기업가들이 어렵게 얻은 발견들을 계승한다. 당신 이전의 기업가들은 아마 당신이 겪어야 할 시련이나 문제들을 이미 경험했을 가능성이 높다. 그리고 그것들을 극복하는 방법들도 발견했을 것이다.

많은 기업가들은 자기 자신이 개척자가 되어야 한다고 생각한다. 나는 "개척자"를 등으로 화살이 날아오는 사람들로 정의한다. 당신은 이 개척자들 덕분에 새로운 사업을 위해 새로운 산업을 발명할 필요가 없다. 기존의 산업을 연구하고 자신의 사업을 더욱 발전시키면 된다. 헨리 포드가 자동차를 발명한 것은 아니다. 킨코스가 복사를 처음 시작한 것도 아니다.

당신은 인터넷이든 혹은 업계 커뮤니티를 통해 누군가와 연락을 하는 간에 수많은 전문가들의 경험을 손쉽게 이용할 수 있다. 대부분의 경우, 대답을 얻기 위해 당신이 해야 하는 것은 단지 묻는 것뿐이다. 보다 많은 사업 경험을 갖고 있는 사람에게 도와 줄 수 있냐고 묻는 것이 손해날 일은 아니지 않는가?

물론, 어떤 이들은 당신과 대화하는 것을 꺼릴 수도 있다. 하지만 그것은 최악의 시나리오 아닌가. 당신은 단지 전화 한 통의 수고를 했을 뿐이다. 얼마나 환상적인 리스크/보상 비율인가. 그리고 많은 이들은 기꺼이 당신에게 그들이 배운 것을 나누어주려 할 것이다.

어떤 사람들은 만일 조언을 구하면 반드시 그것을 따라야 한다고 생각한다. 하지만 나는 그러한 생각에 동의하지 않는다. 어떤 사람이 엄청난 지혜를 가지고 있다고 해도 그 사람은 무엇이 당신에게 최고의 지혜가 될 것인지는 모른다. 더 많은 사람들에게 물어 보고 그들의 이야기를 곰곰이 생각해 본 다음 당신의 직감을 따르면 된다.

이 과정에서 자신감을 가져야 한다. 언젠가는 정확한 대답에 도달할 것이라는 점을 믿어야 한다. 물론 하룻밤 사이에 이루어지지는 않을 것이다. 긴장을 풀고 한 번에 한 걸음씩 내딛어라.

믿기 힘들겠지만 분명한 것은 다른 사람들로부터 도움을 구하는 것이 불필요한 일을 위해 벽에다 머리나 박고 있는 다른 경쟁자들보다 당신을 몇 년은 앞서가게 만들어 준다는 것이다. 게다가 그 과정을 통해 얻어진 대인관계는 값을 따질 수 없을 만큼 귀한 것이다. 나는 아직도 나를 도와준 많은 사람들과 친분을 유지하고 있다. 그리고 기억해라. 언젠가는 누군가가 당신에게 도움을 청해 올 것이다. 그러면 흐뭇하게 생각하고 그것을 그들에게 물려주어라.

다이아몬드 캐기

◆ 새로운 것을 발견해야 한다고 생각하지 말라. 새로운 산업을 당신이 시작할 필요도 없다.

◆ 당신이 얻은 모든 아이디어들을 뇌에 저장하되, 당신에게 적절하다 고 생각되는 것을 실행에 옮겨라.

◆ 다른 사람이 중요하지 않게 생각하는 것에도 배울 점이 있다.

---

27 정보 수집하기

현명한 사람은 다른 사람의 경험을 통해 배운다.
보통 사람은 자신의 경험을 통해 배운다.
바보는 그 누구의 경험을 통해서도 배우지 못한다. – 작자 미상

보석업계의 정기 총회가 열리면 우리는 "23 보석 클럽"의 회원들 가운데 우리와 경쟁관계에 있지 않은 멤버들과 회의를 갖는 전통이 있다. 그들은 디트로이트의 "메이어 귀금속"(Meyer Jewelers)과 뉴 욕 주의 "루돌프 귀금속"(Rudolph Jewelers) 사람들로 두 업체 모두 소유주들이 아버지와 오랜 친구 사이였으며 훌륭한 사업을 해온 기 업가들이다. 우리는 사업과 관련해 다방면으로 아이디어를 공유하 고 계속해서 관계를 구축한다. 이 회의에는 각 업체들의 경영진이 참석하고 있어 언제나 유익하다.

당신이 속한 업계에서는 무슨 일이 일어나고 있는가? 당신의 영 향권 밖에 있는 사람들이 보는 견해와 상황을 당신이 어떻게 얻을 수 있겠는가? 당신이 속한 업계에서 사람들과 관계를 쌓아가는 즐거움 과 동시에 이익을 추구하는 것은 매우 유익할 수 있다. 업계에서 그 리고 자신의 사업에서 무슨 일이 일어나고 있는지에 대해 대화를 나

눌 수 있는 친구들을 만드는 것은 굉장히 멋진 일이다. 그들과 대화를 통해 당신의 경우와 비슷하거나 아니면 정 반대의 이야기를 들을 것이다. 또한 가끔씩은 당신이 어디에서 기회를 놓치고 있는지를 발견하기도 할 것이다. 이 친구들은 값으로 따질 수 없을 만큼 귀한 존재들일 뿐만 아니라 사업에 관련된 무제한적인 정보의 보고가 될 것이다. 그들을 초대해서 당신의 사업 운영에 대해 비평을 해달라고 부탁하라. 이것은 나를 비롯해 지금까지 이러한 방법을 이용한 친구들에게 도움이 되어 왔다.

다른 예를 소개해 보자. 우리는 한때 심각한 위기에 처한 적이 있었다. 다이아몬드 사업을 운영하면서 보험에 들지 못하게 되었다고 생각해 보라. 우리는 우리 보험을 담당하는 업체와 6개월 동안 협상을 벌였다. 당시 우리를 담당했던 보험사는 우리가 모든 매장마다 새로운 금고를 설치하지 않으면 보험 계약을 갱신하지 않을 것이라고 했다. 매장마다 벽을 허물고 새로운 금고를 들여놓는 데는 엄청난 비용이 들었다. 우리는 80개나 되는 매장을 커버해 줄 보험을 잃을 상황에 직면했다. 마침내, 우리 회사에서 보험 업무를 담당했던 직원은 보험과 관련해 해박한 지식과 넓은 인맥을 갖추고 있는 우리의 경쟁업체인 제일스 귀금속(Zale's Jewelers)의 보험 담당 직원들에게 도움을 청했다. 제일스 관계자들은 우리를 그들의 보험 브로커에 연결시켜 주었고 2주 후에 우리는 보험을 계약할 수 있었다. 보험을 계약했을 뿐만 아니라 이전보다 나은 브로커를 갖게 되었는데 그것은 모두 우리 회사의 보험 담당 직원이 도움을 청하는 것을 두려워하지 않았기 때문이었다.

경쟁관계에 있지 않은 업체들과 또 가끔씩은 경쟁업체들과도 정보를 교환하는 것은 매우 가치 있는 일이 될 수 있다. 물론 여기에는 정보 누설의 위험이 수반된다는 것을 분명하게 인식해야 한다. 하지만 잠재적인 이익이 더 클 수도 있다는 사실도 알아야 한다. 따라서 당신은 무엇을 마음놓고 공유할지 그리고 그것에서 얻는 이익이 경쟁자에게 정보가 전해질 가능성을 충분히 상쇄시킬 만큼의 가치가 있는지를 결정해야 한다. 만일 이러한 정보 교환이 제대로 이루어지기만 한다면 이 방법은 건설적인 비평을 이끌어낼 수도 있고 수익 창출 아이디어 측면에서 큰 홈런이 나올 수도 있다.

나는 어떤 모임에서 "루돌프 귀금속"으로부터 "엄마의 반지"(Mother's Ring)가 얼마나 굉장한 상품인지를 배웠던 때를 지금도 기억한다. 그 "엄마의 반지"는 당시로서는 우리가 전혀 들어 보지 못했던 획기적인 아이템이었다. 그것은 자녀들의 탄생석으로 꾸며진 두 개의 결혼반지 세트였다. 그 반지는 특히 어머니날(Mother's Day) 시즌 동안 소비자들에게 엄청나게 팔렸다. 그리고 그 아이디어는 헬츠버그 다이아몬드에게도 큰 이익을 안겨 주었다. 아마 우리도 루돌프에게 몇 가지 좋은 아이디어를 주었을 것이다.

아이디어와 문제점 등을 비교하는 것은 값을 매길 수 없을 정도로 중요하다. 식료품 사업으로 크게 성공한 프레드 볼(Fred Ball)은 다섯 명의 직원으로 된 작은 그룹을 만들었는데, 구성원들이 이따금씩 서로의 사업에 대해 주인 입장이 되어 자세히 조언해 주었다. 그 그룹의 구성원들은 모두가 그 모임의 목적이 듣기 좋은 칭찬을 해주는 것이 아니라 도와주는 것에 있다는 점을 잘 알고 있다. 이러한 기법의 혜택은 아무리 강조해도 지나치지 않다.

이러한 프로그램은 주인공이 혼자 다 해결하는 서부극이 아니다. 만일 이 프로그램이 제대로 움직이기를 원한다면 당신은 동료들에게 프로그램의 소유 의식을 부여해야 한다. 즉 그들이 그 프로그램의 일부가 되도록 만들어야 한다는 얘기다. 당신은 이런 과정이 제대로 돌아가도록 만들어야 한다. 당신의 동료들을 서로 만나게 만들어라. 만일 그 프로그램을 망가뜨리고 싶다면, 당신 혼자 이야기를 다 하고 다른 그룹의 고위 인사들하고만 눈을 마주치면 된다. 반대로 당신의 동료들을 이야기하게 만들고 자신의 담당 분야에 대해 서로 질문하게 한다면 당신은 그 프로그램을 제대로 움직이도록 하는 기회를 갖게 된다. 해결해야 할 과제는 NIH 신드롬*(not invented here syndrome, 신제품을 구상한 부서를 다른 부서에서 적대시하거나 위협으로 느끼는 것)을 타파하고 사람들이 이를 받아들이게 만드는 것이다. 당신은 그 모임을 당신의 동료들과 함께 조심스럽게 설계할 필요가 있다. 다양한 분야를 포함해야 한다는 유혹도 있을 것이다. 프로그램에 참가하는 사람들이 각자 미리 주제를 제안하고 그 중 한 사람이 그것을 정리하고 우선순위를 매겨야 한다. 그렇게 되면 그 모임이 너무 많은 주제들을 다루지 않게 되고 또 선택된 주제들에도 적절한 시간이 할당된다. 이런 구조적인 문제는 대부분 그룹 내의 경영 방식에 의해 좌우된다.

이러한 모임을 가진 후에 당신의 팀은 이제 어떤 아이디어들을 어

떤 시간 계획 아래서 추진할지를 구체적으로 논의하기 위해 만나야
한다. 물론 그 다음에는 각각의 책임자들이 개별 조치들을 제대로 진
행시키고 있는지를 확인하는 작업이 필요하다.

　업계의 동향을 관찰하는 다른 방법에는 당신에게 경쟁 업체의 광
고나 기타 다른 소식들을 전해 줄 서비스를 구독하거나 당신의 조직
안에 특정 인물에게 인터넷을 통해 구체적으로 또 정기적으로 업계
동향을 확인하는 임무를 부여하는 것 등이 포함된다. 업계 내 다른
단체들의 동향을 확인하고 그들로부터 나오는 정보 가운데 그룹 구
성원들한테 어떤 것이 쓸모가 있는지를 찾아라. 업계 세미나에 열심
히 참가하고 업계에서 나오는 간행물들을 구독하라. 세미나의 내용
은 잊어도 좋을 만한 것일지 모르지만 사람들을 만나기에는 최고의
장소이다. 현장경영(MBWA, management by walking around) 역시 당
신의 업계에서 일어나는 일을 관찰하는 중요한 방법 가운데 하나이
다. 경쟁 업체들을 무시하지 말고 열린 눈과 열린 귀, 열린 마음을 가
져라.

　자기 자신을 거대한 스폰지라고 생각하라. 모든 곳에서부터 정보
를 취하고 그 안에서 균형을 잡으며 그 정보들을 분석해서 어떤 조치
를 내려야 할지를 결정하라. 기업가가 엄청난 성공을 거두었음에도
불구하고 주변의 이야기를 듣지 않는 치명적인 오만함을 갖는 바람
에 비극적인 결말을 맞이한 기업들이 적지 않다. 외부로부터 얻는 자
원은 당신의 조직을 역동적인 상태로 유지시켜 주는 데 도움이 된다.

다이아몬드 캐기

◆ 회사 밖의 세상과 단절되는 것을 피하라.

◆ 업계 모임에 참석해서 네트워크를 형성하고 편안하게 정보를 공유할 수 있는 친구들을 만들어라.

◆ 서로의 사업을 비평하기 위한 동료 그룹을 만들어라. 그룹 구성원들이 돌아가면서 정기적으로 서로를 방문하도록 순서를 정하고 칭찬이 아닌 비평을 원한다는 점을 명확하게 밝혀라. 듣기 좋은 말은 목적에 거의 도움이 되지 않는다.

◆ 당신은 좋은 회사이고 다른 이들은 당신의 발전에 도움이 되지 못한다는 생각을 버려라. 좋은 기업에서 위대한 기업으로 가겠다는 결심을 하라. (짐 콜린스(Jim Collins)의 《좋은 기업을 넘어 위대한 기업으로 Good to Great》를 읽어 보라.)

◆ 당신의 동료들과 이러한 마음가짐을 함께 나누고 모임을 가져라.

28 직감에 따르기: 자신의 느낌을 믿어야 할 때

내 생각에 집단 의사 결정이란 거울을 들여다보는 것이다.
- 워렌 버핏
위대한 정신은 항상 보통 생각들의 반대에 부딪힌다.
- 알버트 아인슈타인(Albert Einstein, 1879~1955)

아버지는 사람들이 나의 생각에 찬물을 끼얹었고 난 뒤에도 여전히 내가 그것이 맞다고 생각하면 그것은 아마 옳은 생각일 것이라고 말씀하셨다.

이것은 우리가 가끔씩은 자신의 직감에 따라 행동해야 한다는 말이기도 하다. 내 안에서 형성된 감정과 느낌의 조합이 어떤 복잡한 문제에 직면했을 때 자신을 좋은 결정으로 인도할 수 있다는 얘기를 하고 있는 것이다.

아버지께서는 부단하게 어떤 새로운 생각들을 떠올리셨다. 그리고 종종 새로운 아이디어들이 떠오를 때마다 펜과 노트를 들고 서성거리면서 자신의 생각을 메모했다. 심지어 새벽 3시에도 일어나 "답을 찾았어"라고 외치기도 했다.

지금까지 내가 만나 본 다른 많은 성공한 기업가들처럼 아버지도 사업 계획이나 시장의 전망치만큼이나 자신의 직감에 의존했다. 그러나 아버지가 그런 사고 과정을 명확하게 표현하지는 못할 것이라고 생각한다. 뿐만 아니라 그것에 대해 곰곰이 생각해 본 적도 없을 것이다. 하지만 그는 자신의 내면 깊은 곳에서 솟아나는 아이디어들이 적절하고 진실하다는 것을 어떻게 느낄 수 있었으며 그의 일을 더디게 만들 수도 있는 의심이나 재고는 하지 않았다는 것을 설명할 수는 있었을 것이다.

오늘날에도 아버지의 일부 사업 계획은 대담하고 충동적인 것으로 보인다. 하지만 그것은 그를 동료들 사이에서 두드러지게 해준다. 1920년, 할아버지로부터 회사를 물려받은 아버지는 회사를 훨씬 큰 빌딩으로 옮겼고 자기 자신을 다이아몬드 상인이라고 선전하고 다녔다. 아버지의 나이는 당시 17세였다. 다이아몬드에 대해서는 아는 게 거의 없었고 가게에 내놓는 물건도 특별한 것이 없었다.

다만 아버지는 다이아몬드는 고객들에게 보석 업계의 최고를 의미한다는 것을 직감적으로 알아차렸다. 이후 그는 대대적인 신문 광고를 통해 판촉 행사를 기획했다. 그 행사에는 무료 항공권과 시계 경품 등이 포함되었다. 사람들은 이후 아버지의 의도대로 그를 "다이아몬드 맨"(The Diamond Man)이라고 부르기 시작했다. (우체국에서 "미주리 주, 캔자스 시티, 다이아몬드 맨에게"라고 씌어 있는 우편물을 배달해 왔을 때 아버지는 그것을 다시 대대적인 신문 광고로 이용했다.)

일부 사람들은 아버지의 아이디어들이 회사를 불리한 처지에 빠뜨릴 수도 있다고 생각했다. 하지만 아버지는 그 아이디어들을 적절한 것으로 생각했고 대부분 그것들은 옳았다. 아버지는 다른 사람들의 이야기를 잘 들었다. 그는 그의 멘토들을 사랑했다. 하지만 아마도 그가 비교적 어린 나이에 사업을 시작해서 자기 자신에 의존해야 했기 때문에 그는 다른 사람들의 얘기가 오히려 방해가 될 때는 그것을 외면하고 우리 모두가 가지고 있는 내면의 목소리에 귀를 기울이는 것이 가치 있는 것임을 깨달았을 것이다.

당신 안에 있는 내면의 목소리는 당신의 직감적인 느낌들을 통해 당신에게 이야기를 한다. 전혀 신기할 것은 없다. 당신의 직감은 모든 인생 경험이 저장되어 있는 무의식의 세계로부터 나오는 것이다. 그 무의식의 세계는 하나의 스폰지로 당신이 느낀 것, 맛본 것, 본 것, 들은 것, 배운 것 등을 비롯해 매일 매일의 경험을 모두 흡수하고 있다.

반면 당신이 의식하는 세계에는 이같은 데이터가 모두 저장될 수는 없다. 하지만 과학자들에 따르면 우리의 무의식 세계는 마치 컴퓨터처럼 이 데이터들을 끊임없이 처리하고 분류하며 저장하고 있다. 그렇기 때문에 우리는 필요할 경우 이 정보를 사용할 수 있는 것이다. 사실, 당신의 무의식 세계는 의식 세계가 이제 막 생각하기 시작한 문제를 이미 해결하고 있을지도 모른다. 이것은 바로 우리가 이미 알고 있었던 것처럼 보이는 무엇인가를 인식했을 때 "아하"라고 외치는 이유이다.

아울러 당신의 무의식 세계는 또 다른 이점을 가지고 있다. 의식 세계와 달리 무의식 세계는 서로 상충되는 의견과 자신감 상실 혹은 부정적인 감정 등 당신의 판단에 영향을 미칠 수 있는 요인들에 의해

속박되지 않는다. 내면의 본성에 맞추어 갈 때 우리는 더 솔직하고 정직한 감정과 느낌들에 접근하기가 쉽다.

한 경영자가 큰 협상을 끝내고 나서 "잘한 것 같아"라고 말하는 것은 단순히 내뱉는 말이 아니다. 워렌 버핏이 헬츠버그 다이아몬드를 인수했을 때 그는 그 거래에 대해 매우 긍정적인 생각이 들어 협상을 빠르게 끝내기 위해 많은 조사 과정을 생략했다. 물론 버핏이 충분히 알아보고 난 뒤에 내린 결정이겠지만 그것과 더불어 강력한 직감을 가지고 있었다. 그는 "나는 냄새를 잘 맡아, 그리고 이번 건은 좋은 냄새가 나"라고 말했다.

당신의 느낌이나 감정에 의존하는 것은 그런 경험이 없는 상황에서는 매우 힘든 일이다. 특히 전문가들의 조언에 익숙해진 사람이라면 더욱 그렇다. 하지만 한 달 동안만 시범적으로 그렇게 해보고 당신에게 어떤 변화가 있는지 관찰하라. 당신은 아마 당신의 정신을 분산시키는 잡음들을 피할 수 있는 조용한 장소를 찾게 될지 모른다. 아니면 우리 아버지가 했던 것처럼 해보고, 당신의 뇌를 자료들로 채우고 당신이 자는 동안 무의식 세계가 작동하도록 만들어라. 어떤 사람들에게는 창의적인 생각을 가진 사람들로 가득 찬 공간에 있는 것이 창의적인 아이디어를 쉽게 떠올리는 방법이 될 수도 있다.

직감에 따라 움직이는 것은 특히 당신이 이런 저런 방법을 모두 해볼 만한 여유가 없을 때 당신의 의사 결정을 빠르게 만들어 시간을 절약하게 해준다. 물론 당신의 직감이 틀릴 수도 있지만 그 생각을 수정하거나 바꿀 수 없을 정도로 크게 잘못되지는 않는다. 당신의 직

감은 또한 당신이 적당하다고 느끼지 않는 결정을 저지하는 기능도
갖고 있다.

직감을 믿으라는 것은 당신의 뇌를 이용한 사고를 대체하라는 의
미가 아니다. 그 두 가지가 함께 작용을 한다. 당신 내면의 목소리는
보다 분석적인 의식의 세계가 제안한 방안들을 확인해 줌으로써 의
사 결정에 에너지를 불어넣을 수 있다.

다이아몬드 캐기

◆ 자신 안에 있는 "작은 교수"에게 "이거 맞는 거야?"라고 질문하라.

◆ 자신이 얼마나 확신하는지를 체크하라.

◆ 갈등이 된다면 심사숙고 하라(그것이 가능하다면).

◆ 당신 직감의 가치를 과소평가 하지 말라.

---

29 매우 귀중한 정보: 포커스 그룹

내가 터득한 유일한 교훈은 "다른 사람들의 말에 귀를 기울이
는 것을 대신할 수 있는 것은 없다"는 것이라고 생각한다.
- 다이앤 소여(Diane Sawyer), 기자 겸 앵커우먼

현명한 사람들은 하나의 공통점을 가지고 있다. 그것은 "다른
사람의 말을 듣는 능력"이다. - 프랭크 타이거(Frank Tyger), 작가

포커스 그룹은 우리에게 "쥬얼리 3"(쇼핑몰에 입점하지 않은 우리
회사 독립 매장들의 원래 이름)가 무의미하다고 말했다. 아울러 매장들
은 언제나 닫혀 있는 것 같고 항상 공사중에 있는 것처럼 보였다고
말했다. 그리고 광고도 실제 매장에 비해 훨씬 더 나쁘게 나왔다고
했다. 우리가 그런 것들을 어떻게 알 수 있었겠는가. 그것은 우리에
게 상당히 충격이었다.

그 포커스 그룹은 우리가 검토해 볼 만한 많은 것들을 안겨 주었
다. 우리는 그 전까지 고객들이 "쥬얼리 3"라는 이름에 대해 거부 반
응을 보인다는 것을 전혀 알지 못했다. 한 번은 직원 한 명이 독립
매장의 이름을 바꾸는 것에 대해 얘기하기도 했지만 우리는 헬츠버
그 다이아몬드의 브랜드 가치를 대단하게 생각하지 않았다. 그 직원

※ **포커스 그룹**: 어떤 상품을 테스트하고 그것에 대해 토의하는 소비자 그룹

의 말을 귀담아 듣지 않았던 것이다. 그 이후로 모든 헬츠버그 다이아몬드의 매장은 쇼핑몰에 입점해 있든 독립적으로 있든 간에 "헬츠버그 다이아몬드"라는 똑같은 이름을 가지게 되었다. 그러자 더 이상의 혼란이 없었다.

포커스 그룹은 서베이나 설문조사를 통해서는 얻을 수 없는 의견이나 태도에 대한 양질의 정보를 얻는 데 아주 이상적이다. 사람들은 자신이 왜 그런 선택을 했는지 설명하는 데 적어도 30초는 걸린다. 이를테면, 전화 설문조사를 통해서는 사람들이 왜 같은 쇼핑몰에 있는 X라는 다른 보석 가계가 아닌 헬츠버그 다이아몬드에서 쇼핑을 하는지(물론 반대의 경우에도 마찬가지)에 대한 이유를 알아낼 수 없다.

대부분의 포커스 그룹은 8~12명 정도로 구성된다. 그들은 대개 서로를 묶어 주는 그래서 좀더 많이 얘기할 수 있게 만들어 주는 공통점을 갖고 있다. 그들은 모두 당신의 고객일 수도 있고 그렇지 않을 수도 있다. 하지만 그들에게는 절대로 누가 그 그룹을 후원하는지 또 그들 사이에 어떤 공통분모가 있는지 알려주지 않는다. 이를 통해 그 그룹의 구성원들이 가질 수 있는 선입견이 배제된다. 왜냐하면 그들이 후원자를 좋아하느냐의 여부가 그들의 태도에 영향을 미치기 때문이다.

이런 그룹들을 통해 가치 있는 정보를 자주 얻을 수 있다. 그들은 새로운 아이디어들을 테스트하는 데 도움이 되며 기존의 프로젝트를 발전시킬 수도 있다. 아울러 새로운 판매 전략을 만들어낼 수 있고 당신에게 고객 서비스와 관련해 무엇이 중요한지를 이야기해 줄 수도 있다. 참가자들은 자신들이 무엇을 좋아하고 싫어하는지를 설명하기 위해 가장 적절한 단어를 사용해 자유롭게 이야기를 나눈다. 아울러 포커스 그룹이 정치인이나 포춘의 500대 기업들에게도 전략을 짜거나 이미지를 만들어가는 데도 중요한 역할을 할 것이라는 데 의심의 여지가 없다. 포커스 그룹에게 던지는 질문은 많은 이야기를 이끌어낼 수 있는 것들이다. 이를테면, "들어 보았거나 방문해 본 보석상의 이름을 말해 보라"라고 말하고 토론을 이끌어 가는 사람이 칠판에 사람들이 말한 보석상 이름들을 적어 나간다. 그리고 나서는 각각의 보석 가게들이 어떠한지에 대해 토론이 이루어진다.

그룹 토론에서 개개인의 견해와 느낌을 제대로 이끌어내는 데에는 상당한 기술이 필요하다. 참가자들은 진지하게 이야기하거나 자신의 견해를 남들 앞에서 드러내는 것보다는 그저 어떤 것을 좋아하고 싫어하는지에 대해서 이야기하려는 경향이 강하다. 그룹들에게는 역사적인 데이터들을 주로 준다. 무엇이 일어났고, 무엇이 일어나지 않았으며 또 무엇이 어떻게 되었어야 했는지 등등. 하지만 테크닉과 연습을 통해 능력 있는 토론 진행자는 그룹 참가자들을 미래의 아이디어들로 이끌 수 있다. 여기에는 약간의 기술이 필요하다. 그리고 어느 정도 공을 들여야 한다.

훌륭한 토론 진행자는 참가자들 사이에 갈등이 형성되는 것을 억제시키고 어느 한 사람이 토론을 독점해서 다른 사람들이 위축되는 것을 부드럽게 조정할 것이다. 포커스 그룹의 성공 여부는 종종 지혜와 화술, 감정 이입 능력, 인내심을 갖춘 창의적인 진행자에 의해 결정된다.

포커스 그룹은 규모가 크지 않기 때문에, 참가자들이 전체 인구를 대표하지는 못한다. 다만 그들은 기업가들에게 예상하지 못했던 부분을 생각하고 제대로 깨우칠 수 있는 훌륭한 기회를 제공한다. 이 넓고 정신없이 돌아가는 세상에서 어떤 시장에서 무슨 일이 있어나고 있는지를 따라잡는 것은 정말로 어려운 일이다. 우리는 종종 세상에서 격리되어 우리 사업에 에너지를 불어넣을 수 있는 실마리를 놓치곤 한다. 그런 점에서 당신의 고객과 비고객들은 당신이 어떻게 해야 하는지에 대해 전문가적인 견해를 제시할 수 있다. 그리고 포커스 그룹은 당신에게 그러한 전문성을 얻도록 도와주는 역할을 할 것이다. 또한 포커스 그룹은 당신의 광고 팀을 위해서도 풍부한 아이디어들을 쏟아낼 것이다. 광고 팀에게 엄청난 영감을 줄 수 있는 이야기들이 거침없이 쏟아져 나올 수 있다.

포커스 그룹 외에 사람들에게 일련의 질문을 던지고 그 결과를 기록하고 분석하는 리서치 작업이 실시될 수도 있다. 리서치 서베이는 집집마다 방문해서 인터뷰를 하던 시대 이후로 꾸준히 발전하고 있다. 이제는 인터넷이 주로 리서치 도구로 이용되고 있다.

토론을 진행하는 데 전문적인 토론 진행자만한 것이 없지만 만일 비용이 문제된다면, 한 대학의 마케팅 수업을 하나의 포커스 그룹 프로젝트로 만들어 보는 것도 고려해 볼 만하다.

리서치 작업은 분명 도움이 될 것이다. 하지만 만일 그 결과가 마음에 들지 않는다고 그것을 외면하려 한다면, 차라리 리서치에 들어가는 비용을 아끼는 것이 낫다. 물론 그렇다고 서베이 결과를 맹신하라는 것은 아니다. 거기에서 얻어진 정보를 음미하고 그것을 상황에 적용시켜 보라. 그리고 나서는 당신의 직감을 믿어라.

다이아몬드 캐기

◆ 포커스 그룹은 제대로 파악하기 힘든 사람들의 견해나 태도를 수집하는 데 매우 좋은 방법이다.

◆ 포커스 그룹의 성공 여부는 주로 참가자들을 토론에 집중시키고 한두 사람에 의해 토론이 좌우되는 것을 방지하는 진행자의 능력에 따라 판가름 난다.

◆ 포커스 그룹의 장점 가운데 하나는 상세한 정보를 얻을 수 있다는 것이다. 그리고 포커스 그룹에서 나온 결과들은 추가로 리서치 작업이 필요하기도 하다.

30 아이디어

"반대"를 소중히 생각하라: 건설적인 비판이 유익한 이유

> 나는 그 어떤 예스맨(yes man)도 원하지 않는다. 나는 모든 사람들이 자신의 일자리를 잃을 위험이 있더라도 진실을 말하기를 원한다. — 새뮤얼 골드윈(Samuel Goldwyn, 1882~1974), 미국의 영화제작자
>
> 나는 비난에 대해 불쾌해하지 않는다. 심지어 그것이 사실과 다를 때도 나는 중요한 점을 강조하기 위해 비난을 원망하지 않는다.
> — 윈스턴 처칠(Winston Churchill, 1874~1965)

내가 처음 자문위원회를 구성했을 때 가장 먼저 떠오른 사람 가운데 하나는 친구인 밥 슈웨이크(Bob Schweich)였다. 그는 매우 똑똑한 월 스트리트 애널리스트로 크게 이름을 날리고 있었다. 나는 그에게 솔직히 말했다. "밥, 자네는 쓴소리를 잘 하니까 나의 자문위원회에는 자네가 필요해."

그의 조언은 항상 핵심을 찔렀고 솔직했으며 가치 있었다. 하루는 그가 왜 내가 성공했다고 느끼는지에 대해 말했다. 그는 원래가 퉁명한 사람이었다. "분명 카리스마 때문은 아니네, 바넷"이라고 입을 연 그는 "자네는 다른 사람들이 뭐라고 말하는지를 귀담아 듣지"라고 말했다.

나는 그 말에 동의했다. 사실은 나를 노골적으로 치켜세웠던 것이다.

훌륭한 결정을 내릴 확률을 높이고 싶은가? 그렇다면 당신의 의견에 동의하지 않는 사람을 찾아야 한다. 이 말은 본능적인 정서에는 맞지 않는 것으로 들릴지 모르지만, 나는 친구나 고객 혹은 자문위원회 멤버에게 반대 의견을 얻는 것이 더 보람 있는 결정에 도달하는 길이라는 점을 깨달았다.

보스가 되었다고 해서 당신이 올바른 선택을 할 수 있게 된 것은 아니다. 당신이 최종 결정권을 가졌다고 해서 당신이 모든 해답을 갖고 있다는 것을 의미하지는 않기 때문이다. 방문에 붙어 있는 당신의 직위가 당신을 다른 사람보다 똑똑하게 만들어 주지는 않는다. 그것은 다만 사람들이 당신을 찾는 데 도움이 될 뿐이다.

가끔씩은 당신의 마음과 귀를 다른 사람들에게 여는 것이 힘들다. 특히 이미 당신이 그 상황을 완전히 이해하고 있다고 생각할 때가 그렇다. 스스로에게 다른 사람들은 다른 생각과 인식을 갖고 있음을 계속 상기시켜라. 그들의 생각과 인식이 당신의 생각보다 더 정확할 수도 있다. 이것을 충분히 반복하면 당신은 자동적으로 사람들이 당신에게 무엇을 말하고 있는지에 귀를 기울이게 될 것이다.

운 좋게도 나는 지금까지 나에게 무엇이 어떻게 되어야 한다고 말하는 사람들과 문제를 일으킨 적이 거의 없다. 동료들은 내가 길거리에 나가 지나가는 사람들에게도 의견을 물을 것이라고 농담을 하기도 했다. 맞는 얘기다. 그러나 어떤 경우에는 솔직한 피드백을 얻는 것이 어렵다. 당신과 함께 일하는 사람들은 당신이 실제로 일어나고 있는 일이 아니라 오직 좋은 이야기만 듣고 싶어한다고 생각할지도 모른다. 당신은 진실에 정말로 목말라 할 수도 있다. 그래서 당신의 견해에 동의하지 않는 사람을 중요하게 여겨야 한다. 그 사람은 진정한 자산이다. 그리고 그보다 훨씬 가치 있는 사람은 당신을 재앙의 상황 직전에서 끌어내 줄 수 있는 사람일 것이다. 사실 나도 여러 차례 위기의 상황에 몰린 적이 있다. 보통 그런 위기 상황은 주변에 나의 잘못을 깨닫게 해줄 사람이 없을 때나 내가 그들의 말을 잘 듣지 않을 때 일어난다.

명심해야 할 또 한 가지는 사람들은 당신이 그들의 말을 제대로 듣지 않거나 무시하면 곧 더 이상 당신에게 조언을 하려 하지 않게 된다는 것이다. 그렇다고 당신은 사기꾼이나 위선자가 될 수는 없다. 당신은 사람들의 조언이 당신에게 도움이 되지 않았을 때 그들로 하여금 그들의 조언이 도움이 되었다고 생각하게 만들 수는 없다. 사람들은 자신이 도움이 되었는지 여부를 잘 안다. 조언을 원하지 않는다면 아예 물어 보지를 마라. 그러나 당신 주변 사람들의 지혜를 많이 모으고 싶다면, 들어라. 나는 록허스트 대학(Rockhurst University)에서 학생들에게 "칭찬의 말은 내가 더 좋은 선생이 되는 데 도움이 되지 않는다. 우리가 어떻게 하면 이 강의를 개선시킬 수 있겠는지에 대해 이야기해 보라"라고 말한다.

정말로 진실을 원한다면 동료들과 고객, 혹은 협력사들에게 다음의 세 가지 마술 같은 질문을 던져 보라.

1. 우리가 하고 있는 일이 무엇이 좋은가?

2. 우리가 하고 있는 일이 무엇이 마음에 들지 않는가?

3. 당신이 좋아하는데 우리가 하지 않고 있는 것은 무엇인가?

다이아몬드 캐기

◆ 당신에게 반대 의견을 제시하는 사람들의 말을 주의 깊게 들어라.

◆ 사업적인 관계에서든, 개인적인 관계에서든 솔직하고 개방적이 되도록 만들어라.

◆ "칭찬"은 듣기 좋다. 하지만 발전에 도움이 되는 것은 "충고"이다.

◆ 세 가지 마술 같은 질문을 상대방에게 알맞은 용어를 써서 사용하라.

31 보다 큰 목표에 충실하라: 단기 이익이 나쁜 지름길이 될 수 있는 이유

집념이 성공을 보장해 주지는 않는다. 하지만 집념이 부족하면 실패가 보장된다. – 톰 피터스(Tom Peters), 미국 경영학자 겸 저자

버블 워치(bubble watch)는 한때 크게 유행했던 비교적 저렴한 가격(13.88달러)의 플라스틱 시계이다. 물론 우리도 잠시 그 유행에 뛰어들었다. 당시 그것은 빠르게 그리고 손쉽게 이익을 낼 수 있는 수단으로 여겨졌다. 하지만 우리는 버블 워치를 구매하기 위해 가게에 들어온 손님들은 다른 상품에는 전혀 눈길을 주지 않는다는 것을 알아차렸다. 그것은 장기적으로 보았을 때 그 고객들이 나중에 더 비싼 제품을 구매해서 우리에게 이익을 가져다주지는 않을 것임을 의미했다.

버블 워치는 그것이 우리에게 안겨 주는 이익에 비해 제품을 주문해서 전시하고 판매하는 데 너무 많은 시간이 든다는 것이 분명해졌다. 장기적으로 보았을 때 그 시계에 계속 시간과 노력을 들이는 것은 결코 좋은 일이 아니었다. 당시 유행에 편승해 우리가 그 시계를 계속 팔아야 할지를 두고 여러 차례 토론을 가진 뒤 우리는 그 시계가 만들어내는 판매량과 그에 따른 흥분에도 불구하고 고객들이 다이아몬드 하면 우리 가게를 떠올리게 만들겠다는 우리의 본래 취지에 시계 판매가 적합하지 않다는 결론을 내렸다.

그 누가 헬츠버그 다이아몬드 가게가 버블 워치를 구매하기 위한 장소로 여겨지기를 바랐겠는가? 그 유행이 끝나고 나면 과연 우리는 무엇을 팔 것인가? 훌라 후프? 그럴 순 없다. 다이아몬드를 팔지 않는 헬츠버그 다이아몬드는 더 이상 헬츠버그 다이아몬드가 아니다.

종종 어떤 일을 해야 할지 말아야 할지를 두고 활발한 논의가 벌어졌다가 결국에는 "하지만 돈이 되잖아"라는 상투적인 말로 대화가 마무리되고는 한다. 하지만 그래서는 안 된다. 제발 "이익이 가장 중요하다"는 단순한 생각에 제동을 걸 수 있는 몇 개의 질문을 던져라. 그것은 올바른 생각이 아니다.

가장 먼저 던져야 할 질문은 "지금 하려는 행동이 우리를 목표에 가까이 가게 만드는가?"이다. 사업의 목적은 단순히 돈을 버는 것이 아니다. 이익은 사업을 제대로 했을 때 얻어지는 부산물일 뿐이다. 한때 포드 사의 화두는 "차를 파는가?"(Does it sell cars?)였다. 헬츠버그 다이아몬드도 여기에서 영감을 얻었다. "다이아몬드를 파는가?" (Does it sell diamonds?)

두 번째 질문은 "그 투자에 대한 대가가 무엇인가?"이다. "이익" (profit)이라는 대답은 비록 간단하고 쉽게 수치화시킬 수 있는 것이기는 하지만 완전한 대답은 아니다.

다이아몬드 캐기

◆ 목표 의식을 혼란시킬 수 있는 단기 이익을 추구하는 것은 실수다. (보석 가게 안에 풍선껌 자판기를 설치함으로써 돈을 벌 수는 있겠지만 과연 그것이 당신을 진정한 다이아몬드 상인으로 보이게 할까?)

◆ 지금 하고 있는 일이(혹은 앞으로 하게 될 일이) 당신을 장기적인 목표에 가까이 가게 만들 것인지를 스스로에게 질문하라.

◆ "이익"은 목표가 아닌 부산물임을 명심하라.

32 포기하지 않는 것에 대하여

> 불가능은 없다. 분명 모든 것에 이르는 방법이 있다. 우리에게 충분
> 한 의지가 있다면 언제나 그것을 실현할 수단과 방법이 있는 것이
> 다. 어떤 것이 불가능하다고 말하는 것은 변명에 불과할 때가 많다.
> – 프랑수아 들라로슈푸코(Francois de la Rochefoucauld, 1613~1680),
> 프랑스의 고전작가
>
> 항상 답은 있다.   – 헬츠버그 1세

윈스턴 처칠은 "절대로 포기하지 마라. 절대로! 절대로! 절대로!"
라고 말했다. 토머스 에디슨은 전구 필라멘트를 개발하기 위해 수천
개의 물질을 실험하고 버리고 하면서 천재성과 함께 절대로 포기하
지 않는 끈질김을 보여 주었다. 그가 "천재"라는 꼬리표 속에서 연
구를 한 것이 얼마나 힘들었을지를 이해하는 사람이 얼마나 될까.
그는 이 수천 번의 실험을 성공으로 분류했다. 그 물질들이 필라멘
트로 쓰일 수 없다는 것을 배웠기 때문이다. 그는 성공을 하나의 과
정으로 이해했다. 즉 실패란 포기할 때만 일어나는 것이었다.

비행기를 타면 나는 많은 승객과 수천 파운드의 짐을 실은 비행
기가 이륙할 때마다 라이트 형제가 얼마나 비현실적이었는지를 생
각해 본다. 그리고 공기보다 무거운 비행기가 이륙할 확률을 의심하
곤 한다. 하지만 그들의 끈질긴 노력은 결국 성과를 거두었고 나는
매번 이 기적같은 비행이 성공하는 것에 대해 매우 감사한 마음을
갖는다.

아마도 가장 좋은 예는 타이거 우즈가 아닐까 싶다. 그는 1999년 골프 코치를 찾아가 자신의 스윙 폼을 교정해 달라고 부탁했다. 비록 세계 최고로 인정받은 그였지만 그는 새로운 경지의 성공을 위해 그의 멘토 겸 코치를 찾아갔고 자신의 스윙을 완전히 뜯어고쳤다. 최고의 위치에 있는 사람들은 항상 노력한다.

나의 결론은 이기든 지든 혹은 비기든 계속해서 노력해야 한다는 것이다. 물론 당신이 성공했을 때도 계속해서 노력을 해야 한다.

다이아몬드 캐기

◆ 절대 포기하지 마라. 절대로! 절대로! 절대로!
◆ 승리하든 패배하든 그만두어서는 안 된다. 비록 당신이 이겼더라도 계속해서 연습하고 배우고 발전하라.
◆ 아무리 좋은 결과를 얻었다 해도 당신은 이제 막 시작하고 있다는 점을 기억하라.
◆ 현실주의자가 되지 말라. 당신의 꿈을 추구하라.

33 포기하는 것에 대하여

살아야 할 때와 죽어야 할 때를 알아야 한다.
– 케니 로저스(Kenny Rogers)의 노래 "The Gambler" 중에서
별로 할 가치가 없는 일은 잘할 가치가 없다. – 워렌 버핏

아메리카 인디언 부족인 다코타 부족에는 이런 금언이 전해 내려
온다. "만일 당신이 죽은 말 위에 타고 있다는 사실을 알게 되었다면
그 말에서 내려오는 것이 가장 좋은 방법이다." 하지만 이미 지나간
비용까지 고려해야 하는 오늘날의 사업에서는(혹은 교육에서나 정부
에서도) 이 "죽은 말"과 관련해 다음과 같은 몇 가지 전략이 시도되
기도 한다.

· 더 강력한 채찍을 구입하기
· 기수를 바꿔 보기
· 그 말을 최대한 협박해 보기
· 그 말을 연구할 위원회를 만들기
· 다른 사람들은 "죽은 말"을 어떻게 타는지 알아보기
· 그 죽은 말도 포함되도록 기준을 낮추기
· 그 죽은 말들을 부상 등급으로 재분류하기
· 그 죽은 말을 탈 외부 전문 인력을 고용하기
· 속도를 높이기 위해 몇 마리의 죽은 말들을 한 묶음으로 묶기

- 그 죽은 말의 성과를 끌어올리기 위해 추가로 돈을 집어넣거나 훈련시키기
- 보다 가벼운 기수를 태우면 그 말의 성과가 향상될 수 있을지 연구하기
- 그 죽은 말은 더 적은 간접비용만을 필요로 하기 때문에 다른 말들보다 전체를 위해 더 공헌하고 있음을 밝히기
- 모든 말들의 예상되는 기대 성과를 다시 작성하기
- 마지막 전략으로, 그 죽은 말을 관리자급으로 승진시키기

거의 모든 기업가들은 직원을 너무 오랫동안 데리고 있는 것에 대해 많은 이야깃거리를 가지고 있을 것이다. 의심의 여지없이 그런 이유 가운데 하나는 해고에 대한 절대적인 두려움이다. 아무리 너그러운 인간이라도 그러한 점은 공감할 것이다. 과연 어떤 개인을 그 사람이 발전할 수 없는 곳에 계속 머무르게 하는 것이 그래서 그들을 더 나은 이익과 더 적당한 장소를 찾을 수 없게 하는 것이 온당한 것인가? 또 그것이 회사를 위해서는 도움이 될 것인가? 몇몇 개인들이 일자리를 잃는 것과 회사가 망해서 모두가 일자리를 잃는 것을 두고 어떤 선택을 하겠는가? 만일 당신이 그들을 제대로 관찰하고 상담하는 일을 적절하게 해왔다면, 해고에 따른 충격은 분명 줄어들 것이다.

지금까지 우리가 내린 결정들 가운데 가장 만족스럽고 최고라고 생각되는 것은 앞서 언급한 "죽은 말"에 해당하는 상품들을 포기하자 우리 회사의 성공 기회가 그만큼 늘어났다는 것을 발견한 것이었

다. 우리는 도자기와 크리스탈, 모든 접시류, 라디오, 그리고 기타 작은 용품 등 비보석류 아이템을 모두 철수시켰고 일부 점포에서 시행되던 시력 측정 영업도 폐지했다. 우리는 우리가 파는 물건을 줄일수록 우리가 진정한 보석류를 더 잘 팔 수 있다는 것을 깨달았다. 주변 상품들을 포기해야 할 시기가 찾아왔고 우리는 그것을 포기하는 게임에 늦지 않았던 것이다. 이후로 회사는 엄청난 집중력을 얻었고 이전보다 적은 일을 벌이면서 더 성공하게 되었다.

우리 회사가 지금까지 한 일 중에서 이익에 가장 도움이 되었던 것은 수익성이 좋지 않은 매장을 꾸준하게 폐쇄시켜 온 것이다. 그 매장들은 인적 자원을 망치고(그 누가 실적이 좋지 않은 매장이라는 불명예가 붙은 곳에서 동기부여를 받겠는가), 자본만 잡아먹었으며, 본사의 집중력만 흐트러뜨리는 등 한 마디로 존재 이유가 거의 없었던 것이다.

훌륭한 인재들을 좋은 매장으로 보내 그 매장을 더욱 강화시키는 것이 이익에 도움이 된다. 따라서 회사의 암적인 존재는 가능한 빨리 제거해야 한다. 그러면 그것이 이익에 얼마나 보탬이 되는지는 당신이 믿기 어려울 정도이다.

다이아몬드 캐기

◆ 다른 대안이 더 이익이 될 수 있을까? 죽은 말을 타는 데 드는 기회
비용은 무엇인가?

◆ 당당히 비판을 받아라.

◆ 필요한 조치를 망설일수록 당신이 파고 있는 함정은 점점 더 깊어진
다.

34

아이디어

당신의 세계가 아닌 고객의 세계를 판단하라

> 어린이들을 위한 특별한 생각: 스웨터는 엄마가 춥다고 느낄
> 때 아이들에게 입히는 옷이라는 것을 생각해 본 적이 있는가?
> – 버나드 멜쳐(Bernard Meltzer), 시카고대학 로스쿨 명예교수

내가 어렸을 때, 파이어스톤 타이어 컴퍼니(Firestone Tire Company)는 매주 일요일 오후에 한 라디오 프로그램을 진행했다. 우리 집에서는 다른 많은 집들과 마찬가지로 그 시간에 그 프로그램에 주파수를 맞추는 것이 하나의 의식 같은 것이었다.

몇 년 뒤, 나는 그 프로그램을 누군가 처음 제안했을 때 파이어스톤의 사장이 별로 흥미를 보이지 않았다는 얘기를 들었다. 그는 "사람들은 일요일 오후에 주로 폴로 게임을 하지 않느냐"고 말했다고 한다. 그런데 결국 그는 주변 사람들의 말을 듣고 그 프로그램을 진행시켰다. 나는 몇 년 동안 우리 세대의 다른 사람들처럼 그 프로그램을 즐겼다.

여기서 핵심은 당신 자신이나 배우자 혹은 사촌들의 얘기를 듣기보다는 고객의 소리를 들으라는 것이다. 우리는 자신의 경험으로부터 상당한 혜택을 입기도 하지만 동시에 그로 인한 희생자이기도 하다.

개인적인 선입견은 당신의 의사 결정을 위험한 방향으로 기울게

34 아이디어

당신의 세계가 아닌 고객의 세계를 판단하라

> 어린이들을 위한 특별한 생각: 스웨터는 엄마가 춥다고 느낄
> 때 아이들에게 입히는 옷이라는 것을 생각해 본 적이 있는가?
> – 버나드 멜쳐(Bernard Meltzer), 시카고대학 로스쿨 명예교수

내가 어렸을 때, 파이어스톤 타이어 컴퍼니(Firestone Tire Company)는 매주 일요일 오후에 한 라디오 프로그램을 진행했다. 우리 집에서는 다른 많은 집들과 마찬가지로 그 시간에 그 프로그램에 주파수를 맞추는 것이 하나의 의식 같은 것이었다.

몇 년 뒤, 나는 그 프로그램을 누군가 처음 제안했을 때 파이어스톤의 사장이 별로 흥미를 보이지 않았다는 얘기를 들었다. 그는 "사람들은 일요일 오후에 주로 폴로 게임을 하지 않느냐"고 말했다고 한다. 그런데 결국 그는 주변 사람들의 말을 듣고 그 프로그램을 진행시켰다. 나는 몇 년 동안 우리 세대의 다른 사람들처럼 그 프로그램을 즐겼다.

여기서 핵심은 당신 자신이나 배우자 혹은 사촌들의 얘기를 듣기보다는 고객의 소리를 들으라는 것이다. 우리는 자신의 경험으로부터 상당한 혜택을 입기도 하지만 동시에 그로 인한 희생자이기도 하다.

개인적인 선입견은 당신의 의사 결정을 위험한 방향으로 기울게

만들 수 있다. (한때 나는 아내나 어머니가 어떤 보석 상품을 좋아하면 그것이 성공하지 못할 것이라고 결론을 내리기도 했다.) "고객이 무엇을 좋아하고 무엇을 좋아하지 않는가" 이 안에서 결정을 내려라.

다이아몬드 캐기

◆ 경험은 도움이 되기도 하지만 당신의 결정을 제한할 수도 있다. 마음을 열어라. 당신 고객들의 경험은 당신과 같지 않을 것이다. 또 당신의 생각도 그들과 같지 않을 수 있다.

◆ 공식적 혹은 비공식적 방법을 통해 당신 고객들의 성향과 습관을 조사하라. 당신은 그 결과에 상당히 놀랄 수도 있다.

◆ 지구에서는 아무 경험이 없는 화성에서 온 사람의 "나는 모른다" 자세를 적용시켜 보라. 그리고 (다른 사람들의 이야기를) 듣고 듣고 또 들어라.

◆ 당신이 느끼고 알고 있는 것이 이 세상의 진실일 것이라고 가정하지 말라.

아이디어
35 동료들을 재주꾼으로 생각하는가, 아니면 게으름뱅이로 보는가?

> 성공은 능력이나 소질이라기보다 마음가짐이나 태도인 경우가 많다. – 작자 미상
>
> 리더라면 "당신이 더 높이 올라갈수록 서서히 내려온다"는 것을 알고 있다.
> – 실라 머레이 베텔(Sheila Murray Bethel), 작가·비즈니스우먼

더글러스 맥그리거(Douglas MacGregor)는 자신의 X-Y 이론을 개발하고 《기업의 인간적 측면 The Human Side of Enterprise》이라는 책을 쓰면서 명성을 얻었다.

X이론은 직원들이 모두 가능한 일은 적게 하면서 게으름을 피우려고 하는 멍청이라는 가정이고 Y이론은 직원들이 열심히 일해서 성공하기를 원한다는 가정이다.

더글러스의 이론은 "시대에 뒤떨어진 것"이 아니며 다른 지혜들처럼 명쾌하고 단순하다. 바로 "당신의 동료들이 누구인가"에 대한 당신의 기본적인 가정과 관련이 있는 이론이다. 나는 록허스트 대학에서 MBA 과정의 학생들로부터 Y이론이 실제로 직장 내에서 일반적으로 일어나는 상황과는 상당한 거리가 있다는 것을 알았다. 당신은 Y이론 매니저인가? 전혀 그렇지 않은가? 가끔 그러한가? 항상

그러한가?

Y이론은 당신의 개인적인 경영 태도와 관련하여 생각해 볼 만한 충분한 가치가 있다. 직원들에 대한 당신의 느낌을 분명하게 가지려면 절대로 그들의 능력을 과소평가 하지 말라.

다이아몬드 캐기

◆ 당신의 동료들이 최고라고 생각하라.

◆ 그들을 믿고 신뢰해라. (어떤 직원이 자신을 화나게 한다고 하더라도 직원들에게 화를 내지 말고 믿음을 잃지 말라.)

추천 서적:

《첫째, 모든 규율을 깨라 First, Break all the Rules》
　　－마커스 버킹엄(Marcus Buckingham) & 커트 코프만(Curt Coffman) 저

《기업의 인간적 측면 The Human Side of Enterprise》－더글러스 맥그리거

아이디어

36 엔론의 몰락이 가져온 긍정적인 영향

신용이 없이는 어떠한 능력도 소용이 없다.
– 앤드류 카네기(Andrew Carnegie, 1835~1919)

엔론 사태는 믿을 수 없을 정도의 부정적인 상황 속에서도 긍정적인 무엇인가를 발견하라는 아버지의 충고를 생각나게 했다. 사람들은 소수의 탐욕과 부정행위로 수천 명의 사람들이 고통을 겪어야 한다는 것에 그저 마음 아파 할 수 있다. 부정행위와 탐욕이 사라지지는 않겠지만 깊이 생각해 보면 아마도 모든 회사의 직원들이 이전보다는 더 긴장할 것이고 그들의 고용주를 이전보다 더 높은 기준으로 평가할 것이라는 데 희망을 가질 수 있다. 고용주들도 아마 꼭 도덕적인 이유가 아니더라도 사업적인 이유에서도 높은 기준의 중요성을 점점 더 깨달을 것이다. 태만과 불성실의 잘못은 알려지기 마련이고 오랜 기간에 걸쳐 쌓은 신뢰를 무너뜨릴 수 있다.

회사 동료들과의 충분한 커뮤니케이션(회사를 위험하게 만들지 않는 범위에서)은, 특히 나쁜 뉴스의 경우, 직원들이 과장된 루머 대신 당신에게서 처음 정보를 얻는다는 점에서 훨씬 긍정적이다. 내 경험으로 보았을 때, 회사 동료들은 그것이 비록 부정적인 정보라 하더라도 매우 감사해 하며 그것을 바로 그리고 정확하게 듣는다. 만일 당신이 회사 동료들에게 잘한다면 그들은 당신의 회사에 잘할 것이다.

다이아몬드 캐기

◆ 몇몇 회사의 부정 행위와 탐욕은 당신의 회사가 재무제표를 조작하거나 나쁜 행동을 해서는 안 된다는 것이 얼마나 중요한지 알려 준다.

◆ 최근의 사례들을 바탕으로 당신은 냉철하게 판단해야 하며 자신과 동료들에게 높은 기준을 적용시켜야 한다.

◆ 좋은 뉴스든 나쁜 뉴스든 직원들이 당신을 통해 빨리 듣게 된다면 커뮤니케이션에 따른 문제점을 피할 수 있는 확률이 높아진다.

◆ 나쁜 일이 일어난 사실을 알리지 않는 것(omission)이 나쁜 일이 일어난 것(commission)보다 더 위험할 수 있다.

엔론 사태는 의심할 여지없이 하나의 비극이다. 하지만 엔론의 몰락을 통해 얻을 수 있는 긍정적인 결과에 눈을 떼지 않는 것이 중요하다. 엔론의 불법행위와 붕괴로 인해 미국의 기업 시스템은 이전보다 강력해지고 더 효율적이 될 것이다. － 〈파이낸셜 타임즈〉

---

37 뜻하지 않은 행운을 얻는 방법

대부분의 경우, 좋은 운과 나쁜 운은 좋은 판단과 나쁜 판단의
동의어이다.
- 존 채트필드(John Chatfield, 1695~1753), 미국 독립전쟁 참전용사

"더 열심히 일할수록, 더 운이 좋아진다"라는 격언이 있다. 나
는 행운에 대한 이러한 정의가 마음에 든다.
- 제럴드 포드(Gerald Ford), 38대 미국 대통령

뉴욕에서 내가 워렌 버핏과 만날 수 있었던 기회는 일종의 행운
이었다. 그런데 나는 그 이전 몇 년 동안 그의 연례 미팅에 참가했었
고 그가 어떤 사람인지 알고 있다고 생각했으므로 한 마디로 나는
준비가 되어 있었던 것이다. 아울러 나는 나의 임무를 충분히 인식
하고 있었다. 거기에다 뻔뻔함까지 갖춘 나는 그에게 걸어가 나를
소개하고 우리 회사를 살 것을 제안했다. 그리고 정말 좀처럼 얻기
힘든 기회를 갖게 되었다.

"행운"에 대해서는 많은 흥미롭고 독창적인 정의들이 있다. 예를
들면 "준비가 기회를 만나는 곳" 같은 것이다. 기업가들은 이 두 가
지를 하나로 묶는 데 그리고 기적처럼 보이는 상황을 만들어내는 데
전문가들이다. 무엇인가를 우연히 발견하는 능력은 많은 경우 완전
한 "우연"과는 거리가 멀다. 당신은 마음을 목표에 집중함으로써 또

좀처럼 일어나기 힘든 시나리오들에 대해 대비함으로써 이런 일이
일어나게 만들 수 있다.

나는 캔자스 대학(University of Kansas)에서 강의를 한 후 "행운
이란 무엇이냐?"는 질문을 받은 적이 있다. 나는 나의 성공 가운데
상당 부분이 이 "행운"에 의한 것이라고 설명했다. 그 수업 이후 나
는 이렇게 생각했다. '행운에 대해 그 젊은이의 견해에 동의함으로
써 나는 그에게 엄청나게 몹쓸 짓을 했구나.' 비록 그것이 사실이라
고 해도, 내가 성공의 일부분을 행운의 탓으로 돌림으로써 그가 실
패했을 때 "나는 바넷과 달리 운이 없었어"라고 변명할 수 있는 구
실을 갖게 만든 것이다.

대부분의 성공한 기업가들과 마찬가지로 나는 확실히 나의 몫보
다 많은 행운을 가진 것이 분명하다. 그리고 나는 일부러 록허스트
대학의 MBA 과정에서 이것에 대해 거짓말을 한다. 그리고 나서는
내가 그것에 대해 거짓말을 하고 있다고 말한다. 나는 사람들에게 성
공의 이유를 책임과 의무에서 찾도록 하기 위해 거짓말을 한다고 설
명한다. 나의 목표는 독자인 여러분과 같다.

다이아몬드 캐기

◆ 행운이란 "준비"가 "기회"를 만나는 곳이다.

◆ 언제든지 우연한 시기에 좋은 기회를 발견할 수 있도록 준비를 하라.

◆ 혹시 일어날지 모르는 꿈같은 시나리오에 계속 대비함으로써 행운이 찾아오게 만들어라(실제로 그것은 일부 사람들에게 일어난다. 당신이라고 예외는 아닐 것이다).

아이디어

38 기업 상장과 관련하여

한 번에 두 가지 일을 하는 것은 그 어느 일도 하는 것이 아니다. ─ 푸블릴리우스 시루스(Publilius Syrus), 로마시대 작가

1970년대 우리는 언젠가 회사를 상장시킬 것에 대해 논의했다. 그리고 1990년대에 들어 기업 지배구조에 대해 자문을 구하기 위해 모건 스탠리를 찾아갔다. 그들은 우리가 무엇을 원하든, 우리 회사는 상장을 비롯한 그 어떤 것도 할 수 있는 자격을 갖추었다고 했다. 우리는 당시 상장을 위한 준비를 하면서도 동시에 합병 등 다른 대안들을 추진하는 등 어느 한 쪽으로 결정을 내리지 못하고 있었다. 사실 그 두 가지를 동시에 준비하는 데는 상당한 비용이 들었다.

안타깝게도 이것은 내가 스스로에게서 발견한 결점 가운데 하나와 관련이 있다. 가끔씩은 다방면으로 신경을 쓰다 보면 시간이 너무 오래 걸리고 비용도 추가로 든다. 나는 어떤 능력을 갖고 있는 누군가를 고용하면 그들의 결점도 감수해야만 한다고 내 스스로에게 설명하면서 나의 이런 결점을 받아들인다. 비록 내가 선택의 여지가 없이 가족의 사업을 물려받았지만 오히려 그렇기 때문에 나의 결점 가운데 일부를 합리화하게 된다.

어쨌든 상장과 관련해 준비를 하는 데 시간과 돈을 낭비한 뒤 나

는 그러한 시도는 회사를 파멸로 이끌 수 있음을 깨달았다. 우리는 장기적 이익에 악영향을 미치더라도 분기 실적에 대한 압력을 받을 것이며 회사 내 고위 경영자들은 주주들과의 만남이나 애널리스트들과의 미팅, PR 계획 등 다이아몬드를 더 파는 것이 아닌 다른 일에 많은 시간과 노력을 들여야 할 것이다. 게다가 이따금씩 드러나는 나의 어리석음도 널리 알려질 수 있다. 프라이버시를 포기해야 하는 대가와 다른 요인들로 인해 나는 회사를 상장하지 않기로 기꺼이 결정했다. 그렇게 분명한 결정을 내리기까지 왜 그런 고통을 겪고 비용을 들여야 했는지를 생각하면 좀 놀랍다. 그렇다. 결론적으로 말하면 "그것은 회사를 파멸시킬 수도 있는" 것이었다.

다이아몬드 캐기

◆ 상장을 고려할 때는 노트에 플러스 요인과 마이너스 요인들을 적어보라.

◆ 플러스 요인에는 자본 시장 접근이 쉬워지는 것과 회사 동료들이 금융상 이익을 얻을 수 있는 가능성이 포함된다.

◆ 때로는 주식 가격이 하락할 수도 있으므로 그럴 경우에는 무슨 일이 일어날 것인지도 고려하라.

◆ 주요 경영자들을 핵심 사업과 관련 없는 일에 많은 시간을 사용하게 만들 준비가 되어 있는가?

◆ 사업의 집중력이 떨어지는 것 외에도 상장 회사가 됨으로써 발생하는 새로운 비용에 대한 준비가 되어 있는가?

39 나는 무엇을 배웠는가?

세 단어짜리 메모리 코스: 집중력은 기억력을 향상시킨다.
– 작자 미상

1940년대 어느 날 총명하고 사실상 아버지와 평생을 같이했던 변호사 아서 맥(Authur Mag)은 헬츠버그 다이아몬드의 부사장과 함께 워싱턴의 한 정부 기관을 방문했다. 회의를 마치고 밖으로 나온 맥은 부사장에게 이렇게 말했다 "무엇을 배웠습니까?" 이것은 당신이 성공적인 경험을 할 때마다 또 특히 성공적이지 못한 경험을 했을 때마다 자기 자신에게 던져야 할 질문이다. "내가 무엇을 배웠지?" 그것이 앞으로의 가정생활이나 직장생활, 혹은 이 두 가지 모두에 어떤 가치를 갖는가?

헬츠버그 다이아몬드가 캘리포니아에 매우 성공적인 매장을 열자 물론 우리는 크게 만족했다. 그리고 나서는 스스로에게 이 질문을 던지고 성공으로 이끌었다고 생각되는 요인들의 리스트를 작성했다.

만일 그 경험이 성공적이지 않았다면 질문은 "어떻게 하면 이런 일이 다시 일어나지 않게 할 것인가?"가 되었을 것이다. 만일 그것이 성공적이었다면 그 이유는 당신이 그러한 성공을 반복하기 위해 매우 중요한 것이다.

이 같은 깨달음을 위한 또 다른 요령은 당신이 언젠가 이것을 주제로 누군가를 가르쳐야 한다고 가정하는 것이다. 그렇게 하면 당신은 더 잘 배우게 될 것이다.

다이아몬드 캐기

◆ "내가 무엇을 배웠지?"라고 물어라.
◆ "어떻게 앞으로 이것이 다시 일어나지 않게 할 수 있는가?"라고 물어라.
◆ "어떻게 앞으로 이러한 성공적인 결과가 반복되게 할 수 있는가?"라고 물어라.
◆ 당신이 배운 것을 향상시키기 위해서는 배운 것을 다른 사람에게 가르쳐야만 한다고 가정하라.

40 가격을 높이는 방법

> 만일 당신이 시즈 캔디*를 소유하고 있고 거울을 보면서 "거울아 거울아, 이번 가을에는 이 사탕 가격을 얼마로 정해야겠니?"라고 묻고 그 거울은 "조금 더요"(more)라고 말한다면, 그것은 괜찮은 사업이다.
>
> — 워렌 버핏

　　몇 년 전 폴 내들러(Paul Nadler)라는 러거스 대학(Rutgers University, 뉴저지 주립대학) 출신의 이코노미스트가 많은 사업가들에게 강연을 한 적이 있다. 그는 물가상승률이 12%에서 6%로 떨어졌다는 이유로 더 이상 인플레이션을 걱정하지 않는 것에 대해 비난했다. 그러면서 미지근한 물에 쥐 한 마리를 넣고 한 시간에 1도씩 온도를 높이면 물이 끓게 되더라도 쥐가 물 밖으로 뛰쳐나오지 않을 것이라고 말했다. 연간 6%의 인플레이션이 반복되면 그것은 매우 심각하고 믿기 힘든 결과를 낳을 것이다.

　　나는 그가 우리에게 주었던 교훈을 절대로 잊지 않고 있다. 내들러의 동전 뒷면에는 반복 구매되면서 가격이 중요한 상품을 어떻게 가격을 매겨야 하는가에 대한 흥미로운 교훈이 있다. 그의 견해에 따르면, 현실적으로 가능하다면 상품 가격은 오랜 기간에 걸쳐 아주 조

시즈 캔디*(See's candy) 미국의 초콜릿 업체로 워렌 버핏의 버크셔 헤서웨이가 1972년 인수함.

금씩 인상해야 한다. 심지어 당장은 가격을 인상할 필요가 없을 경우에도 그래야 한다. 고객들은 당신이 큰 충격이나 놀라움을 피하게 해준다면 훨씬 더 만족할 것이다.

우리 아이들의 학교는 오랜 기간 동안 수업료를 인상하지 않다가 최근에 1년 안에 큰 폭으로 수업료를 인상했다. 이 같은 갑작스런 수업료 인상은 학부모들 사이에 엄청난 불만을 낳았다. 우리 유대교회는 필요하지 않은 경우 회비를 인상하지 않더니 단기간에 회비를 크게 올려야 할 필요성을 느꼈다. 이런 갑작스런 인상은 신도들 사이에 엄청난 불만과 우려를 낳았다. 아이들의 학교와 내가 다니는 교회는 "쥐를 끓이는 방법"을 고려했어야 했다.

	옳은 방법 (쥐를 끓이는 방법)	틀린 방법 (소비자들을 화나게 하는 방법)
1년차	1000달러 6년간 연간 6% 인상 (총 41.9% 인상)	1000달러 인상 없이 마지막 해에만 41.9% 인상
2년차	1060달러	1000달러
3년차	1123달러	1000달러
4년차	1191달러	1000달러
5년차	1262달러	1000달러
6년차	1338달러	1000달러
7년차	1419달러	1419달러
합계	7393달러	6419달러

위의 예에서 총매출의 차이는 974달러이다.

결과: 많은 매출과 함께 고객들을 더욱 만족시켰으며 아울러 6년간 추가의 현금 흐름이 생겼다.

다이아몬드 캐기

◆ 매년 조금씩 올려라! 큰 인상은 금물!

◆ 가격 조정이 필요할 때까지 기다리지 말라. 필요하고 가능하다면 조금씩 움직여라.

◆ 72의 규칙: 72를 인상률로 나누어 보면 원래 금액에서 두 배가 되는 기간이 언제인지 나온다. 예) 72를 연간 6%의 인상률로 나누면 12. 즉, 원래 가격에 두 배가 되는 데 걸리는 기간은 12년이다.

41

기업가가 되려는 이들에게 보내는 공개 서한

> 나의 눈을 사로잡은 많은 것들이 있지만 나의 심장을 사로
> 잡은 것은 조금밖에 되지 않는다. 그것은 내가 추구하려는
> 것들이다.　　　　　　　－ 팀 레드몬드(Tim Redmond), 작가
>
> 나는 내가 가진 지혜는 물론이고 내가 빌릴 수 있는 모든 지
> 혜도 이용한다.　　　－ 우드로 윌슨(Woodrow Wilson, 1856~1924)

ETB(Entrepreneur To Be)들에게,

　나는 MBA 학생들로부터 그들이 지금은 떠오르는 아이디어가 없
어서 사업 시작을 위해 새 아이디어들을 기다리고 있다는 얘기를 자
주 듣는다.

　몇 년간 이런 얘기들을 반복적으로 듣다 보니, 갑자기 문득 뇌리
를 스치는 생각이 있다. 학생들과 내 견해를 공유한 결과 그들 사이
에서 내 생각이 제대로 퍼지는 것을 목격했고 그래서 이렇게 여러분
에게 편지를 쓴다.

　새로운 아이디어를 찾는 대신 기존의 사업을 인수해서 그것이 현
재 시장에서 거두고 있는 성적보다 더 나은 성적을 얻는 것이 나을
수도 있다. 소니가 텔레비전을 개발한 것도 아니고 델이 컴퓨터를 발
명한 것도 아니지 않는가.

여기에는 두 가지 기본적인 이유가 있다. 첫째는, 여러분은 개척자가 될 필요도 없고 새로운 탐험의 길을 걸어갈 필요도 없다. 두 번째는, 여러분은 업계를 분석할 기회가 있다. 당신만의 여행을 떠나기 전에 공부하고 연구하라. 내 개인적인 견해로는 훌륭한 기업가적 성공 가운데 대부분은 누가 그것을 처음 했느냐보다는 누가 그것을 더 잘했느냐에 좌우된다.

요점은 진정으로 기업가가 되고 싶다면, 하늘이 열리면서 반짝이는 아이디어가 떨어지기를 기다릴 필요가 없다는 것이다. 아울러 여러분은 당신의 고객이 될 사람들한테 이런 질문을 던질 수 있다.

- 당신이 구매하는 상품이나 서비스 가운데 무엇을 좋아합니까?
- 당신이 구매하는 상품이나 서비스 가운데 무엇이 마음에 들지 않습니까?
- 당신이 구매하지 않는 상품이나 서비스 가운데 좋아하는 것은 무엇입니까?

당신이 사전에 준비하고 조사해야 할 대상에는 공급업자, 잠재적인 고객, 그리고 심지어는 당신이 사업을 운영하지 않을 지역의 업계 경쟁업체들도 포함되어야 한다. 아울러 해당 업계에서 당신과 대화를 나눌 사람들을 찾아야 할 것이다. 만일 당신이 그들의 거부 반응을 견뎌낼 수 있다면 수많은 사람들에게 연락을 취하라. 만일 그럴 자신이 없다면 기업가가 되기 위해 길을 떠나는 것을 다시 한 번 생각해 보아야 한다. 수많은 거부반응은 기업가가 치루어야 할 비용 중의 하나이다.

여러분이 훌륭한 조사 과정을 거쳐서 크게 성공하기를 기원한다.

바넷

다이아몬드 캐기

◆ 성공하기 위해 새로운 사업이나 산업을 개척할 필요는 없다.

◆ 이미 존재하는 형태의 사업에서 더 잘할 수 있는 것을 하는 게 좋다.

◆ 이미 존재하는 사업은 당신의 사전 준비 과정을 더욱 충분하게 만들어 준다.

◆ 당신의 리서치 능력으로 인해 기존 산업에 뛰어드는 것이 훨씬 더 리스크가 적다.

◆ 만일 당신이 새로운 것을 시작하려 한다면, 기존 기업을 인수하는 옵션은 존재하지 않는다.

◆ 고객, 공급업체, 그리고 잠재적인 경쟁업체와도 대화를 나누어라. 물어 보고, 물어 보고 또 물어 보고, 배우고, 배우고 또 배워라. 당신은 지금 스폰지와 같다.

◆ 당신이 배운 모든 것들을 기록해 놓아라.

◆ 이 과정을 거치면서 얻은 결론을 적어 놓아라(이것을 되돌아보는 것은 그리고 그것이 어떻게 변했는지를 보는 것은 흥미로울 것이다).

◆ 다른 사람한테는 쓸모없는 것일지라도 배울 것이 있다.

◆ 개척자들은 위험에 몸을 내맡긴 사람들이다.

42 꼭 뛰어들어야만 하나?

기회가 노크를 하지 않는다면 문을 만들어라.
– 멜튼 벌(Melton Berle), 코미디언

영화 "크레이머 대 크레이머"(Kramer vs Kramer)에는 인상적인 장면이 나온다. 더스틴 호프만의 변호사인 하워드 더프는 더스틴 호프만에게 노트에다 긍정적 요인과 부정적 요인을 나열하는 것이 자신이 가장 선호하는 분석 방법이라고 말한다. 그리고 나서 더프는 호프만에게 왜 그가 아내와 이혼하는 것에서 불리한 위치에 있는지를 보여 준다.

이와 같은 접근법은 많은 의사 결정에서 좋은 방법이 될 수 있다. 특히 당신이 기업가가 될 것인지를 결정하는 데 있어서는 더욱 그렇다. 기업가가 되기 위해서는 치러야 할 대가가 있다. 기업가가 되기 위해 뛰어들기 전에 그것을 제대로 분석하고 배우자나 가족이 그것을 이해하는지를 확실히 해야 한다.

나의 MBA 학생들 가운데 한 명은 자신이 기업가들에 대해 다음의 세 가지를 발견했다고 한다.

1. 그들은 지배광(주변 일에 일일이 간섭하는 사람)이다.

2. 그들은 일중독자이다.

3. 그들은 이혼했다.

올리버 웬델 홈스*(Oliver Wendell Holmes, 미국의 소설가 겸 의학자)는 이렇게 말했다. "지금 세대를 포함해 모든 세대는 틀렸다." 하지만 이것이 항상 적용되는 것은 아니다.

나의 경우, "일 중독자" 부분은 적용되지만 지배광 시나리오는 적용되지 않는다. 사실 나는 권한을 위임한 것이 아니라 기권해 버린 것에 대해 여러 번 스스로를 비난했다. 나에게 보고를 하는 회사 경영자들은 내가 최신 흐름에 뒤쳐지지 않도록 만들어 준다. 그들은 기본적으로 회사의 전반적인 방향 안에서 흥분되고 도전적인 일들을 한다. 그것은 매우 단순한 것으로 바로 해당 쇼핑몰에서 가장 높은 매출을 기록하는 가게가 되는 것이고 또 우리를 지구상에서 가장 훌륭한 인재들을 거느린 최고의 업체로 만드는 것이다.

그런데 "지배광" 문제는 간섭 받는 것을 싫어하고 책임과 권한을 원하는 능력 있는 인재들을 왜 일부 기업가들이 잃어버리는지를 설명해 준다.

앞으로 기업가가 되려는 사람은 그들이 실제로 기업가가 되었을 때 "자기 자신"이라는 최악의 보스를 위해 일하게 될 것이라는 점을 반드시 깨달아야 한다. 더 이상의 터프한 보스는 있을 수 없다는 점을 발을 담그기 전에 반드시 인지해야 한다.

현 세대의 기업가 및 기업가가 되려는 사람들 사이에서 가장 두드러지는 가치 덕목은 그들이 가족들에게 미칠 영향에 대해 엄청나게 많은 생각을 한다는 것이다. 이것을 피할 수는 없다. 기업가가 되는 것은 가족들과의 시간을 일부 훔치는 것이다. 당신을 강력하게 지지해 줄 배우자와 가족들과의 시간을 상당 부분 잃는 것을 감수할 의지가 필요하다. 사업과 관련해 매우 급한 일이 생길 수 있는데 그 일이 언제 생길지 알 수가 없으며, 그 급한 일들은 당신의 시간과 생활에 영향을 미칠 것이다.

반면, 기업가가 되어서 좋은 점들은(개인적인 가치에 따라 틀리겠지만) 무제한적인 대인관계를 비롯해, 다른 이들의 삶을 풍요롭게 만들어 준다는 기쁨, 규모에 상관없이 양질의 사업을 만들어가는 즐거움, 그리고 스스로 보스가 된다는 즐거움 등이 있다. 당신의 회사는 당신의 직원들에 의해서 귀한 자녀처럼 다루어지고 소중히 여겨진다. 당신은 성공을 위해 동료들에게 의존하는 사람이다. 화가 나는 상황에서도 이것을 절대로 잊어서는 안 된다. 당신은 그 어떤 상황 속에서도 동료들이나 고객을 잘못 인도해서는 안 된다. 한때 힘든 기간을 겪지 않은 기업가들은 거의 없다. 하지만 당신이 취한 조치들이 충분한 생각 끝에 나온 것이라면 당신은 어려운 시기를 이겨낼 것이다.

다이아몬드 캐기

◆ 기업가 정신과 관련해 의사 결정을 시작하기 위해 노트 접근법을 이용하라.

◆ 당신이 존경하는 사람들과 이야기를 나누고 긍정적인 요인과 부정적인 요인들을 정리하라.

◆ 당신의 견해를 배우자와 가족들과 나누고 그들의 반응을 얻어라.

◆ 자신이 처한 상황의 금전적 요인과 감정적 요인들을 분석하라.

◆ 지나친 장밋빛 시나리오는 피하라.

◆ 금전적으로나 감정적으로나 최악의 시나리오를 생각해 보라.

작은 기회들이 종종 위대한 사업의 시작이 되곤 한다.
　　– 데모스테네스(Demosthenes, 384~322 B.C), 고대 그리스 시대 연설가

우리들 가운데 대부분은 어떤 기회가 우리 경쟁자의 사업에 작용할 때까지 인식하지 못한다.　　　　　　　　　　　　– P.L. 안다르(P.L. Andarr)

너무 늦어서 당신이 되고 싶은 사람이 되지 못하는 일은 없다.
　　– 조지 엘리엇(George Elliott, 1819~1880), 작가

고용
Hiring

43 현명한 고용: 훌륭한 인재를 선택하는 방법

> 경쟁 업체를 위해 당신이 할 수 있는 최고의 일은 고용
> 을 서툴게 하는 것이다. — 빌 게이츠(Bill Gates)

다이아몬드 연마공은 그가 질이 우수한 돌을 갖고 있는가를 판단하기 위해서 다이아몬드 원석을 닦아서 광을 낸다. 그러면 그 원석 안에 있는 품질을 볼 수 있다. 다이아몬드 원석의 품질을 보면서 연마공은 최상의 경제적인 가치를 얻기 위해 다이아몬드를 가장 잘 다듬을 수 있는 방법을 결정한다.

적합한 인재를 고용하기 위한 선택은 다이아몬드를 다듬는 것과 거의 비슷하다. 당신은 "원석 속의 다이아몬드"(diamond in the rough)라는 말을 들어 보았을 것이다. 다듬지 않은 상태의 다이아몬드인 원석은 희끄무레한 암석인데 병아리와 공통점이 있다. 당신이 다이아몬드를 다듬는 데 매우 숙련된 사람이라고 하더라도 다듬기 시작할 때부터 그 원석의 품질이 우수해야 한다. 그렇지 않으면 아무리 잘 다듬는다고 해도 품질이 떨어지는 제품을 만들 수밖에 없다.

수준 미달의 원석을 훌륭한 다이아몬드로 바꿀 수 없는 것처럼 당신이 아무리 열심히 훈련시키고자 해도 부적합한 지원자들을 훌륭한

세일즈 매니저나 마케팅 관리자 또는 그 누구로 바꾸어 놓을 수는 없다.

원석 안이 어떠한지를 보기 위해 다이아몬드 원석을 닦는 것처럼 면접 과정을 생각해 보라. 당신 회사에 지원한 사람들에게 그들 자신과 능력, 그들이 좋아하는 것과 싫어하는 것 그리고 그들이 문제를 푸는 접근 방식에 대해 말하게 함으로써 당신은 마치 다이아몬드 원석을 들여다보듯이 원하는 바를 성취할 수 있다. 당신은 또한 지원자들이 변화와 스트레스를 다루는 방법 그리고 각기 다른 상황에서 사람들과 교류하는 방법에 대해서도 물어 볼 수 있다.

어떤 사람을 채용하기를 잘했다고 말하기란 쉽다. 그런데 지식체계와 기술이 제대로 조합을 이루어서 회사에 꼭 들어맞게 하는 것은 또 다른 문제이다.

직원을 고용하는 것, 즉 좋은 직원을 고용하는 것은 당신이 완수해야 할 업무 중에서 아마도 가장 어려운 일일 것이다. 그것은 틀림없이 가장 중요한 일이다. 얼라이드 시그널(Allied Signal)의 전 사장인 래리 보시디(Larry Bossidy)는 "훌륭한 사람이 훌륭한 사람을 고용한다"고 말했다. 나는 그 반대의 경우 또한 사실일까 봐 걱정된다. 당신이 내린 선택들은 언젠가 당신의 사업을 더 번성하게 할 수도 있고 무너뜨릴 수도 있다. 그것은 종종 당신이 첫 면접을 어떻게 준비하는가 하는 문제로 귀착된다. 취업 면접을 위해서 집중적인 질문 목록을 만듦으로써 지원자에 대해 이미 알고 있는 정보를 발전시킬 수 있다. 그저 완벽한 지원자가 당신 회사를 찾아오기만을 바라는 것은 숙련된 전술이라고 할 수 없다.

적임자를 채용하기 위해서 회사는 인내심을 갖고 기다릴 필요가 있다. 그렇지만 만약 당신이 누구를 그리고 무엇을 찾고 있는가를 안다면 그 일은 더 쉽게 처리될 수 있고 면접에서 더 큰 성과를 얻게 될 것이다. 나는 멘토들로부터 항상 개인의 품성과 진가를 살펴보고 역량이 있는 사람을 찾아야 한다고 배웠다. 그 일에 잘 맞는 사람이어야 하며 동시에 회사 문화에도 잘 어울리는 사람을 채용하는 것이 중요하다.

훈련시키는 사람은 바람직하지 않고 체질적으로 잘 맞지 않는 사람을 성공적으로 바꾸기 위해서 있는 것이 아니다. 다이아몬드를 다듬는 사람도 질이 나쁜 다이아몬드를 호프 다이아몬드*(Hope Diamond, 미국 워싱턴 DC의 스미스소니언 박물관에 소장된 45.42캐럿의 짙은 블루 다이아몬드로 세계에서 가장 유명한 다이아몬드 중 하나)로 바꾸어 놓을 수는 없는 노릇이다. 개인의 능력도 중요하며 우리 모두 영화 속에 나오는 자유로운 사고를 가진 고독한 사람을 좋아하지만 팀을 만드는 데 있어서는 다른 사람들과 잘 어울리지 못하는 사람은 불필요한 골칫거리를 만들어낼 수 있다. 능력만큼이나 적합성을 분석하는 것을 잊지 말아야 한다.

당신이 회사에 대해 흥분해 있을 때 잠자코 있기란 쉽지 않다. 그렇지만 지원자가 면접의 80퍼센트 정도는 말을 할 수 있게 해야 한다. 훌륭한 취재기자들은 사람들이 제한이 없는 질문을 받았을 때 자기 자신에 대해 좀더 많은 것을 보여 주려 한다는 것을 안다. 사람들은 이처럼 제한 없는 질문을 받았을 때 자유롭게 말할 수 있고 광범위한 주제에 대해 자신들의 의견을 말한다. 예를 들어 당신이 사람들에게 질문을 함으로써 그들의 역량에 대해 알 수 있다. 그들은 이전에 다녔던 회사에서 있었던 대립이나 다른 문제들을 다루었던 방식에 대해 자세히 말할 것이다.

자유롭게 이야기하게 허용하면 당신이 합법적으로 물어 볼 수 없는 질문에 대해서도 지원자가 스스로 대답할 수도 있다. 당신의 질문 리스트를 다시 검토해서 그 질문들이 현행법에 저촉되지 않는지를 확인하라. 당신이 무엇인가 구체적인 것을 알고자 할 경우에는 막다른 질문을 활용하라(거기에 대한 대답은 "네", "아니오" 또는 사실에 대한 진술이 될 것이다). 지원자가 기대하는 급여가 얼마인가 또는 언제 그들이 일을 시작할 수 있는가 하는 등의 질문이 거기에 해당한다. 당신은 또한 당신의 기대를 분명하게 밝히려는 것만큼이나 지원자들이 당신에게 기대하는 것에 대해서도 알고 싶을 것이다.

당신은 여러 사람이 지원자를 면접하도록 해서 다른 사람의 의견을 얻을 수 있다. 다른 사람들은 당신이 놓칠지도 모르는 부분을 볼 수 있을 것이다. 지원자에 대한 면접은 여러 날에 걸쳐서 하라. 면접 당사자에게는 면접을 하기에 좋은 날이 있고 나쁜 날이 있다. 가능하다면 지원자가 하루 정도 직장을 방문하게 해서 다른 사람들과 일 및 회사의 문화에 대해서 좋은 느낌을 가질 수 있도록 하라. 서두르지 말고 압력에 굴복하지도 말아라. 만약 어떤 지원자가 서두르면서 다른 취업 제의를 검토하고 있다고 말한다면 그 사람에게 충분한 정보가 없는 상태에서 서둘러 결정하기보다는 그렇게 하라고 말하는 편이 나을 것이다. 당신이나 지원자 모두에게 이 일에서 가장 중요한 규칙은 놀라지 않는 것이다.

항상 그 사람의 신원을 조회하라. 또 다른 경험상 법칙은 최고위직의 사람을 뽑을 때에는 열 번의 신원조회를 해야 한다는 것이다. 이렇게 하기 위한 간단한 방법은 지원자가 당신에게 준 조회할 사람들의 이름을 받아둔 뒤 그들에게 또 다른 조회할 수 있는 사람, 특히 동료들이나 고객들 그리고 지원자와 그의 명성을 아는 다른 전문가들의 이름을 물어 보는 것이다. 때때로 일을 제대로 진행시킬 수 있는 한 가지 방법은 답변해 주는 사람이 그 지원자의 장점에 대해서 상세히 말할 수 있도록 하는 것이다. 이어서 "우리 모두는 약점을 갖고 있게 마련인데 그의 약점은 무엇인가요?"라고 묻는다. 당신은 지원자의 신용상태와 전과기록을 체크하기 위해서 지원자가 서명한 허가서가 필요하다. 그러한 일을 직업적으로 확인하는 외부 용역 업체들이 있다. 만약 그 일이 실로 중요한 일이라면 지원자의 신원을 보증해 줄 몇 사람을 심지어 여행을 해서라도 당신이 직접 만나 볼 만한 가치가 있다.

마지막으로 당신은 지원자의 과거 업무 수행과 잠재력을 종합해서 보아야 한다. 면접은 과학이라기보다는 예술이다. 친근한 대화를 통해서 지원자가 자신의 기본적인 성격의 특성, 관심사 그리고 역량을 드러낼 수 있도록 이끌어야 한다. 우리가 업무를 수행할 직원을 채용한 이래로 지원자들은 당신 질문의 초점이 자신들의 이미지를 형성하는 장점과 열정 그리고 성공을 돋보이게 하는 데 모아지는 것을 좋아했고 또 그러한 면접에서 잘해냈다. 나는 또한 다음과 같은 강력한 제안을 한 가지 하고 싶다. 즉 어떤 상황을 가정해서 질문하지 말라는 것이다. 실질적인 상황에 대해서만 질문을 하라. 예를 들자면 "당신이 겪었던 가장 힘든 문제(직원들과의 문제, 제품 판매에 있어서의 문제, 상사와의 문제 등)는 무엇이었으며 그것을 어떻게 처리했습니까?" 이런 것들 말이다.

사전에 질문 목록을 준비하는 것은 그 후보자에 대해서 당신이 알고자 하는 것을 생각하게 한다. 여기에 면접용 질문들의 몇몇 예가 있다. 그 중 많은 것들은 수년간 나와 다른 기업가들이 풍부하게 공유해 온 것들이다. 이 사례들은 대화를 처음 시작할 때 도움이 될 것이며 아마도 당신이 필요로 하는 통찰력을 갖게 할 것이다. (현행 법률상 합법적인 것인지는 법률 고문에게 확인하라.)

- 몇 분에 걸쳐 당신 자신에 대해서 말해 보라. 당신의 교육 수준과 업무 경험, 다른 업무를 수행하는 능력 등에 대해서 말이다.
- 학창 시절에 가장 좋아했던 과목들은 무엇이었나?
- 학교 다닐 때 가장 즐거웠던 일은 무엇인가? 어떤 선생님을 제일 좋아했으며 이유는 무엇인가?
- 왜 현재(또는 이전) 직장을 그만두려고 하는가?
- 바로 전 직장에서 했던 일은 무엇인가? 당신이 맡았던 책임은 무엇인가?

- 전 직장에서 가장 좋았던 점은 무엇인가? 가장 싫었던 것은 무엇인가?
- 당신이 그 동안 해왔던 일들 중에서 가장 좋아하는 일은 무엇이었나? 그리고 그 이유는 무엇인가?
- 만약 내가 당신의 과거 고용주와 접촉한다면 그가 무슨 말을 할 것 같은가?
- 지금 당신이 지원하고 있는 그 일 이외에 다른 일을 한다면 어떤 유형의 자리에 가장 관심이 있는가?
- 당신이 갖고 있는 최고의 자질은 무엇이라고 말하겠는가?
- 당신의 주된 장점과 단점은 무엇이라고 생각하는가?
- 향후 5년간 당신의 목표는 무엇인가?
- 왜 우리 회사에서 일하는 데 관심을 갖고 있는가?
- 왜 당신은 자신이 훌륭한 판매직 사원(또는 관리자, 지도자 등등)이라고 생각하는가?
- 당신 스스로 생각할 때 자신이 경쟁력이 있다고 보는가? 그렇다면 왜 그런가?
- 당신이 이전 판매직 일에서 다른 사람들과 등급을 매길 때 얼마나 높은 등급에 올랐나? 그리고 왜 그런 등급을 받았나?
- 당신은 자신이 적극적이라고 생각하는가? 그렇다면 그 이유는 무엇이며, 아니라고 생각한다면 그 이유는 또한 무엇인가?
- 업무에 있어서 요구되는 사항 중 하나가 일주일에 4~5일 정도

야근을 해야 하는 것이라면 당신은 어떻게 하겠는가?

· 언젠가 지역으로 전근된다면 당신은 어떻게 느끼겠는가? 그 일로 인해 당신이 걱정하게 될 것 같은가?

· 전 직장에서 회사 경영진들에게 한 가지 제안을 할 수 있다면 그것은 무엇이 되겠는가?

· 당신이 지금껏 겪었던 상사 중에서 최고의 상사에 대해 말해 보라.

· 당신이 지금껏 겪었던 최악의 상사에 대해서 말해 보라.

· 당신이 지금껏 해온 일들 중에서 가장 자랑스러운 것은 무엇인가?

· 어떤 종류의 일들이 당신을 가장 방해하는가?

· 사람들은 일을 하는 데 있어서 각각 다른 동기를 갖고 있다. 당신에게 동기부여가 되는 것은 무엇인지 말해 보라.

· 만약 당신이 새로운 경력을 선택해야 한다면 무슨 일을 선택하겠는가?

· 세 가지 형용사를 사용해서 당신 자신을 묘사해 보라.

· 당신의 부하 직원들은 당신에 대해 어떻게 말하는가?

· 당신이 직업적으로 출세할 것이라는 생각이 언제 드는가? 당신이 정의하는 성공이라는 것은 무엇인가?

· 어떤 상황에 처해 있을 때 당신은 최상의 것을 배웠다고 느끼는가?

- 업무상 불쾌하고 긴장이 많이 되는 상황에 대해 말해 보라. 그리고 어떻게 그 상황을 다루는가에 대해서도 말해 보라.
- 우리는 모두 과거에 실수를 저질렀다. 당신이 했던 최고의 실수는 무엇이었는지 말해 보라. 그 일로 인해 당신은 무엇을 배웠는가?
- 이 일을 받아들여 당신이 만족하기 위해서는 무엇이 필요하다고 예상하는가?
- 당신의 능력에 대해서 내가 더 알아야만 하는 것은 무엇인가? 당신 자신에 대해서 나에게 더 말하고 싶은 것이 있는가?
- 이 일과 회사에 대해서 당신이 더 알고 싶은 것은 무엇인가?
- 왜 내가 당신을 고용해야만 한다고 생각하는가?
- 회사와 나에 대해 당신이 기대하는 것은 무엇인가?

후속 질문을 묻는 것도 역시 잊지 말아라. 예를 들면 그 지원자가 좋아하는 선생님에 대해서 어떤 특정한 방식으로 묘사한다면 왜 그가 그 특별한 선생님을 최고의 선생님이었다고 생각하는지를 묻는 것이다.

이러한 몇몇 질문들을 활용하고 그들의 자연스런 후속 대답을 들음으로써 면접이라는 힘든 일을 재미있게 만들 수 있다. 면접하는 능력을 연마하는 데 과잉투자를 할 필요는 없다. 그 일에 적합한 사람을 채용함으로써 얻는 이익은 채용 과정에서 당신이 투입한 모든 노력만큼의 가치가 있다.

다이아몬드 캐기

◆ 가장 먼저 성격을 보고 유용성, 능력 그리고 문화적인 적합성을 보라.

◆ 자유롭게 생각대로 대답할 수 있는 질문을 해서 지원자가 그들 자신에 대해서 보다 유용한 정보를 밝힐 수 있도록 하라.

◆ 충분한 정보가 없는 상태에서 빠른 결정을 내려야 하는 압력을 받지 않도록 하라.

◆ 다른 사람들도 지원자와 면접을 하도록 하고 가능한 한 많은 사람으로부터 신원 조회를 받도록 하라. 신원을 조회할 사람에게 또 다른 신원 조회처를 물어 보라.

◆ 가정 상태의 질문은 하지 말라. 실질적인 생활에서 일어나는 일만 질문하라.

◆ 헤드헌터는 당신이 직원을 고용해야만 보수를 받게 된다. 따라서 헤드헌터가 유일하게 신원조회를 하는 사람이어서는 안 된다. 만약 얼라이드 시그널(지금은 하니웰사로 합병됨)의 대표인 래리 보시디(Larry Bossidy)가 개인적으로 10여명의 사람을 대상으로 신원조회를 하는 것이 중요하다고 느꼈다면 당신도 역시 마찬가지다.

◆ 성공의 80~90%는 훌륭한 잠재력을 가진 사람을 고용하는 데 달려 있다. 품질이 열등한 원료를 갖고서는 결코 호프 다이아몬드를 만들어낼 수 없다.

고용인의 성공을 위해서는 충성심과 정직성이 능력만큼이나 중요하다.
− 해리 F. 뱅스(Harry F. Banks), 작가

그가 무엇 때문에 고용되었는지에 대해서 당신보다 잘 모르는 사람은 결코 고용하지 말라.　　　− 말콤 포브스(Malcolm Forbes, 1919~1990), 출판업자

---

44 외부 인사를 채용할 것인가, 내부 인력을 활용할 것인가

사람의 외양만 볼 것이 아니라 내면을 들여다보아야 한다.
— 체스터필드 경(Lord Chesterfield, 1694~1773), 영국 정치가

오랫동안 헬츠버그의 훌륭한 직원이었던 사람을 배제하기로 하는 아주 어려운 결정을 한 뒤에 우리는 판매 촉진을 담당할 부사장급 임원을 외부에서 채용했다. 시간이 지나면서 그것은 올바른 선택이었다는 것이 증명되었다.

그 자리에 지원한 한 고참 직원은 훗날 나에게 우리가 그 관리직 자리에 더 광범위한 능력을 지닌 외부 사람을 고용한 것이 올바른 선택이었다는 것을 깨달았다고 말했다. 그는 그 자신이었다면 새로운 부사장이 일을 해낸 것만큼 잘해내지 못했을 것이라고 했다. 훌륭한 사람은 결국 무엇이 올바른 일인지를 알아낸다.

외부에서 사람을 채용하는 것과 회사 내부 인사를 발탁하는 것 중에 어떤 것이 더 나은 선택인가? 불행하게도 이 질문에 대해서는 한 가지로 답하기가 어렵다. 모든 것은 그 당시 당신에게 필요한 것이 무엇인지에 달려 있다. 당신은 회사를 위해서 이런 중요한 결정을 어떻게 내릴 것인가? 매우 신중해야 한다.

내부 사람을 승진시키면 당신은 회사 설립 당시 도움을 받은 최고의 성과를 낸 직원들에게 보답을 하는 것이다. 이는 현재 회사의 문화를 더욱 견고하게 만들고 다른 직원들에게 회사 내부에서 재능이 있으면 더 높은 위치로 올라갈 수 있는 기회가 있음을 보여 주는 것이다. 그렇지만 다음과 같은 어려운 질문을 받을 수도 있다. 즉 현재 회사 내의 누가 그 일을 하기 위한 준비가 되어 있으며 승진할 만한 능력이 있느냐는 것이다.

반면에 외부 인력을 채용하는 경우, 당신은 회사 내부에 새로운 생각과 기술의 물결이 흘러 들어오는 것을 볼 수 있다. 당신과 직원들이 갖지 못했던 경험에 비해 새로운 종류의 사업 관계를 경험하거나 사업에 대한 신선한 관점을 접할 수도 있다. 이는 매우 활력을 주는 일일 수 있다. 헬츠버그 다이아몬드는 새로운 직원들이 광범위한 경험을 갖고 왔을 때 회사는 그 새로운 지식과 경험을 통해 실제로 많은 이익을 얻었다. 새로운 사고의 주입은 기존 직원들이 성장하고 발전하는 데에도 도움을 주었다. 그렇지만 당신이 외부 인사를 채용한다는 것은 그 동안 회사와 함께해 온 직원들을 무시해야 함을 의미한다. 이러한 결정으로 인해 직원들은 상처를 받거나 심지어 화를 낼 수도 있다. 반대로 외부에서 재능 있는 매니저가 합류해서 회사가 더 발전하고 성장한다면 직원들도 아마 그 사실을 반길 것이다(특히 직원들이 결과적으로 늘어난 이익을 공유해서 받을 때에는 더욱 그렇다).

비록 그것이 힘든 일이라도 당신은 회사를 위해서 올바를 결정을 내려야 한다. 왜냐하면 결정적인 순간이 되었을 때(오늘날의 경쟁적인 사업 환경 하에서는 항상 그렇지만) 적절한 자리에 적임자를 갖고 있지 못하면 그것은 당신이 해야 할 일을 소홀히 한 것이 되고 회사에 해를 입힐 수도 있기 때문이다.

당신은 자신의 결정에 대해서 잠이 안 올 정도로 걱정하게 될지도 모른다. 나도 그랬고 당신이 연관된 사람들과 친하게 지내면 지낼수록 객관적인 결정을 내리기는 더욱 어려워진다. 이러한 이유로 인해 나는 직원들과 가깝게 지내지 않는 본보기를 만들고자 했다. 회사를 위해서 이러한 결정을 하는 것은 괴로운 일이다. 내가 참석했던 한 세미나에서는 "당신은 일요일에 동료들과 함께 골프를 쳐서는 안 된다. 그래야 당신이 월요일에 그들을 해고할 수 있다"는 것이 요점이었다.

다이아몬드 캐기

◆ 회사 내부 직원들과 외부 사람들의 장점이 각각 있다. 내부 직원의 승진과 외부 인력 채용을 적절하게 조합한다면 회사를 기대 이상으로 키우는 데 큰 도움이 될 것이다.

◆ 당신이 그 직원을 단지 좋아한다는 이유만으로 상냥한 사람을 승진시켜서는 안 된다.

◆ 승진 문제를 다루거나 외부 인력을 채용할 때에는 공정하고 객관적으로 해야 한다. 이때 활용해야 할 유일한 잣대는 "무엇이 회사를 위해서 최선인가?" 하는 점이다.

45 변호사, 공인회계사 또는 다른 전문가 제대로 뽑기

만약 당신이 어떤 사람에 대해 의심이 간다면 그 사람을 채용하지 말라. 그리고 그를 채용했다면 더 이상 그를 의심하지 말라.
— 중국 속담

나는 1970년에 매우 중요한 계약을 협상하고 있었다. 사실 대화는 매우 잘 진행되었다. 그래서인지 나와 협상을 하고 있던 상대방은 내가 능력이 없는 고문 변호사를 두고 있다고 그의 변호사가 말했다는 사실을 내게 알려주어도 된다고 느꼈다.

나는 내 변호사 쪽은 능력이 있다고 생각했었다. 왜냐하면 나는 일류 로펌과 거래하고 있었기 때문이다. 나는 내 변호사가 얼마나 많은 종류의 그런 계약을 성사시켰는지를 묻지 않았다. 또한 그에 대한 신원을 조회하기 위해 전화를 하거나 혹은 직접 상대방을 찾아가서 물어 보거나 하는 일도 하지 않았다. 나는 결국 그만한 대가를 치른 셈이다.

내가 그 일로 인해 배운 것은 무엇일까? 일을 형편없이 한 것은 내 변호사가 아니라 바로 나였던 것이다. 만약 내가 바이패스 수술(bypass surgery, 다른 부위의 혈관이나 인공혈관을 이식하는 수술)을 해야만 했다면 일 년에 단지 한 차례의 바이패스 수술을 집도한 의사가 아니라 가능한 한 가장 경험이 많은 심장 외과의사에게서 수술을 받아야 한다고 주장했을 것이다. 이는 다른 전문가를 뽑을 때에도 마찬가지로 적용해야 한다. 사업을 하는 과정에서 어느 순간 당신은 누가 어려운 난국을 풀어 나갈 것인지에 대해 가능한 한 많은 것을 알아야 한다. 당신은 또한 이 사람이 특정 영역에서 얼마나 많은 경험이 있는가를 알아야 하며 그 사람의 신원 조회도 해놓아야 한다.

단순한 계약서를 작성하는 일이든 혹은 빌딩을 사는 일이든 지뢰밭을 잘 통과할 수 있도록 이끌 수 있는 유능하고 경험 있는 전문가를 보유함으로써 당신은 큰돈을 절약할 수 있고 앞으로 닥칠 많은 문제를 해결할 수 있다. 바로 이러한 이유 때문에 당신은 신규 인력을 뽑을 때처럼 전문가를 채용할 때에도 똑같은 주의를 기울여야 한다. 만약 당신이 비용이 많이 드는 전문가의 조언을 구한다면 그러한 조언을 해줄 전문가 개개인들에 대해 충분히 점검을 했는지에 대해서도 신경을 써야 한다.

대형 광고회사나 회계 법인과 마찬가지로 대형 로펌들은 일상적이라고 여겨지는 많은 일을 젊은 하급 직원들에게 대충 맡겨 버린다. 그러한 일들은 하급 직원들이 하급 파트너가 되는 데 필요한 경험을 얻게 해준다. 문제는 그들이 당신의 돈으로 일을 배운다는 사실이다.

만약 당신이 필요로 하는 일이 실제로 일상적인 것이라면 큰 문제가 없다. 그러나 만약 당신이 많은 시간과 돈 그리고 피땀을 쏟아 붓는 복잡한 계약을 협상중이라면 당신은 필요한 능력을 갖춘 사람을 갖고 있어야 하며 그렇지 않으면 직격탄을 맞게 될 것이다.

강한 인상을 주는 파트너 변호사들의 이름이 적힌 긴 명단이나 호화로운 사무실 장식 따위에 겁을 먹을 필요는 없다. 그것은 단지 당신을 감동시키려는 것이다. 외부 전문가를 뽑을 때 그에 대해서 자세히 알아보지도 않고 과거 그에게 용역을 의뢰했던 많은 유명한 사람들의 이름만 보고 그를 선택해서는 안 된다. 최고의 능력을 가진 사람을 얻는 것은 당신에게 달려 있다. 당신은 신규 인력을 채용할 때 그 사람의 신원을 조회해야 한다는 것을 알고 있다. 전문가도 마찬가지로 신규 인력이다.

다이아몬드 캐기

◆ 로펌 이름이나 로펌이 거래하고 있는 고객들의 이름에 필요 이상으로 감명 받지 말라.
◆ 그 전문가가 이와 같은 종류의 일을 해본 적이 있는 사람인지를 확실하게 체크하라.
◆ 실제로 당신이 필요로 하는 어려운 일을 처리할 전문가의 신원을 개인적으로 조사하라.

46 모든 사람의 강점을 믿을 것

> 당신 주변을 소인배들이 둘러싸고 있다면 당신은 결
> 코 거목이 될 수 없다.　　　– 유대인의 민중 속담

　　헬츠버그 다이아몬드는 1970년대에 실제로 크게 발전하기 시작
했다. 나는 운이 좋게도 어디에 나의 약점이 있는지를 알고 있었고
그래서 완벽한 파트너를 찾을 수 있었다. 새 부회장인 마틴 로스
(Martin Ross)가 회사에 합류했다. 그는 탁월한 경험을 갖고 있는 사
람이었다. 그는 더할 나위 없이 훌륭한 배경을 갖고 있었고 예산안
을 짜서 여기에 맞추어 회사를 운영했다(우리는 공식적인 예산안 없이
1915년부터 그때까지 영업해 왔다).

　　나는 설립자의 신드롬(Founder's Syndrome)을 갖지 않았다는 측면
에서 어느 정도 운이 좋았다. 왜냐하면 나는 설립자가 아니었고 훌륭
한 역할 모델인 아버지가 있었기 때문이다. 아버지는 어떻게 권한을
위임하며 그 위임한 권한을 믿어야 하는가를 알고 있었다. 그래서 우
리는 훌륭한 직원들과 함께 길이 아닌 곳에서 빠져나올 수 있었다.
나는 우리가 실제로는 결과에 초점을 맞춘다고 믿는다. 살아남는 것

에 대해 두려움을 갖고 있으므로 투입량보다는 산출량에 중점을 두게 된다. 아침에 당신이 사형에 처해질 것이라는 사실을 아는 것처럼 정신을 집중하게 하는 것은 그 무엇도 없다. 내 마음 상태가 바로 그랬다.

나는 이러한 사실을 통해서 나 자신을 아는 것과 나만의 강점을 활용하는 것이 중요하다는 것을 배웠다. 그리고 다른 사람들의 강점을 활용하는 법도 배웠다. 나는 사업가들 중에서 자신들이 업무상 최고라고 생각하는 흔한 함정에 빠져드는 사람들을 보아 왔다. 이러한 사실을 보면 왜 일부 매니저들이 여러 방면에서 대표권을 갖는 데 실패했는지를 잘 알 수 있다. 그 매니저들이 회사의 대표권을 갖는 것은 회사를 위해서는 가장 좋은 방법이라고 할 수 있다.

왜 누군가가 기대치와 실행이라는 힘든 것을 한 쌍으로 부과하려 했을까? 한마디로 설명한다면 그것은 자아(ego)이다. 일이나 과업은 문제가 아니다. 지도자들은 그들이 최고라야 한다고 생각한다. 그들은 심지어 자신들이 모든 일에서 최고라는 잘못된 믿음을 갖고 있을지 모른다. 이러한 위험한 상태를 적절하게 표현한 것이 "설립자 신드롬"이다.

당신은 회사의 설립자로서 일을 수행하는 데 엄청난 지배력을 갖는다. 시작 단계에서는 스스로 거의 모든 일을 할지도 모른다. 당신은 모든 것을 결정하는 위치에 있을 수도 있다. 그렇지만 사업이 성장할수록 당신은 더 높은 수준의 구체적인 능력을 요구하는 도전에 직면하게 된다. 그리고 일에 있어서 우선순위가 바뀌면서 시간적인 제약도 늘어나게 된다.

만약 사업이 성공적이라면 당신은 장점과 재능이 있는 사람들을 고용할 필요성을 느끼게 될 것이다. 여기에서 당신은 어떤 장점과 능력이 있는 사람을 찾아야 할지를 결정해야 한다. 세상에는 매우 다양한 부류의 사람들이 있으며 개인은 독특하게 결합된 장점과 단점을 갖고 있다. 그렇다면 최대한 당신의 회사에 맞는 장점을 가진 사람들을 어떻게 식별해낼 것인가?

해답은 당신 자신에게서부터 시작된다. 그것은 당신의 자아를 다루는 것이다. 최대한 성공하기 위해서 당신은 자신의 장점과 단점을 알아야 한다. 이는 많은 사람들에게 있어서 힘든 접근법이다. 그렇지만 당신은 그 과정을 두려워해서는 안 된다. 그리고 당신 자신에게 완전히 정직해야 한다. 자신을 알아야만 이상적인 파트너를 선택하는 방법을 알 수 있다.

물론 이미 직원들이 있다면 당신은 또한 회사가 성장하고 목표를 바꾸는 데 있어서 필요한 일의 관점에서 직원들의 장단점에 접근해야 한다. 그러면 당신은 능력과 장단점을 가진 직원들을 고용하는 위치에 있을 수 있게 되며 그들은 당신 또는 당신의 팀에 보완적인 역할을 하거나 당신을 능가할 수도 있다.

때때로 특별한 기회를 제안하는 지원자가 올 것이다. 이런 기회가 오면 한동안 멈춰 서서 깊이 심호흡을 해라. 이런 사람을 위협으로 인식하지 말라. 당신의 자아를 통제하라. 무엇 한 가지도 뛰어나지 못한 팔방미인보다는 최고의 주방장으로서 당신 자신을 반추해 보는 것이 어떻겠는가? 그래서 최고의 주방장으로서 미식가 단체를 만들기 위해 올바른 재료를 선택하는 업무를 기쁘게 생각하면 어떻겠는가? 최우선 순위는 당신의 회사를 위해서 재능과 능력이 최적으로 조합된 사람을 고용해서 회사의 현재 위치와 미래 발전을 위해서 일하도록 하는 것임을 기억하라.

또한 당신이 탁월한 사람을 고용했을 때 그들의 세심한 점까지 관리할 수는 없다는 점을 기억하라. 주변 일에 일일이 간섭하는 기업가는 최고의 인재를 계속 보유할 수 없다. 유능한 리더들은 그들이 두 번째라고 짐작되고 교묘하게 조종되며 명성에 손상을 입었다고 느껴지면 배에서 탈출해 버린다. 그들이 소유권을 갖고 있다고 느껴야 한다. 당신은 그들에게 숨을 돌릴 수 있는 여지를 부여해야 한다.

헬츠버그 다이아몬드가 전국으로 뻗어나가는 데 성공한 요인 중 큰 부분은 우리가 능력 있고 똑똑한 사람들을 고용했다는 것이고 그들이 자신들의 방식대로 일할 수 있도록 배려한 것이다. 워렌 버핏이 1995년 우리 회사를 사들였을 때 그는 바로 이 리더들에게 깊은 감명을 받았다. 그는 이들을 계속 고용하면서 회사를 관리하고 경영하도록 했다. 버핏이 우리가 구성했던 식도락가 조직에 대해 커다란 자신감을 갖고 있었다는 사실은 우리에게 있어 엄청난 전율이었다.

당신이 자신의 자아를 접어둔다면 당신은 아마도 미래의 당신 사업에 대해 보다 냉정하게 판단할 수 있을 것이다. 당신은 "무엇이 회사를 위해 최선인가"라는 질문에 대해 정직하게 대답할 수 있을 것이다. 당신은 자신의 개인적인 한계를 받아들일 수 있으며 혼자서 회사를 소유하는 것보다 능력이 있는 다른 사람들이 회사를 인수하는 것을 기뻐할 것이다. 반어적으로 자아를 배제한 경영관리가 당신의 최고 강점이 될 수 있다.

다이아몬드 캐기

◆ 자존심을 버린 경영자들은 자신들의 단점을 인정할 뿐만 아니라 자신보다 우수한 장점을 지닌 사람들을 고용하는 것을 두려워하지 않는다.

◆ 최고의 주방장으로서 당신의 역할을 반추해 보면 식도락가 조직을 만들기 위한 최선의 재료를 고를 수 있다.

◆ 능력 있는 사람을 채용하고 그들이 자신들의 방식대로 하도록 비켜서 있어라.

◆ 만약 당신이 그들을 자신들의 책임 영역에서 방해 받지 않고 마음껏 노를 젓도록 내버려두지 않으려면 아예 그들을 강력한 리더로 채용하지 말라.

47 친구나 친지들에게 물건을 파는 일과 그들을 고용하는 일

> 사업에 기반해서 만들어진 우정이 우정에 근거해서 이루어진
> 사업보다 더 낫다.   — 존 D. 록펠러(John D. Rockfeller), 사업가

아버지는 우리들에게 친구나 친척들에게 물건을 팔지 말라고 훈육하셨다. 나는 이 규칙을 지킴으로써 시간을 많이 절약할 수 있었다. 내가 그 규칙을 어겼을 때에는 믿기 어려울 정도로 많은 시간을 허비해야 했다(내 자신의 시간은 물론이고 어쩌면 나를 도와주는 동료들의 시간도 허비했을 것이다). 반면에 그렇게 해서 벌어들인 돈은 믿기 어려울 정도로 적었다.

나는 이렇게 비생산적인 활동을 가능한 한 피하고 싶었다. 또한 어떠한 영역에서든 친구 및 친척과 사업을 하는 것은 그들과의 관계를 망가뜨리게 되고 편하지 않은 일이며 결국 본인과 친지들에게 후회를 남길 것이라고 믿게 되었다. 이것은 매우 개인적인 편견이지만 그럼에도 불구하고 나는 이러한 나의 편견을 공유해야 한다고 생각한다.

불가피하게 그럴 수밖에 없었겠지만 당신이 이 규칙을 어겼을 때에는 매우 신중하게 처신해서 그들과의 관계를 유지하도록 해야 한다.

이 잠언은 내가 받은 교육과 경험에 근거한 것이다. 확실히 보험

과 같은 산업 영역에서는 정 반대로 할 것을 권고하면서 그들이 알고 있는 사람들에게 보험을 판매함으로써 사업 관계를 구축할 것을 권한다. 그런데 우리는 그와 정 반대로 영업을 할 수 있다는 것에 대해 다행스럽게 생각한다. 개인적인 관계를 갖고 있는 사람들과 협상을 하는 것은 우리를 고통스럽게 만들고 불편하게 하며 혼란스럽게 한다. 그리고 때때로 우정에 눈물을 남기기도 한다.

"당신이 내 사촌입니까 혹은 업무상 동료입니까?"라는 명확하지 않은 질문은 사업상의 문제에서 혼란을 야기할 수 있다. 사업과 개인의 사생활이 분리되면 분리될수록 내 느낌을 더 잘 요약할 수 있다. 이것은 당신에게서 도움을 바라는 사람들을 도와주지 말아야 한다는 의미는 아니다. 그렇지만 그것이 사업에서 없어서는 안 될 부분이 아니라면 미리 그들을 챙길 필요는 없다.

친구나 가족들을 고용하는 문제는 어떨까? 만약 당신이 자선을 베풀기 위해서 그렇게 하고자 한다면 그만두어라. 당신은 어떤 방식으로든 개인적으로 그들을 보살필 수 있다. 그렇지만 한직에 있는 사람 하나를 위해서 회사의 문화와 조직 구성을 파괴해서는 안 된다. 그 한직에 있는 사람이 수행하는 임무에 비해서 그 사람을 고용함으로써 치러야 할 대가가 너무 크다.

당신 회사에 들어오려는 능력 있는 친구나 친지들은 어떨까? 이 경우에는 확실한 해법이 없다. 이 사람들은 회사와 회사의 장래에 훌륭한 자극이 될 수 있다. 당신은 그들에게 기본 원칙을 설명하면서 솔직한 대화를 나누고 다른 사람들보다 그들이 회사의 방침을 더 잘 따라야 한다고 말해야 한다. 그리고 일이 제대로 풀리지 않는다면 어떻게 해야 하는가에 대해서도 확실한 대화를 나누어라. 그런 대화는 해고를 해야 할 시점이 닥쳤을 때보다는 평소에 미리 해놓는 것이 훨씬 좋다. 서로를 위해서 서면으로 된 각서를 만들어 놓아라. 결별이 아무리 호의적으로 이루어진다고 해도 그것은 당신과 친구 또는 친지와의 관계에 상처를 입힐 것이라는 점을 알아야 한다. 그리고 처제나 처남 등을 해고시키는 경우 어쩌면 이는 배우자와 같이 가족 내에서 관련이 있는 사람과의 관계도 손상시킬 수 있다. 이를 대비해 그들을 처음 고용하기 전 단계에서 당신의 배우자와 함께 최악의 상황에 대해서 미리 대화를 나누는 것이 좋다. 현실적으로 도박을 하는 것은 잘 풀릴 수도 있고 잘 풀리지 않을 수도 있음을 이해하라.

가족 사업은 문제가 많다. 그럼에도 불구하고 그들이 불가피하게 만들어내는 보이지 않는 위험 지대를 가족들이 통과할 수 있게 노력하는 가족 기업들이 적지 않게 존재한다.

다이아몬드 캐기

◆ 우정과 사업을 혼합하는 데 있어서 위험이 무엇인지를 알아두어라. 우정과 사업을 혼합하는 일은 때때로 당사자들을 혼란스럽게 하며 양쪽 모두에게 역효과를 낳는다.

◆ 우정과 사업을 섞을 때에는 조용하고 신중하게 일을 진행하라.

◆ 우정과 사업을 섞는 것이 현실적이고 타당하다면 그 일을 처리하는 직원을 두어라.

◆ 사업을 하는 데 있어서 커다란 자산이 될 수 있는 친척과 친구들만을 고용하는 쪽으로 생각하라. 사업과 자선을 완전히 분리해서 생각하라. 당신의 목표가 누군가를 돕는 것이라면 그것은 사업의 영역 밖에서 행하라.

◆ 최악의 상황에 대해서 당신의 친구, 친지와 충분히 대화를 나누어라. 그것이 친지인 경우에는 배우자와도 그 문제에 대해 상의하라. "일이 제대로 진행되지 않는다면"이라는 시나리오에 대해 직원이 될 친구나 친지 그리고 배우자와 심도 있게 논의해야 한다.

◆ 고용하기 이전에 일이 제대로 잘 안 풀릴 가능성을 논의하고 그런 경우에도 관계를 유지하기로 동의했다고 해도 당신이 방아쇠를 당기는 순간 상황은 불가피하게 바뀔 것임을 알아야 한다. 미리 이런 상황에 대해 준비하고 배우자도 준비를 시켜라.

◆ 친구나 친지를 고용하는 데서 일어날 위험보상 비율(risk-reward ratio)을 충분히 분석하라.

동기부여
Inspiring

48

아이디어

훌륭한 성과를 인정하기: 직원들에게 동기 부여 하는 방법

> 어떤 사람이 먹을 것과 입을 것 그리고 쉴 곳을 갖추고 나면, 가장 큰 동기 부여 요인은 그를 인정하는 것이다.
> — E.M. 카우프만(1916~1993), 제약 기업가

헬츠버그 다이아몬드에서 우리는 고객들을 직접 상담하는 직원들에게 많은 신경을 썼다. 그들 중 매달 좋은 실적을 올린 상위 25명의 직원들에게는 내가 손수 작성한 편지와 작은 물건을 선물했다. 나는 이 선물을 고르고 보내는 것을 즐겼는데, 그 선물은 해당 직원이 속한 매장 내 모든 직원들이 볼 수 있도록 배달되었다. 이렇게 함으로써 이 직원의 우수한 실적은 같은 매장 내 다른 동료들도 알게된다. 이러한 선물을 보게 됨으로써 다른 직원들은 다음달에는 자신이 인정을 받기 위해 실적을 끌어올리겠다고 자극을 받게 된다. 우수 직원들에게 전달되는 선물 가운데는 대형 팝콘 캔처럼 소모되거나 혹은 동료들과 함께 나눌 수 있는 것도 있지만 그보다는 영원히 간직할 수 있는 개인적인 기념품 같은 것이 많다. 시계나 열쇠고리등의 기념품은 친구나 주변 사람들이 그것에 대해 질문했을 때 자신의 성과에 대해 자랑할 수 있는 기회가 되기도 한다.

직원들과 효율적인 관계를 가질수록 어떻게 그들의 실적을 인정하는 것이 당신이 원하는 행동을 이끌어낼 수 있는지 알게 될 것이

다. 한 번은 내가 어떤 우체부한테 받은 아름다운 서비스에 대해 우체국에 감사 편지를 쓴 적이 있다. 다음 번에 그를 만났을 때 그는 나에게 너무 감사하다고 말하면서 울먹였다. 만일 무엇인가 근사한 얘기를 할 것이 있다면 왜 말하지 않는가? 그저 등을 한 차례 두드려 주는 것만으로는 당신의 뜻이 충분히 전달되지 않을 수 있다. 보다 구체적일 필요가 있다. 이를테면, 어떤 직원에 대해 고객으로부터 칭찬하는 코멘트가 담긴 카드가 온다면 그것을 해당 직원에게 당신이 손수 작성한 감사의 편지와 함께 직접 보내라. 그것은 해당 직원이 속한 매장의 게시판에 자랑스럽게 걸릴 것이다. 사실 이것은 내가 좋아하는 방법이기도 하지만, 이를 통해 매우 긍정적인 효과가 있었다. 물론, 고객들의 코멘트가 부정적이었을 때에도 우리는 후속 조치를 취했다.

훌륭한 교사는 학생들에게 긍정적인 동기부여를 하면 바람직한 행동들이 많이 늘어난다는 것을 잘 알고 있다. 이는 훌륭한 기업가나 경영자들도 마찬가지이다. 당신이 매우 총명한 어린이가 아닌 이상, 당신은 선생님이 과학적으로 입증된 동기부여 방법을 이용해 당신을 칭찬했다는 것을 깨닫지 못했을 것이다. 하지만 그 효과가 강력했다는 것은 느낄 수 있었을 것이다.

사업에 있어서도, 긍정적인 동기부여 방법을 진지하게 사용할 경우 효과가 있다는 것이 입증되고 있다. 직원들의 훌륭한 실적을 인정해 주는 것은 그들의 태도를 고양시켜 주고 효율성을 증대시켜 준다. 효율적이 되기 위해서는, 긍정적인 동기 부여의 시기가 적절해야 하며 당신이 이끌어내려는 행동에 대해 구체적이어야 한다. 단지 누군 가에게 "잘하고 있어"라고 말하는 것은 그가 일을 잘하고 있다는 것을 충분히 전달하지 못한다. 보다 중요한 것은 당신이 직원들의 실적에 세심하게 신경 쓰는 것이 효과적으로 전달되지 않는다는 것이다. 막연하고 복잡한 칭찬은 동기부여의 힘을 잃고 진심이 결여된 것으로 간주되기 시작한다. 대신 "화가 난 고객에게 대처한 당신의 방식은 훌륭했다"라고 말하는 것은 구체적인 행동을 인정하는 것이자 그 직원의 강점을 더욱 강화시키도록 동기를 부여하는 것이다. 동기부여의 시기 역시 중요하다. 만일 당신이 너무 뜸을 들여서 누군가를 인정하지 못한다면, 당신이 고무시키려고 했던 그 행동은 더 이상 일어나지 않을 수도 있다.

개인적인 감사 표시의 힘을 과소평가 하지 말라. 타이프 처리된 편지도 괜찮겠지만 손으로 직접 쓴 것이 더 좋다. 또 타이프 처리된 편지라고 해도 그 밑에 손수 쓴 몇 마디 말을 덧붙임으로써 그것을 받는 사람에게 당신의 관심을 전달할 수 있다. 나는 이러한 기술이 얼마나 쉽고 또 효율적인지를 알고 매우 놀랐다. 아울러 이러한 방법이 좀처럼 사용되지 않는다는 점에도 놀랐다. 하지만 위대한 사업가가 썼거나 혹은 그들에 대해 쓴 책들은 손수 쓴 편지에 대한 얘기들을 계속 늘어놓고 있다.

돈이 동기부여의 요인이 될 수 있는가? 경영진들을 대상으로 한 리서치 결과에 따르면 답은 "가끔씩"이다. 그것은 돈의 액수와 주변 상황 그리고 그것을 받는 사람이 돈에 대해 어떤 가치를 부여하는가에 달려 있다. 금전적인 보너스는 그것이 적절한 것과 연결되었을 때 "보상"의 역할을 할 수 있다. 급여 자체가 항상 강력한 동기부여 요인이 되는 것은 아니다.

프레드릭 헬츠버그 박사는 1968년 〈하버드 비즈니스 리뷰 Harvard business review〉에 게재한 글에서 이 문제를 다루었다. 그에 따르면, 급여가 적당할 경우 급여는 깨끗한 화장실보다도 동기부여 요인이 되지 못한다. 이로 인해 헬츠버그는 돈을 단순한 "위생"(hygiene) 요인이라고 주장했다. 하지만 직원들이 급여가 적절하다고 생각하지 않을 경우에는, 돈은 "불만족"의 이유가 된다.

"경쟁" 역시 상당한 동기부여 요인이 될 수 있다. 일등이 된다는 것은 큰 의미가 있고 승리의 기분을 가진 사람들은 좋은 결과를 낳는다. 내가 매우 즐겁게 기억하는 것 가운데 하나는 우리의 한 매니저가 보너스를 받고 보인 반응이었다. 그는 보너스를 받자마자 이렇게 물었다 "내가 제일 많이 받은 건가요?" 일부 보스들은 그를 꽤 무례하다고 생각했을지도 모른다. 나는 그가 승자라고 생각했다. 우리는 스스로에게 이렇게 물었다. "그가 과연 보너스로 1만 달러를 받는 것과 1천 달러지만 회사에서 가장 많이 받는 것 중 어떤 것을 좋아할까?"

마음에서 우러나온 칭찬의 말을 건네는 것은 매우 강력한 동기부여가 될 수 있다. 반대로 호되게 비판하는 말은 듣는 이의 가슴에서 쉽게 잊혀지지 않는다. 일부 매니저들은 직원들을 통제하기 위해 칭찬에 최대한 인색해야 한다고 생각한다. 심지어 직원들의 실적을 높이는 방법은 오직 그들의 엉덩이를 걷어차는 것밖에는 없다고 생각하는 매니저들도 있다. 이처럼 그릇되고 시대에 뒤떨어진 방법은 일시적으로는 효과가 있을지 모르지만 장기적으로는 그렇지 못하다.

당신 스스로에게 물어 보라. 절대로 당신의 잘한 점은 칭찬하지 않으면서 잘못한 점만 찾아내 트집을 잡는 상사로 인해 얼마나 동기부여를 받았는지. 그런데 안타깝게도 이런 유형의 상사들은 너무 흔하다. 만일 지금 당신이 한 사람의 기업가라면, 아마도 당신을 기업가가 되도록 마음 먹게 만든 것은 그러한 상사일 가능성이 있다.

좋은 선생님은 이런 것을 알고 있다. 좋은 부모도 이것을 알고 있고 좋은 경영자들이나 훌륭한 판매 조직도 역시 마찬가지이다. 메리 케이 애쉬(Mary Kay Ash)와 어윙 카우프만(Ewing Kauffman)에 대해 공부하고 그들이 인정하고 있는 성공이나 조직에 대해서도 공부하라. 당신이 독창적일 필요는 없다.

다이아몬드 캐기

◆ 인정해 주는 것은 행동하도록 동기부여를 하는 것이다. 훌륭한 일에 대해서는 말로, 물질로 그리고 상징적인 "인정"을 함께 해라.
◆ 이런 "인정"은 구체적일 필요가 있다.
◆ 잊지 말고 개인적으로 감동을 주어라. 당신이 직접 손으로 쓴 편지 한 통이 강력한 동기부여가 될 수 있다.
◆ 경쟁을 촉진시켜라. 그리고 보상할 만한 성과들을 찾아라.

49 성취도가 높은 직원을 격려하기

목표는 높게 설정하라. 독수리의 깃털을 맞추는 것이 스컹크의 털
을 맞추는 것보다 어려운 것은 아니다. – 트로이 무어(Troy Moore)
기적을 믿지 않는다면 당신은 현실주의자가 아니다. – 데이비드
벤-구리온(David Ben-Gurion, 1886~1973), 이스라엘 초대 총리

목표 설정과 관련해 로저 배니스터(Roger Bannister)의 이야기는
이미 하나의 고전이 되었다. 1마일을 4분 안에 주파하는 것은 그 전
까지 인간의 육체로는 불가능한 것으로 인식되었다. 아무도 그러한
규칙을 만든 적은 없지만, 인간은 그 장벽을 깨뜨릴 수 있는 신체적
능력이 없다는 게 일반적인 생각이었다. 하지만 아주 예외적인 육상
선수였던 배니스터는 자신의 눈을 그 목표에 두고 결국 그것을 달성
했다. 배니스터가 기적을 연출한 1년 뒤에는 무려 37명의 다른 육상
선수들이 그 기록을 달성했다.

목표가 달라진 만큼 성과도 달라졌다. 높은 성취도를 가진 단 한
사람이 수천 명의 젊은 육상선수들에게 그것이 가능하다는 것을 일
깨워 준 것이다.

어느 날 텍사스 주 휴스턴에 있는 그린스포인트 몰의 우리 매장
매니저는 5년 안에 매장 당 매출을 배로 늘리는 나의 목표가 현실적

이냐고 이의를 제기했다. 나는 그에게 "나는 절대로 현실적이 아니며 현실적이 되는 것은 나의 일이 아니다"라고 말해 주었다(그리고 우리는 5년보다 더 걸리기는 했지만 매출 두 배를 달성했다).

세상은 계속해서 변하기 때문에 오늘 하는 일이 내일이 되면 충분하지 못한 경우가 얼마든지 있다. 도요타 자동차는 그것을 "지속적 개선"(continuous improvement)이라고 불렀다. 가끔씩은 어떤 성취도 높은 사람이 기존의 신화를 밀어내면서 사람들의 능력을 넘어서는 기준을 설정할 것이다. 당신에게 닥치는 시련의 대부분을 해결해 주는 것은 바로 사람이다.

스포츠 시합에서 두 팀 모두 어떤 것이 골로 인정되는지를 모르는 경우가 있다고 가정해 보자. 아마도 매우 우스꽝스러운 상황이 연출될 것이다. 시합에 참가한 양팀 선수들은 그저 목적 없이 운동장을 어슬렁거릴 것이다. 아무도 득점을 할 수 없으니 그 게임의 결과를 판단할 수도 없고 선수들은 아무런 성취감을 느끼지 못할 것이다.

사업에서도 마찬가지다. 분명한 실적 기준을 설정하는 것은 직원들에게 목표가 무엇인지를 일깨워 준다. 또한 그 기준은 실적을 평가할 수 있게 해주며 우리가 지금까지 얼마나 왔고 앞으로 목적지까지 얼마를 더 가야 하는지를 말해 준다.

이것은 사업의 성공을 위해 필수적인 요인이다. 헬츠버그 다이아몬드에서 우리는 실적 평가 기준에 대해 많은 생각을 했다. 우리는 높은 실적 기준이 긍정적인 방법으로 사용되면 높은 성취도를 가진 직원들의 능력을 더욱 끌어올리는 동기부여 요인으로 작용한다는 것을 발견했다. 한때 우리의 점포당 평균 매출 목표는 1백만 달러였다. 우리가 목표를 달성했을 때, 그 목표치는 150만 달러가 되었고 또 2백만 달러가 되었다. 이것은 전혀 비밀이 아니었다. 우리는 그것에 대해 끊임없이 커뮤니케이션을 했다. 우리는 경쟁업체들의 평균 매출을 주시하는 것을 그만두고 매년 우리 자신의 수치만을 가지고 경쟁했다.

그렇다면 당신은 적절한 기준을 이용하고 있는가? 만일 당신 회사가 스스로를 업계 전체와만 비교하고 더 이상의 노력을 기울이지 않는다면, 침체가 찾아올 것이다. 대신 회사가 업계에서 뛰어난 성과를 거두더라도 자체적으로 다음 목표를 정하고 도전 과제를 만들어 간다면 회사는 계속해서 자극을 받을 수 있다.

이것은 "최소의 만족"과 "최대의 성공"이라는 원칙에 대한 설명이다. 현재의 실적이 어떻든 간에 훌륭한 매니저들의 자세는 "우리는 이제 막 시작했다"는 것이다. 당신의 여행은 절대로 끝나지 않는다. 당신 스스로의 기준을 정하라. 당신의 개인 경력이나 회사 역사에서 유일무이한 수준의 성공을 만들어라.

개개인의 판매 기록은 본사 여행이나 파티 등 여러 가지 다양한 방법으로 보상을 해주었다. 이제 한 개인에 의한 1백만 달러의 매출도 달성되었다. 우리는 높은 성취도를 기록한 사람들에게 계속 동기부여를 하기 위해 즐거운 마음으로 보상을 했다. 그들은 회사 전체를 위한 기준을 세운 것이다.

대부분의 영업 경쟁은 소수만이 위에 서게 되는 피라미드 구조를 갖고 있다. 경쟁에 뛰어든 사람들 가운데 대부분은 이미 그들이 승리하기가 쉽지 않다는 것을 안다. 따라서 많은 승자들을 만들어내는 것이 중요하다. IBM의 경우, 직원들이 승리할 수 있는 확률이 높은 경쟁을 벌인다. 그들은 다른 영업 직원들과 경쟁하는 대신, 모든 영업 직원들이 각각의 목표를 갖는다(왜냐하면 서로 다른 영역과 서비스 기간, 고객들을 갖고 있기 때문이다). 각자의 목표를 달성하거나 초과하는 것은 직원들 대부분을 승자로 만들어 준다. 그리고 IBM은 그들에게 보상을 한다. 한편, 숫자가 모든 것을 해결해 주지 않는 분야에서는 기준을 설정하는 것이 보다 복잡할 것이다. 일부 분야에서는 판단에 근거가 되는 주관적인 요인들이 요구될 수도 있다.

훌륭한 실적을 올린 직원들은 보상 받기를 원한다. 하지만 어떤 동냥을 바라는 것이 아니다. 만일 보상이 업적과 상관없이 무작위적으로 주어진다면 그들은 화를 낼 것이다. 각 직원에게는 금전적인 보너스나 갈채, 상 등을 받을 수 있는 기회가 주어져야 한다. 거기에 적용되는 기준은 공정해야 하고 모든 이들에게 평등하게 적용되어야 한다. 그래야만 보상이 의미가 있다.

이곳의 제목이 "성취도가 높은 직원들을 격려하기"임을 명심하라. 당신은 사람들에게서 무엇을 빼낼 것인가가 아닌 무엇을 남겨야 하는지에 집중해야 한다. 이런 테크닉이 동기부여가 되지 않는 사람들에게 동기부여가 되도록 만들지는 않을 것이다. 모든 사람들이 높은 기준에 의해 자극을 받는 것은 아니다. 어떤 사람들은 최소한의 일만 한 채 버티려고 할 것이다. 당신이 그들을 바꿀 수는 없다. 그러므로 성취도가 높은 이들에게 초점을 맞추어야 한다. 그들은 당신의 회사를 성공으로 이끌 사람들이다.

다이아몬드 캐기

◆ 높지만 달성 가능한 기준을 설정하라.
◆ 승자들을 축하해라.
◆ 승자들이 승리하도록 자극하는 다양한 방법을 설계하라.
◆ 직원들 가운데 많은 사람이 승자가 되어야 한다. 따라서 그에 알맞은 보상 시스템을 만들어라.

아이디어
50 야영지를 찾았을 때보다 그곳을 떠날 때 더 깨끗하게 하라

내가 열두 살 되던 해, 위스콘신에 위치한 한 캠프에 참가한 적이 있다. 나는 그곳에서 우리의 소중한 캠프 디렉터 "먹스" 로버로부터 "항상 야영지를 찾았을 때보다 떠날 때 더 깨끗하게 해놓아라"라고 배웠다. 우리는 그의 말을 캠프가 끝났을 때의 야영지에 대한 이야기일 것이라고 생각하고 세심하게 쓰레기를 치우고 캠프파이어를 정리하는 등 그 야영지를 다음 야영객들이 이용하기 좋게 만들었다. 그리고 몇 년 뒤, 나는 그의 이야기에 더 심오한 뜻이 있었음을 깨달았다. 그는 우리가 살면서 접하는 모든 것들은 우리가 그것을 떠날 때 더 좋은 상태가 되어야 한다고 말했던 것이다.

이러한 법칙이 적용되지 않는 곳을 찾기란 힘들다. 이것은 당신이 하는 모든 일에 적용된다. 그리고 결국에는 어떤 것을 처음 발견했을 때보다 그것을 더 나은 것으로 만들었다는 만족감을 얻게 된다.

어떤 점에서 워렌 버핏은 기업 활동은 상세한 분석을 위해 공개될 수 있으며 또 자랑할 만한 그 무엇이라는 것을 입증함으로써 미국 내 기업들을 위한 본보기를 만들었다고 할 수 있다. 버크셔의 야영지나 그가 일정 지분 이상을 보유한 회사들의 야영지가 그 예이다. 많지 않은 그의 연봉이나 전혀 받은 적이 없는 스톡옵션, 회사가 스톡 옵션을 비용처리 해야 한다는 그의 주장 그리고 주주들이 회사의 기부금을 자선단체들에 보낼 수 있도록 허용하는 그의 독특한 계획 등을 감안하면 버핏의 행동은 분명 다른 사람들의 본보기가 된다. 회사는 기부금 예산을 마련하고 각각의 주주들이 어떤 단체에 기부금을 전달할지를 결정한다. 그의 이러한 처신은 다른 CEO들에게서 보다 책임감 있는 행동을 이끌어내고 주주들의 기대감을 높이는 데 도움이 된다.

당신의 사업이나 인생에 있어 야영지를 보다 좋게 만들 수 있는 기회는 수없이 많다. 그런 기회에는 분명 직원들의 복지 혜택을 개선시키고 그들을 단지 어떻게 하면 급여를 조금 줄 수 있을지 고심하는 대상이 아닌 회사의 자산으로 간주하는 것 등이 포함된다. 직원들이 다른 사람들보다 더 나은 대우를 받고 있음을 입증해 주는 것에는 비금전적인 보상도 포함된다.

회사가 처음 세워졌을 때보다 더 좋게 만들고 회사를 떠나는 것은 회사의 시스템이 보다 원활하게 작동하도록 도움을 준다. 또 그로 인해 많은 일자리가 만들어질 수 있고 회사도 더 많은 이익을 내며 성장할 수 있다. 이것은 욕심을 채우는 것 이상의 일이다. 그것은 미국이라는 나라를 세워 가는 데 도움이 된다. 나아가서 당신이 한 세대를 도움으로써 다음 세대는 그것이 교육이든, 수입이든, 아니면 단순한 인생의 즐거움이든 간에 사다리의 보다 높은 곳에서 출발하게 되는 것을 의미한다.

고맙습니다, 먹스. 나에게 있어 평생의 길잡이가 될 위대한 영감을 주어서.

다이아몬드 캐기

◆ 항상 야영지를 당신이 처음 찾았을 때보다 더 좋게 만들고 떠나라.

◆ 매년, 매달, 그리고 매일이 새로운 기회이다.

◆ 당신이 한 세대를 도움으로써 당신은 앞으로 태어날 세대들과 그들의 후손을 함께 돕는 것이다.

성공

자주 그리고 많이 웃는 것
지식인들의 존경을 얻고 어린이들의 사랑을 받는 것
솔직한 비판을 받고 친구의 배신을 견디는 것
다른 사람들에게서 좋은 점을 발견하는 것
세상을 보다 나은 곳으로 만드는 것
사람들이 보다 나은 사회 여건에서 살 수 있도록 돕는 것
당신이 존재함으로써 다른 누군가가 더 쉽게 살 수 있음을 아는 것
이것이 성공이다.

– 랄프 왈도 에머슨(Ralph Waldo Emerson, 1803~1882), 작가 겸 시인 · 철학가

아이디어

51 주인의식

일이란 사랑을 우리 눈에 보이도록 만드는 것이다.
– 칼릴 지브란의 《예언자 The Prophet》 중에서

나의 형 찰스가 스물세 살쯤 되었을 때, 아버지는 그에게 시계를 판매하도록 했다. 하지만 찰스는 자신이 너무 어리고 경험이 없어서 그런 일을 맡을 수 없다고 생각했고 아버지에게도 충분히 그런 의사 표시를 했다. 아버지는 찰스의 말에 눈 하나 깜짝 하지 않고 "만일 네가 지금 이것을 하지 않으면 5년 뒤에도 너는 여전히 어리고 경험이 없을 것이다"라고 말했다. 또한 찰스에게 자신이 적절하다고 생각하는 일을 기다리지 말고 당장 함으로써 주인의식과 책임감을 가져야 한다고 말했다. 결국 형은 그 시계들을 자신만의 방법으로 판매했고 좋은 성과를 거두었다. 그리고 그런 경험을 함으로써 망설임 없이 새로운 책임감을 받아들이는 길을 마련했다.

나는 아버지의 많은 행동들을 다른 성공한 사람들에게서도 발견했지만 지금 설명하고 있는 것만은 예외였다. 누군가 어떤 아이디어를 갖고 있는데 그 아이디어를 이행해야 하는 사람이 그것과 다른 생각을 갖고 있는 상황이라면 어떻게 해야 하는가에 대한 아버지의 생각은 상당히 특이했다. 그는 언제나 당신의 아이디어가 조금 더 낫다

232

고 생각되더라도 다른 사람들이 그들의 방법대로 하게 놔두라고 말했다.

이것은 당신의 동료들에 의해 진행되는 프로젝트의 주인의식 개념을 사업상 해결책을 찾는 과정에 적용하는 것과 관련된 이야기다. 아버지는 아이디어 자체보다 그것을 이행하는 것이 훨씬 중요하다는 것을 알고 있었고 그래서 다른 사람이 스스로 생각하는 것을 추진하게 함으로써 보다 나은 결과를 얻으려 했던 것이다. 개인이 자신의 아이디어를 도전 과제에 적용시킨다면 동기부여와 실행이 훨씬 더 좋은 결과를 낳는 경향이 있다. 이같은 주인의식의 개념은 직원들 사이에서 불꽃을 일으키고 당신이 기대했던 것보다 나은 결과를 얻을 수 있는 하나의 방법이다. 그리고 그것으로 인해 동료들은 성취의 즐거움이라는 보상을 얻을 것이다. 이것은 많은 기업가들이 가장 터득하기 힘든 것일지도 모른다.

마음에서 나오는 진짜 주인의식은 주변 사람들의 열정과 리더쉽의 능력에 불을 붙일 수 있다. 그것은 앞으로 리더가 될 만한 사람이 누구인지를 당신에게 가르쳐 줄 것이다. 이러한 컨셉은 한 마디로 "나는 당신을 믿는다"이다.

주인의식은 성공의 열쇠다. 한번 시도해 보라. 그것을 한 번 시도하는 데 20년의 시간이 걸리는 것도 아니니 말이다.

◆ 주인의식을 갖게 하여 실적 향상을 도모하라.
◆ 그들의 방법대로 하게 하라.

누군가 어떤 일을 하기로 결정했으면 반드시 끝까지 가야 한다. 하지만 그
사람은 반드시 한 일에 대해 책임을 져야 한다. 그는 왜 자신이 그것을 하고
있는지를 알고 있어야 하며 또한 후회나 의심 없이 그 일을 추진해야 한다.

— 카를로스 카스타네다(Carlos Castaneda, 1925~1998), 작가

아이디어

52 겸손과 오만에 대해

> 다른 사람들의 관심을 끌고 싶어하는 사람은 자기 자신을 발견하지 못한다. - 라브 슬로모 올베(Rav Shlomo Wolbe), 이스라엘의 유대교 지도자
>
> 거만한 사람은 자신이 나온 신문기사 갯수를 세지만 겸손한 사람은 자신이 받은 축복들을 떠올린다. - 비숍 풀턴 J. 쉰(Bishop Fulton J. Sheen, 1895~1979), 작가 겸 연설가

과거에 어떤 이들은 내게 겸손하다고 말했다. 그런 얘기를 들을 때마다 나는 항상 윈스턴 처칠이 클레멘트 애틀리*(Clement Attlee, 영국의 정치가, 노동당 당수를 지냄)의 성격에 대해 한 얘기가 떠오른다. 처칠은 이렇게 말했다. "그는 겸손한 사람이고 앞으로도 더 겸손해질 수 있는 사람이다."

당신보다 다른 사람을 무대의 주인공으로 만드는 것은 굉장히 중요하다. 여기에는 가끔씩 당신이 그들을 당신의 사무실로 부르는 대신 그들의 사무실로 가는 것과 같은 아주 사소한 것도 포함된다. 또한 여기에는 당신이 사무실에 그들과 함께 있을 때 정말 중요한 전화가 아니라면 받지 않는 것도 포함된다(만일 당신이 전화를 받는다면 그것은 당신은 중요한 사람이고 당신의 직원은 중요한 사람이 아님을 의미하며 또 당신은 원한다면 그들의 시간을 빼앗을 수 있음을 의미한다). 또한 당신이 사회에서

만난 친구들을 대하는 예의바름이나 공손함도 포함된다.

당신이 자존심을 비움으로써 얻을 수 있는 이익은 사실상 끝이 없다. 그것은 다른 이들을 발전하도록 돕는 것이 얼마나 짜릿한가를 알수 있게 해준다. 우리 회사에서 일어난 좋은 일들이 나로 인한 것이라는 데 확신이 없을 정도로 나는 운이 좋았다. 나는 그런 일들이 왜 일어났는지를 현실적으로 생각했고 내가 공헌한 것은 훌륭한 팀원들을 선발해서 분명하고 단순한 방향을 설정해 준 것과 그들에게 방해가 되지 않도록 비켜서 있었던 것, 그리고 아주 특별한 행운을 가진 것뿐이었다고 느꼈다.

헬츠버그 다이아몬드가 그 동안 이루어 놓은 것을 솔직하고 정확하게 평가한다면 그러한 점이 분명해질 것이다. 우리의 성공은 매니저들과 직원들 때문이었다. 나는 운이 좋게도 약간의 자신감이나 오만함도 가질 수 없었다. 왜냐하면 헬츠버그 다이아몬드의 성공 가운데 대부분의 경우 내가 별다른 도움이 되지 못했다는 것을 깨달았기 때문이다. 따라서 나의 "겸손함"은 단지 솔직한 깨달음일 뿐이다.

당신이 압박이란 말을 믿기 시작한 날부터 당신의 내리막길이 시작될 것이다. 자존심이란 당신이 그 스위치를 "꺼짐"으로 해놓았을 때 당신에게 매우 생산적이 되는 것이다. 그것은 당신 주위에 있는 사람들의 시간을 엄청나게 절약해 줄 뿐 아니라 그들로부터 매우 높은 생산성을 창출해내기도 한다.

오만함은 비생산적이다. 오만한 사람은 좀처럼 다른 사람의 말을 듣거나 배우려 하지 않기 때문이다. 오만한 사람들은 자신이 함께 일하는 사람들과 실질적인 커뮤니케이션 단절 상태를 만듦으로써 동료들의 기분을 크게 해치기도 한다.

우리들 대부분은 세상에 대해 매우 작은 부분만 알고 있다. 그리고 우리가 세상의 작은 부분에 대해 아무리 깊이 안다고 해도 오만해져서는 안 된다. 성공을 이루어 갈수록 이것을 명심해야 한다. 그리고 당신이 저지른 바보 같은 짓에도 불구하고 주변 사람들의 현명한 행동과 약간의 행운 덕분에 성공했을 수도 있다는 것을 알아야 한다.

다이아몬드 캐기

◆ 오만은 비생산적이다. 그것을 피하라.
◆ 나는 우리의 성공이 훌륭한 직원들과 함께 일하는 것 외에도 다음과 같이 내가 통제할 수 없는 요인들에 좌우된다는 것을 깨달았다.
  - 우호적인 경제 여건
  - 경쟁 업체들의 심각한 실수나 재정적 문제들
  - 보석류 구매 연령대의 인구 증가
  - 단순한 행운

아이디어

53 나쁜 뉴스가 좋은 뉴스일 때

우리는 쫓겨난 사람들이다. − B.C. 헬츠버그

어떤 문제든 당신이 최선을 다해야 하는 기회이다. − 듀크 엘

링턴(Duke Ellington, 1899~1974), 작곡가 겸 재즈 피아노 연주가

1965년 우리는 K마트로부터 결별 통지를 받았다. 그 통보는 우리가 더 이상 K마트 내에서 보석 판매를 할 수 없음을 의미했다. 처음에 우리는 몹시 화가 났다. 그날 가만히 않아서 생각해 보니 우리의 미래는 쇼핑센터들과 장기 임대 계약을 맺는 것에 달려 있다는 것을 깨달았다.

사실 K마트는 우리가 영업을 정리하는 데 계약서에 적힌 것보다 더 많은 시간을 주었다. 우리가 12월의 임대료를 경감해 달라고 했을 때에도 그들은 그럴 의무가 없었음에도 불구하고 그렇게 해주었다. 나는 당시 어려운 시기에 그러한 조치를 취해 준 그들에 대해 고마움을 잊지 못하고 있다.

우리는 24곳의 K마트 내 가게들을 철수시켰고 다른 헬츠버그 가게 15개 가운데 14개를 폐쇄시켰다. 그리고 가능하면 그것들을 쇼핑몰들로 이전했다. 우리는 39개 가운데 38개의 가게를 이전하거나 폐쇄시킴으로써 회사를 재발견하는 즐거움을 가질 수 있었다. 그러한 통보를 해준 K마트에게 감사한다. 그것은 어려움을 겪던 회사를 성공적인 회사로 변화시키는 출발점이었다.

무슨 일이 일어나든, 왜 당신이 그러한 신세로 몰렸는지를 파악하고 그것을 긍정적인 관점에서 생각하라. 그리고 나서는 전진해라.

이 접근법은 나쁜 뉴스를 좋은 뉴스로 만들어 준다. 나는 가끔 스스로에게 이렇게 말한다. "신이시여, 고맙습니다. 내게 당뇨병을 갖게 해주셔서. 나는 500파운드 이상의 몸무게를 가질 수 없고 반드시 건강한 체형을 유지해야 합니다."

다이아몬드 캐기

◆ 나쁜 뉴스는 좋은 뉴스이다. 어떻게? 그렇게 된 까닭을 이해하라. 그리고 앞으로 나아가라.

아이디어

54 기대치

> 당신의 지도자는 당신에게 그가 무엇을 기대하는지 말할 수 있다.
> 반면 당신의 스승은 당신 자신의 기대치가 무엇인지를 깨닫게 해
> 준다.
> — 패트리샤 닐(Patricia Neal), 영화배우

나는 담당 매니저를 불러서 한 여성 판매직원의 매출 실적을 놓고 함께 즐거워한 적이 있다. 나는 "대체 어떻게 된 거죠?"라고 물었다. 왜냐하면 그 여성 직원은 여기에서 몇 달째 평균 이하의 실적을 거둔 적이 있었기 때문이다. 그는 이렇게 대답했다. "그녀에게 우리가 지급하는 급여를 맞추기 위해서는 최소한 시간당 평균 60달러 이상은 팔아야 한다고 말했습니다."

당시 나는 이런 방식으로 우리 영업사원들이 그들이 급여를 받을 수 있는 최소한의 시간당 매출을 알게 된다는 것에 다소 놀랐다. 하지만 나는 그 매니저가 자신의 업무를 제대로 이행했다는 것에 만족했다.

나는 이따금씩 만일 모든 이해 당사자들이 갖고 있는 기대치를 서로 논의한다면 이 세상의 문제 가운데 몇 퍼센트가 사라질지에 대해 생각하곤 한다. 그것은 재앙과 같은 일이 시작되기 전에 잠재적인 위

험 상황을 방지할 수 있고 그런 점에서 이것은 내가 가장 좋아하는 말이 되었다. 하지만 우리는 좀처럼 우리가 함께 일하는 사람들과 기대치를 비교하지 않는다.

1차 면접에서 지원자의 기대치를 묻고 그 사람에게 회사가 갖고 있는 기대치를 밝혀 주는 것은 나중에 갈등의 씨앗이 될 수 있는 많은 것을 방지할 수 있다. 가끔씩은 잘못된 사람을 고용하는 것도 막아 주고 또 때로는 회사가 그들이 원하는 장소가 아님을 보여 주기도 한다.

면접에 앞서 스스로를 위해 그 기대치들을 적어 보는 것은 매우 유익할 수 있다. 이렇게 함으로써 그 기대치들에 대한 당신의 생각을 보다 완벽하게 만들 수 있다. 아울러 변화는 항상 일어나고 그 기대치도 가끔씩 변할 수 있다는 것을 면접 도중 반드시 밝혀야 한다. 그래야만 당신은 "내가 고용되었을 때 그것은 내 일이 아니었다"라는 말을 듣지 않을 것이다. 그리고 절대로 그 일에 대해 꾸밈 없이 사실을 전달하라.

마찬가지로 중요한 것은, 당신이 면접을 보는 이들의 기대치를 귀담아 듣는 것이다. 만일 당신의 안테나가 제대로 작동한다면 그들이 가지고 있는 기대치보다 많은 것을 얻어낼 수 있을 것이다. 남의 말을 열심히 듣는 것은 의사 결정에서 매우 중요하다.

그리고 그들이 고용되었을 때 서로가 면접 때 밝혔던 기대치를 적어서 직원 파일에 붙여 놓는 방법도 고려해 볼 만하다. 그것은 기대치가 바뀌는 경우를 포함해 특정 시기에 도움이 될 수 있다.

"기대치"란 단어를 당신의 단어장에 그리고 비망록에 포함시켜라. 그 효과는 매우 긍정적일 것이다.

다이아몬드 캐기

◆ 당신의 기대치를 다른 사람들과 자세히 논의하라.

◆ 당신의 직원이 될 수 있는 사람들의 기대치를 이해하라.

◆ 당신의 기대치를 분명하게 밝힘으로써 나중에 놀랄 수 있는 일을 사전에 방지하라.

---

55 의도하지 않은 결과

> 우리가 기대하는 일은 잘 일어나지 않는다. 주로 일어나는
> 일은 우리가 기대하지 않았던 것이다. - 벤저민 디즈레일리
> (Benjamin Disraeli, 1804~1881), 소설가 겸 전 영국 총리

훌륭한 위기관리의 대표적인 예는 시카고에서 일어났던 타이레놀 독극물 사건이다. 당시 한 가게 선반에 있던 타이레놀에 독극물이 들어 있었고 그 약을 복용한 사람들이 죽어 나갔다. 이에 타이레놀을 판매했던 존슨앤존슨은 미국 전역의 매장에 진열된 타이레놀을 모두 수거했다.

그 사건이 벌어진 시카고에서뿐만 아니라 미국 전역에서 타이레놀을 수거했다는 점에서 분명, 존슨앤존슨의 경영진은 의도하지 않은 결과까지 고려한 것이었다. 그들은 가해자들이나 다른 모방범들이 다른 지역에서도 같은 일을 벌일 수 있다는 점을 인지한 것이다. 그들은 처음부터 올바른 결정을 내림으로써 하나의 유명 브랜드를 살려냈다. 이후 타이레놀은 조작이 불가능한 형태로 다시 시장에 출시되었다.

그 사건은 제품 생산 라인에 패키징 비용을 추가시켰다는 점에서 의도하지 않은 결과를 낳았다. 그 제품은 모두 조작이 불가능한 형태

로 바뀌었고 대부분의 경우 비용이 증가했다.

우리는 헬츠버그 다이아몬드의 미래는 전적으로 다이아몬드에 달려 있으며 따라서 비보석류 라인을 정리해야 한다는 결론을 내렸다. 우리는 비교적 짧은 시간 안에 도자기류나 크리스탈, 기타 제품을 단계적으로 철수시켰다. 그것은 매니저들의 보너스와 관련된 것이었기 때문에 우리는 전체 매출은 줄어들지 모르지만 그들의 보너스와 연관되어 있는 이익 자체는 늘어날 것이라고 설명했다.

그런데 우리가 틀렸다. 매출과 이익이 모두 늘어난 것이다. "적을수록 낫다"라는 말이 딱 들어맞은 것이다. 비보석류 제품을 제거함으로써 얻어진 뜻하지 않은 결과는 매출이 늘어난 것과 우리가 더 나은 미래를 향한 길에 올랐다는 것이었다.

아주 오래 전 이야기인데, 평소에 직원들에게 잔혹하기로 유명한 한 경영자가 해고당한 사건이 떠오른다. 상당히 오랜 기간 동안 일했던 그 경영자가 해고당하자 직원들의 반응은 "이제 그가 없으니까 행복하게 되었다"가 아니라 "그가 잘렸으니 이제 다른 사람도 언제 해고당할지 모르겠다"였다. 전혀 예상하지 못한 결과였다.

의도하지 않은 결과와 관련된 대부분의 경우는 보통 좋지 않은 이야기들이다. 성공적인 기업가라면 반드시 자신이 계획하고 있는 일이 가져올 의도하지 않은 결과들도 생각해야 한다. 이것은 당신의 제2의 기질이 되어야 한다. 심지어 "임금 인상"과 같은 긍정적인 것에도 "이것보다 더 많을 줄 알았는데"라는 식의 반응이나 혹은 상대적으로 인상률이 적은 직원들이 화를 내는 것 등의 결과를 가져올 수 있다. 당신은 섣불리 어떤 행동에 대해 다른 뜻하지 않은 결과가 없을 것이라고 장담해서는 안 된다.

당신의 방향을 바꾸는 일에서는 의도하지 않은 결과를 생각할 필요가 없을 수도 있다(비록 가끔씩 그런 일이 일어나기는 하지만). 하지만 이제 막 하려는 어떤 행동으로부터 야기될지 모르는 일에 대비하려면 가능하다면 그 행동이 취해지기 전에 해독제를 준비해야 한다. 그래야 의도하지 않은 결과가 일어났을 때 놀라지 않을 것이다. 당신은 "더 이상의 해고는 없을 것이다"라는 것을 알려서 뜻하지 않은 결과로 인한 영향을 무마시킬 수 있을 것이다. 하지만 그러한 일을 하는 데 있어서는 용의주도해야 한다. 그렇지 않으면 그 동안 쌓아 왔던 신용을 모두 잃을 것이다.

다이아몬드 캐기

◆ 당신이 하는 모든 일마다 어떤 의도하지 않은 결과가 나타날 수 있다는 것을 자동적으로 생각해야 한다.

◆ 당신의 지지자들에게 루머나 다른 문제들에 대해 미리 백신을 접종시킴으로써 의도하지 않은 결과를 예방할 수 있다.

◆ 가능하면 미리 손을 쓰는 것이 어떤 일이 일어났을 때 반응하는 것보다 훨씬 낫다.

의사소통
Communicating

56 해답 찾기

> 모든 일에는 항상 해답이 있기 마련이다. — B.C. 헬츠버그 1세
>
> 새로운 아이디어는 세심한 주의가 필요하다. 그것은 비웃음
> 이나 하품 등으로 무시될 수 있다. 그것은 빈정거리는 말이나
> 적당히 짓는 불쾌한 얼굴 표정에 의해 무시될 수 있다.
> — 찰스 브로워(Charles Brower), 배튼 바튼 더스틴 & 오스본 회장

친구인 테드(Ted)는 몇 년 전에 심한 피부질환으로 고생을 했다. 그에게는 어떤 치료도 별 효력이 없었다. 낙담한 그의 담당 내과의 사는 매사추세츠 종합병원에서 매주 열리는 의사들 모임에서 이것을 하나의 사례로 발표했다.

그 그룹의 한 사람은 신장병학자이면서 어린이들의 신장 질환에 전문인 내과의사였다. 그는 테드의 증세에 대한 설명을 듣고 테드에게 특수 비누인 하이비클렌스(Hibiclens)를 시험 삼아 사용해 볼 것을 권했다. 귀찮다는 것을 제외하면 잃을 것이 없는 상황에서 테드는 샤워를 하거나 손을 씻을 때마다 그 비누를 사용하기 시작했다.

그 증상은 처음 그것이 나타났을 때만큼이나 이상하게도 사라지기 시작했다. 몇 년이 지나자 테드는 그 비누를 더 이상 사용하지 않게 되었고 15년 이상이나 고생한 피부질환에서 벗어났다.

테드는 오래 전부터 용하다는 피부과 전문의들을 모두 찾아 다녔다. 그렇지만 해결책은 기대하지 않았던 곳에서 얻어진 셈이다. 테

드는 신장병학자를 찾아갈 생각은 결코 하지 않았을 것이다. 그렇지만 그의 내과의사는 다른 전문가들에게 그를 도울 수 있는 브레인스토밍 해법을 묻는 용기와 지혜를 갖고 있었다.

나는 그룹 내의 누군가가 어떤 시나리오를 전혀 다른 방식으로 보고는 풀기 어려웠던 문제에 대해서 예상치 못한 해법을 제시하는 데 매우 큰 기쁨을 느낀다. 나는 그런 일이 상당히 자주 일어나는 것을 보았는데 어떤 문제든지 다양한 부류의 똑똑한 사람들이 함께 브레인스토밍을 통해서 해결할 수 있다고 확신한다. 아버지는 임원회의 때마다 의제에 "우리 중 한 사람이 알고 있는 것보다 우리 모두가 알고 있는 것이 더 많다"는 모토를 인용했다.

신선한 관점은 심지어 문제를 보는 관점을 바꾸기도 한다. 당신이 엘리베이터를 타기 위해서 얼마나 자주 오랜 시간을 기다리는가를 생각해 보라. 당신의 사무실이 있는 층으로 가는 데 영원이라는 시간이 걸릴 것 같기도 하다. 건물 주인이 선택할 수 있는 해법은 더 많은 엘리베이터를 투입하거나 이미 작동하고 있는 엘리베이터를 더 빨리 움직이게 하는 것인데 이는 아마 비현실적이고, 그렇게 하는 것이 가능하다고 하더라도 많은 비용이 들 것이다. 유명한 저널리스트인 아르노 드 보르슈그라브(Arnaud de Borchgrave)가 말한 "수직적 사고"* (vertical thinking, 상식에 의거한 논리적 사고방식)의 예에 따르면 한 가지 아이디어에는 좀더 단순하고 비용이 저렴한 대안이 포함되어 있다. 만약 엘리베이터를 기다리는 곳에 거울을 갖다 놓는다면 사람들은 기다리는 동안 맵시를 낼 수 있고 시간의 흐름에 대한 인식도 달라질 것이다. 이러한 해법은 인식은 현실이며 목표는 기다리는 시간에 대한 인식을 바꾸는 것이라는 것을 인정하는 것이다.

브레인스토밍이 작동하게 하기 위해서는 모든 사람의 의견을 존중해야 한다. 다른 사람의 말을 귀 기울여 듣지 않는다면 당신은 결코 다른 사람의 생각을 따라잡을 수 없다. 이 경우 브레인스토밍 회의를 갖는 것이 오히려 역효과를 낸다(당신이 이 기술을 명확하게 이용하지 않는다는 사실이 당신을 나쁜 사람으로 만들지는 않는다).

브레인스토밍 그룹의 규모와 관련해서는 매력적인 숫자가 있는 것은 아니다. 신뢰감을 조성하기 위해서 그룹의 크기는 작은 것이 좋다. 당신은 사람들이 대화를 하는 데 있어서 편안함을 느끼기를 원할 것이다. 그래야 공손한 논조로 말할 수 있고, 이것은 사고를 공유하고 빈정거림을 방지하는 데도 도움이 될 것이다. 유머의 힘은 크다. 그러나 사람들이 방어적이 되었을 때 그것은 적당하지 않다.

아, 그리고 당신의 자아는 바깥에 내버려두라. 나는 항상 회의실에서 가장 말을 못하는 사람이고 싶다. 당신이 대답을 하는 사람으로 인식되어서는 안 된다. 다른 사람들이 그들의 좋은 생각을 표현하게 해야 한다. 그것이 당신이 자신보다 똑똑한 사람들을 고용하는 이유 중의 하나이다(그들은 결코 그러한 사실에 동의하지 않겠지만 말이다).

다이아몬드 캐기

◆ 우리 모두가 아는 것은 우리 중의 한 사람이 아는 것보다 많다.

◆ 새로운 관점은 문제에 대한 당신의 인식을 변화시킬 수 있고 보다 창조적인 해법으로 당신을 이끌 수 있다.

◆ 그룹 내에 있는 각 개인들의 의견을 존중하면 더 많은 의견을 공유하게 된다.

아이디어
57 새로운 아이디어와 의사소통을 어떻게 묵살하는가

> 모든 진보는 비이성적인 사람에게서 나온다. 이성적인 사람은 그 자신을 세상에 맞춘다. 비이성적인 사람은 세상을 그에게 맞추기 위해 끝까지 고집한다. – 조지 버나드 쇼(George Bernard Shaw, 1856~1950), 극작가·1925년 노벨상 수상자

회의를 반복하다 보면 많은 내용들이 비생산적인 것으로 판명된다. 때로는 회사가 쌓아 온 경험들이 제대로 활용되지 않기도 한다. 이따금씩 과거의 경험을 갖고 있는 사람들은 새로운 생각들이 실행에 옮겨지면 아마도 그들의 권위가 어느 정도 떨어질지도 모른다고 느낀다. 처음부터 잘 진행되어 나가는 생각이 얼마나 될 것 같은가? 다행스럽게도 새로운 아이디어를 갖고 있는 사람이 그것을 실행에 옮기고자 할 때 과거의 기억을 갖고 있는 사람들은 그 곳에 있지 않았다. 그들은 "당신은 반드시 실패할 거야"라고 말할지 모른다. 아래의 1,2 항목은 이러한 현상의 훌륭한 사례다.

당신은 당신과 반대되는 생각을 갖고 있는 사람이 건설적이고 건전한 사람이기를 희망한다. 통상적으로 새로운 아이디어를 사장시키기 위해 경구를 사용하는 사람들이 있다. 부정적인 반응 때문에 훌륭한 아이디어를 놓쳐 버리면 당신은 가치 있는 것을 잃을 수도 있다.

회의 참석자들에게 다음의 일곱 사탄을 항상 상기시키면 회의가 건설적이 될 것이다.

1. **그렇지만 우리는 항상 이런 방식으로 해왔다.** 아버지의 제1의 규칙은 만약 당신이 무슨 일인가를 5년 혹은 그 이상 해오고 있다면 당신은 그것을 검토해 보아야 한다는 것이다. 그것은 시대에 뒤진 것일 수 있다.

2. **우리가 그렇게 시도해 보았지만 그것은 제대로 작동하지 않았다.** 타이밍이 잘못된 것은 아닌가? 모든 중요한 요인들은 어떠한가? 아이디어는 잘 실행된 것인가? 만약 새로운 아이디어를 이런 식으로 부정한다면 우리 중 그 누구도 걷는 법을 배울 수 없을 것이다. 아마도 에디슨은 전구 개발을 재빨리 포기했을 것이다. 그는 필라멘트를 위해서 수천 가지의 물질을 시험했다(그는 실패를 통해서 배웠던 것이다).

3. **물론 비용은 줄지만 품질은 어떠한가?** 이것이 뭔가 새로운 것을 시도하는 데 있어서 즉각적인 반응이다. 당신이 새로운 것을 내세웠을 때 품질은 완벽해야 한다.

4. **한 사람 당 절반을 절약하는 것이 무슨 소용이 있겠는가?** 절반은 재빠르게 더할 수 있다. 절약은 실재가 아니다.

5. **그것은 예산에 들어 있지 않다.** 오늘날 빠르게 움직이는 세상에서는 유연성이 핵심이다. 예산 집행 계획을 바꾸고 사업을 시작하라.

6. 물론 그렇지만 언제 내가 시간이 있겠는가? "일을 올바르게 하지 말고 올바른 일을 하라"는 훌륭한 원칙이 있다. 성공으로 가는 핵심은 일의 우선순위다.

7. 이사회나 투자자 같은 사람들은 우리가 결코 그렇게 하도록 내버려두지 않을 것이다. 되풀이 해서 당신의 아이디어를 시도하라. 아이디어를 향상시키고 그 아이디어에 대한 당신의 의사소통 능력도 향상시켜라.

아이디어 58 경청하고 배우기: 왜 침묵이 귀중한 능력인가

> 용기는 일어서서 말할 수 있는 자질이다. 용기는 또한 앉아서 경청하는 자질이기도 하다.
> – 윈스톤 처칠 경(Sir Winston Churchill, 1874~1965), 영국 총리

나는 전화기의 소리제거(mute) 버튼을 귀중하게 여긴다. 그것은 대화에서 나의 말을 막는다. 아니 그것은 내가 누군가의 뒤에 숨어서 말하고 있기 때문이 아니라 소리제거 버튼이 켜 있는 동안에는 내가 말해도 소용이 없다는 것을 알기 때문이다. 이는 나에게 상대방의 말을 귀담아듣도록 만든다. (나는 아직도 계속 말하고 있는 나 자신을 발견하다가 감사하게도 이내 소리제거 버튼이 작동하고 있다는 것을 기억해낸다.)

다른 사람의 말을 경청하는 것은 일종의 훈련으로 결코 쉬운 일이 아니다. 말하고 있을 때 나는 아무것도 배울 수 없다. 다른 사람이 말하는 것을 들을 때에도 항상 배울 수 있는 것은 아니지만 더 좋은 배움의 기회를 가질 수는 있다.

소리제거 버튼의 도움을 받을 경우, 나는 전화상에서 조용히 있기가 훨씬 쉬워진다는 것을 알게 되었다. 그렇지만 아직까지도 서로 눈

을 맞추면서 개인과 개인이 접촉하는 것이 가장 바람직한 회의라고 생각하는 사람 중의 하나다. 전화기의 소리제거 버튼 없이 나는 내 내부의 소리제거 버튼을 개발해야 했다. (어떤 사람들은 내가 소리제거 버튼을 더 활용할 수 있을 것으로 생각하기도 한다.)

시간이 흐르면서 나는 다른 사람들이 말하는 것을 경청하는 동안 내 손을 입에 가져다놓고 있으면 내 내부의 소리제거 버튼이 가장 잘 작동한다는 것을 알게 되었다. 이러한 방식을 통해 나는 말하는 사람이 대화의 중심에 설 수 있도록 할 수 있었고 나는 물러서서 앉은 채 그가 말하는 내용에 대해 배울 수 있었다(스스로를 향한 나의 매우 개인적인 메시지는 바로 "입 닥쳐!"라는 말이었다). 예전에 내 학생 중의 한 명은 실제로 자신의 혀를 함부로 놀리지 못하도록 스스로에게 상기시키기 위해서 다리를 묶어 놓으려고 했다. 나는 소리제거 버튼이 내 몸 속에 외과적으로 이식될 때까지 내 방식을 계속 활용할 것이다. 그것은 내가 다른 사람의 말을 더 잘 경청하는 사람이 되는 데 도움이 되고 있다.

당신 자신을 포함해서 많은 사람들에게 있어서 또 하나의 큰 도전은 대화 도중에 침묵이 발생했을 때 불편해 한다는 것이다. 그들은 조용한 공간을 채워야 한다고 스스로를 다그치고 있음을 느낀다. 그렇지만 그런 생각은 종종 착각이다. 당신 맞은편에 있는 사람은 그 자신이 생각하고 있는 바를 더 잘 표현하고자 침묵하면서 생각하는 것일 수 있다. 혹은 무엇인가를 생각해내고자 애쓰고 있을 수도 있다.

침묵을 채워 버리는 것이 일종의 "구출"(rescuing)일 수도 있지만 당신은 이렇게 함으로써 다른 사람이 말해야 하는 문제에 대해 관심이 부족하다는 것을 시사하게 된다. 뿐만 아니라 당신은 실제로 대화를 중단하고 화제를 돌려 버리게 된다. 만약 당신이 대화에 뛰어들거나 당신 고유의 의제로 대화를 주도하지 않는다면 당신은 다른 사람의 가장 정직한 생각을 알게 되는 이점을 갖게 될 것이다. 대화의 기술이라는 측면에서 침묵은 값을 매길 수 없는 가치가 있다.

여기에는 더 큰 도전도 있다. 다른 사람이 말하는 데 대해서 반박할 생각을 하기보다는 무비판적으로 경청하고 그 사람의 시각이 어쩌면 정확할 수 있다는 사실을 심각하게 검토하라. 그렇게 함으로써 당신은 주어진 주제에 대해서 그 사람이 말해야 하는 모든 것을 들을 수 있는 좋은 기회를 잡게 된다. 그리고 그래야만 오해가 발생할 수 있는 여지도 줄일 수 있다.

- "입 다물어!" 입을 다물기는 매우 힘든 일이고 다른 사람이 말하는 것을 경청하는 일은 실제로 더 힘든 일이지만 그렇게 해야 한다.
- 전화기를 통해서 말할 때 당신의 소리제거 버튼을 켜놓도록 하라.
- 다른 사람이 말할 때 그가 말하는 내용에 무엇인가 가치 있는 것이 있는지 심각하게 숙고해 보라.

아이디어

59 멘토: 찬반 두 갈래

> 다른 사람과 당신의 생각을 적절하게 정리하는 훈련을 하는 것은 매우 유용하다. – 찰스 멍거(Charles Munger), 버크셔 헤서웨이 부회장

1973년에 나는 캘리포니아 페블 비치(Pebble Beach)에서 열린 한 컨퍼런스에 참석했다. 그 컨퍼런스의 주요 연사는 어윙 마리온 카우프만(Ewing Marion Kauffman)이었다. 그는 지하실에서 마리온 실험실(Marion Laboratories)을 운영하기 시작하여 그것을 회사로 성장시켰고, 1989년 65억 달러에 메릴 다우 사(Merrell Dow)에 매각했다.

프레젠테이션이 끝난 후 집에 도착했을 때 그가 술을 한잔 하자면서 나를 초대했다. 우리의 20년에 걸친 관계는 그렇게 시작되었고 이는 그가 세상을 떠난 1993년까지 이어졌다. 그는 모든 가능한 방법들에 대해서 나와 의견을 공유했다. 그는 자신이 나에게 해답이나 정보를 줄 수 있는 최적의 사람이 아니라고 느꼈을 때에는 그것을 제공해 줄 수 있는 다른 사람을 만나도록 해주었다.

그는 "내가 왜 자네와 계속해서 함께 일하는지 아는가?"라고 나에게 반복해서 묻곤 했다. 그는 우리가 그의 조언을 받아들이고 그가 기뻐할 만한 몇 가지 요소들을 활용하기 때문이라고 설명했다. 그렇지 않았다면 우리는 양쪽 모두 서로의 시간을 낭비했을 것이다.

헬츠버그 다이아몬드가 성공한 주된 요인은 나의 멘토들이 매우 큰 가치를 지니고 있었고 동료들 역시 극단적이라고 할 만큼 개방적인 마인드를 갖고 있었다는 점이다. 어떤 회사들은 "NIH 신드롬"* (not invented here, 여기서 고안되지 않음)으로 인해 애를 먹는다. 그들은 실제로 외부 사람들의 제안에 불쾌해 한다. 반대로 미스터 K로 알려진 카우프만 씨와의 회의 후 내 동료들은 나를 앉혀 놓고 내가 그로부터 무엇을 배웠는지를 물어 본다.

멘토링에 대한 내 개인적인 시각은 어떠한 개인적인 충고도 당신에게 반드시 들어맞지는 않는다는 것이다. 나는 멘토링을 "브레인 마리네이션"*(Brain marination, 고기나 생선 등을 식초와 포도주 및 갖은 향신료에 담가서 절이는 과정으로 고기의 냄새를 없애고 독특한 맛을 갖게 한다. 다양한 충고들을 머리 속에서 중화시켜서 자신만의 독특한 생각과 행동을 도출해낼 수 있도록 하는 것을 의미)의 한 과정이라고 본다. 당신의 뇌가 적정하게 마리네이드 되었을 때 거울을 들여다보면 당신 머리 위의 전구는 당신과 당신이 처한 상황에 꼭 맞는 해답을 알려 줄 것이다. 그것은 당신이 생각한 내용들이 조합된 것이며 그 중 일부는 당신의 멘토들로부터 받은 것일 수 있다. 어떤 사람들은 그것을 당신의 잠재의식의 발현이라고 부르기도 한다. 마리네이션이 일어날 수 있도록 시간을 가져야 한다. 문제를 빨리 해결하려고 억지로 일을 진행해서는 안 된다.

당신은 멘토를 다루는 데 있어서 그들이 하는 말을 경청하되 방어적으로 대해서는 안 되며, 그들에게 그들이 갖고 있는 모든 생각을 주장할 수 있도록 해야 한다(58장의 힌트에서 보았던 것처럼 당신의 소리제거 버튼을 눌러라). 그들이 말할 수 있도록 시간을 배려하고 당신이 종전에 "그렇게 시도해 보았다"라는 식으로 말해서는 안 된다. 쉬잇! 입을 다물라니까.

거의 매일 저녁 식사시간에 사업 이야기를 하는 집에서 자라났음에도 불구하고 나는 여전히 멘토가 얼마나 필요했는가를 지금도 깨닫고 있다. 멘토는 내 삶의 아주 많은 방식에서 중요한 변화를 가져다주었고 그래서 나는 멘토를 엄청나게 신봉하는 사람이 되었다.

동전의 또 다른 면을 보면 멘토가 모든 사람에게 필요한 것은 아니다. 레이 스마일러(Ray Smilor)는 그의 책인 《대담한 몽상가: 어떻게 기업가들이 회사를 설립하고 충성심을 고취하며 부를 창출하는가 Daring Visionaries: How Entrepreneurs Build Companies, Inspire Allegiance and Create Wealth》에서 다음과 같이 지적한다.

"몇몇 기업가들은 다른 사람들에게 자신의 사업에 대해 말하고 싶어하지 않으며 그들 스스로 계획을 세우는 것을 좋아하고 자신이 저지른 실수를 받아들인다. 이는 그들이 외부의 통제를 받기보다는 그들 내면에서 지시를 받기 때문이다. 성공한 기업가들은 자신들의 성공에 대해 개인적으로 책임을 지며 그럴 경우에 최상의 성과를 거둔다."

나는 이전에 다른 사람들에게 자문 위원회와 멘토를 두는 것이 좋다고 주장했다. 왜냐하면 그것이 나에게 도움이 되었기 때문이다. 나는 이제 "한 가지 치수가 모두에게 맞지는 않는다"는 점과 모든 기업가들에게 자문 위원회와 멘토를 가지라고 주장한 것이 옳은 일만은 아니었다는 사실을 깨달았다. 분명한 것은 자문위원회를 갖는 것이 당신을 더 훌륭한 기업가로 만들어 주지 않을지도 모른다는 사실이다. 내 아들 바넷이 열두 살 때 일이다. 그가 전화를 하고 있는 동안 내가 그에게 무슨 말을 할 것인지 써주자 그는 "아빠, 모든 사람은 자신의 스타일이 있어요!"라고 말했다. 당신만이 자신의 고유 스타일을 결정할 수 있다.

당신이 멘토를 갖겠다고 선택한다면 그와의 만남이 끝난 뒤에 재빨리 감사를 표시할수록 더 좋다. 당신은 멘토의 사무실에서 나오는 길에 바로 우체국으로 가서 감사의 짧은 편지를 보내는 것이 좋다. 당신이 멘토와 만나서 토론했던 내용에 대해 회의 이후 멘토에게 피드백을 주는 것이 중요하다. 거기에는 당신이 그대로 실천한 것과 그렇게 하지 않은 것의 항목이 포함되어 있어야 한다. 또한 어떤 이유로 그렇게 결정했는가와 당신이 시도한 항목의 성공 여부도 담겨 있어야 한다.

다이아몬드 캐기

◆ 멘토를 찾아서 관계를 발전시키고 그 관계를 즐겨라.

◆ 대부분의 사람들은 다른 사람들을 돕는 것을 좋아한다. 그들에게 물어라(이것은 아주 칭찬할 만하다).

◆ 그 방법이 당신에게 맞지 않는다고 생각되면 멘토나 자문위원회 같은 것을 활용하지 말라. 고독한 방랑자인 론 레인저(Lone Ranger, 미국 TV와 영화 등의 서부극 주인공)가 된다는 것은 범죄가 아니다.

◆ 멘토에게 즉각적으로 감사를 표하라.

◆ 토론된 주제와 관련해서 멘토에게 신속한 피드백을 주어라.

◆ 그대로 넘겨주고(Pass it on) 다른 사람을 도와라.

60 신용을 만들고 유지하기

> 고용할 사람을 찾는 데 있어서 당신은 다음의 세 가지 특성
> 을 찾아야 한다. 즉 정직함, 총명함, 활력이 그것이다. 만약
> 그들이 첫 번째 요소를 갖추고 있지 않다면 다른 두 가지는
> 당신에게 치명타를 안길 것이다.　　　　　 – 워렌 버핏

　　"투자 다이아몬드 사업"(investment diamond business)을 후원하
는 몇몇 사람들에 의해 투자 대상으로서 다이아몬드가 성가시게 권
유되던 시절이 있었다. 이 무렵에 나는 지역사회 모임의 회장이었
다. 나는 투자 대상으로 다이아몬드에 대해 질문을 받았을 때 이것
은 잘못된 정보라고 설명했다. 나는 합법적인 보석상은 투자용 다이
아몬드를 판매하지 않으며 이것은 급탕식의 판매 영업으로 한 주는
돼지고기 선물(futures)을 팔고 다음 번에는 다이아몬드를 파는 식의
영업이라고 설명했다. 또한 개인이 매우 합리적으로 다이아몬드를
산다고 해도 그것을 사들인 뒤 다시 팔 때에는 도매 가격조차도 받
을 수 없다는 점을 설명했다. 전문가이든 아니든 사는 사람은 다른
사람으로부터 교묘하게 이득을 볼 기회를 찾게 마련이다. 내 말을
들은 청중들은 다소 놀랐고 그들이 예상치 못한 말을 들었기 때문에
나에 대한 신뢰가 대단히 두터워졌다.

엔론(Enron)과 타이코(Tyco) 같은 사건은 정직이 그 어느 때보다 중요하다는 분위기를 만들어냈다. 직원과 고객에게 진정으로 이익이 되는 것은 회사가 정직을 중요하게 여기는 일일 것이다. 정직을 중요하게 여기면 기업가는 이런 분위기에서 중요한 많은 것들을 만들어 낼 수 있다. 이런 철학을 세우려면 회사 기밀을 제외하고는 최대한 직원들에게 회사에 관한 최신 정보를 알려 주어야 한다. 또한 직원과 고객, 제품을 제조하는 업자들이 다른 사람들로부터 극단적으로 과장되고 잘못된 소문을 듣기 전에 회사가 먼저 나쁜 소식을 그들에게 알려 주어야 한다. 누가 피해를 통제하는 것이 더 낫겠는가? 당신 자신이 통제하는 것이 낫겠는가 혹은 당신의 적이 통제하는 것이 바람직하겠는가?

비록 당신이 미국의 지명수배자 단체의 일원이라고 해도 장기적으로 이익을 창출하기를 원한다면 당신은 윤리적인 원칙에 근거해서 영업을 해야 한다. 윤리적인 원칙이란 당신이 정직하고 모순되지 않아야 함을 의미한다. 천 번을 제대로 해도 한 번을 잘못하면 그것은 여전히 큰 타격이 된다.

기본적으로 그것은 다시 철학의 문제로 거슬러 올라간다. 즉 "당신이 대접받고 싶은 만큼 다른 사람들을 똑 같이 대접하라"는 것이다. 이는 당신이 숨기는 것(omission)이 무엇인지 공개하는 것(commission)이 무엇인지를 안다는 것이며 이 두 가지 모두를 회피하는 것이 어떤 의미인지를 안다는 것이다. 이는 그것이 기밀 사항이어서 회사에 손해를 입힐 수도 있는 사항까지 공개해야 한다는 의미가 아니다.

이는 어떤 단계에서든지 의사소통은 가능한 한 완벽해야 한다는 의미다. 나의 부모님은 그것을 약간 다르게 표현했는데, "만약 그들이 너를 위해 도둑질을 한다면 그들은 너의 것도 도둑질할 것이다"라고 말이다. 직원들이 당신과 함께 하지 않고서는 당신은 고객과의 표리 부동한 게임을 할 수 없다. 일관성이 모든 당사자들에게 적용되어야 한다.

내가 직원들로부터 배운 한 가지 교훈은 사업을 하는 데 있어서 보다 열린 경영을 하면 회사는 더 많은 존중을 받게 되며 보다 많은 정신적인 "소유권"(Ownership)을 다른 사람들에게 나눠 줄 수 있다는 것이다.

직원들 중에 놀라는 사람들의 숫자가 점점 줄어들고 어떤 일에 대해서 다른 사람들로부터 얘기를 듣는 것이 아니라 회사를 통해서 처음 문제를 알게 되는 사람이 많아지면 그들은 회사에 대해 더 큰 자부심을 갖게 되며 주인의식을 갖게 될 것이다. 형편없는 실적이 발표되기 이전에 거래 은행을 먼저 방문하라. 그리고 담당자에게 어떤 일이 왜 일어날 것인지를 설명하라. 앞을 내다보고 미리 대책을 강구하라. 사람들을 놀라게 하거나 이미 잘 알려진 전염병과 같은 것을 숨기려 하지 말라. 안 좋은 소식이 있으면 소문이 빙빙 돌아다니게 하는 것보다 그것을 당신이 직접 직원들과 물품 공급업자들 그리고 은행에 전달하는 편이 훨씬 낫다.

다이아몬드 캐기

◆ 당신의 신용을 열심히 지켜라. 결코, 결단코, 절대로 당신과 당신의
위치에 대한 다른 사람의 믿음을 악용하지 말라.

◆ 직원들이 안 좋은 소식을 다른 사람들로부터 듣기 전에 당신이 먼저
전달하라. 앞을 내다보고 전향적으로 행동하는 것이 핵심이다.

◆ 나쁜 일을 숨기는 것은 나쁜 일을 저지르는 것만큼이나 회사에 손해
를 입힐 수 있다.

◆ 결코 절대로 속임수를 쓰지 말라.

◆ 좋은 소식이 아닌 경우에는 놀라움을 예방하기 위해서 관련된 사람
들에게 미리 알려라.

61

중요한 것은 "당신이 가르치는가?"가 아니라 "당신은 무엇을 가르치는가?"이다

인생의 무대에서 명예와 보답은 훌륭한 자질을 보여 준 사람들에게 돌아간다. – 아리스토텔레스(기원전 384~322), 그리스 철학자

어느 날 나는 캔자스의 프레리 빌리지(Prairie Village)에 있는 베이글&베이글 레스토랑(Bagel & Bagel Restaurant)의 매니저를 따라 오전 5시 59분에 가게에 들어갔다(개점 시간은 오전 6시였다). 그런데 그는 직원을 향해 "손님이 들어오셨잖아!"라고 소리를 질렀다.

나는 일전에 한 자동차 회사의 서비스 센터를 방문한 적이 있었다. 거기에는 두 남자가 있었는데 두 명 모두 그 자동차 판매상이 고용한 사람이었다. 그들은 내가 차에 앉아 있는 동안 끊임없이 이야기를 주고받았다. 실제로 한 사람은 내가 마치 화성인이라도 되는 양 나를 쳐다보았다. 나는 마침내 그들의 서비스가 필요하다고 항의했고 그제서야 한 사람이 내 차의 정비 스케줄을 만들었다.

나는 이어서 그 자동차 판매상의 신차 전시실에 갔다. 그곳에는 회사 직원처럼 보이는 많은 사람들이 있었지만 그 누구도 나에게 다가서지 않았다. 나오는 길에 겨우 한 사람이 나에게 말을 걸었다. 그들의 일관성은 감탄할 만한 지경이었지만 서비스 부서와 판매 부서의 행동은 절대로 서비스 지향적이라고는 할 수 없었다.

이 사람들은 무엇인가를 가르치고 있었던 것일까? 절대적으로 그렇다. 그들은 분명히 고객인 나를 반갑지 않은 침입자이며 다른 더 중요한 일을 하는 데 실제로 방해되는 사람으로 이해하고 있었다. 그들은 자신들의 잠재 고객뿐만 아니라 동료들에게도 무엇인가를 보여주고 있었던 것이다.

의사소통은 매우 중요하다. 당신은 자신이 원하든 원하지 않든 항상 모범을 보여야 한다. 당신이 흥분해 있고 열성적인 때에는 아주 잘한다. 그렇지만 다음날에는 당신의 기분이나 행동이 썩 좋지 않을 수도 있다. 그리고 당신은 직원들이나 가족들이 당신처럼 느끼고 행동하는 것을 보고 싶지 않을 것이다.

개인적인 지출에 회사를 이용하는 기업가는 무엇을 깨닫게 해주는가? 그는 감옥에 갈지도 모르며 그 기업가 가족의 명성을 떨어뜨린다. 뿐만 아니라 그는 회사를 위해 사무실 용품을 절약해서 단 몇 푼이라도 아끼려는 직원들의 노력을 망가뜨리게 되는 것이다.

만약 상사가 그렇게 행동한다면 직원들은 그것을 그대로 받아들일 수도 있다. 당신이 무슨 일을 하든 당신은 가르침을 주고 있는 것이다. 그 가르침은 엄청난 플러스가 될 수 있다. 그렇지만 만약 당신이 그 사실을 명심하지 않고 당신이 다른 사람들에게 기대하는 것처럼 당신 자신이 행동하지 않는다면 당신의 가르침은 또한 엄청난 마이너스가 될 수 있다.

모범적인 행동을 하도록 장려하는 분위기는 아마도 규칙보다 훨씬 더 중요하다. 비록 그 규칙들이 필요한 것이기는 하지만 말이다. 내가 회장으로 재임하는 동안 나는 스스로를 회사의 "감사"(chief compliance officer)로 여길 것이다. 그리고 내가 그러한 노력을 기울이도록 9천명의 모든 살로몬(Salomon) 직원들이 나를 거들어 줄 것을 요청했다. 나는 또한 직원들이 규칙보다 더 높은 기준을 따를 것을 역설했다. 직원들은 행동을 하기 전에 잘못하면 지역신문 제1면에 나올 수도 있다는 것을 명심해야 한다. 신문에 나오면 그의 아내와 아이들 그리고 친구들이 읽게 될 것이다. 살로몬에서 우리는 직원들이 법적인 기준에 맞는 행동을 넘어서서 시민으로서 아주 적극적인 행동을 하기를 원한다.

– 워렌 버핏, 투자자
살로몬 주식회사: 회사의 명성과 전망에 대한 회장의 보고서
〈뉴욕 타임즈〉, 1991년 10월 29일 목요일 판

62 모든 일을 고귀하게 하가: 직원들의 헌신을 이 끌어내는 방법과 전문지식을 활용하는 방법

> 인간의 존엄성은 명성보다 귀중한 것이다.
>   – 클라우스 맥케이(Clause McKay, 1890~1948), 시인
>
> 다른 사람을 존중하지 않는 사람은 존경 받지 못한다.
>   – 조지 허버트(George Hervert, 1593~1633), 시인

젊은 찰스 퍼시(Charles Percy, 훗날 상원의원이 됨)는 벨 앤드 하우얼(Bell and Howell, 그 당시 고품질의 카메라 제조 회사)의 사장이었는데 놀라울 정도로 생산성을 향상시켰다. 그는 어떻게 그렇게 할 수 있었는지 질문을 받았을 때 "손수레 이야기"(Wheelbarrow Story)를 했다.

공장의 다른 쪽으로 필요한 물건을 옮겨야 할 때 그곳에 있는 노동자에게 손수레로 나르라는 말만 해서는 안 된다고 퍼시는 설명했다. 그의 철학은 전체 공장의 성공적인 가동을 위해서 그 일의 중요성을 설명하면 노동자는 업무를 보다 잘해내고 또한 자진해서 일을 하고자 한다는 것이었다. 예를 들어 생산라인의 가동은 그 부문을 손수레로 제 시간에 올바른 장소로 나르는 것에 달려 있다는 설명을 한다는 것이다. "당신의 노력이 없으면 조업은 정지된다."

또 다른 확실한 사례는 회사에 어려운 문제가 생겼을 때 직원들이 돈을 집어넣어서 문제를 풀려는 생각을 하지 말도록 하는 것이

다. 한 컨설턴트가 믿기 어려울 정도로 돈이 많이 들어간 새 창고에 대해 매니저에게 다음과 같이 질문했다. "그 새로운 디자인에 대해서 전문가의 의견을 구했습니까? 어떻게 그 일이 진행되고 있습니까?"라고 말이다. 그러자 거기에 대해 매니저가 대답하기를 "그것은 재앙이었습니다. 외부에서 온 몇몇 지식인 컨설턴트의 조언으로 거물들(big shots)이 그 일을 설계했습니다"라고 했다.

당신은 이 사람이 자신의 사고방식에서 벗어나 새 창고가 제 기능을 한다는 것을 입증할 것 같은가? 나는 그렇게 생각하지 않는다.

사실 당신은 종종 자신이 생각하는 것보다 가까이에서 최고의 재능과 식견이 있는 사람들의 조언을 얻을 수 있다. 퍼시는 언제 사람들이 존중 받고 있다고 느끼는지를 알았고 그들의 노력과 생각이 어떤 가치가 있는지를 볼 줄 알았다. 그들은 최고의 성과를 위해 애를 쓸 것이다.

마찬가지로 매일매일 업무를 수행하는 사람들은 전문가만큼이나 일을 하고 때로는 수백 마일 떨어져 살고 있는 컨설턴트보다 더 일을 잘한다. 당신 사업에서 생산성을 향상시키기 위해서는 일상적인 업무를 수행하는 직원들이 여러 방식으로 그 일을 시도할 수 있도록 하라. 당신이 그들에게 무엇을 하라고 말하기보다는 그들 스스로가 자신들이 생각하고 있는 아이디어를 활용하게 하면 결과는 훨씬 좋게 나타날 것이다.

그렇다. 당신의 뒤뜰에 다이아몬드가 묻혀 있지 않은가! 직원들의 의견을 물어 본다는 것은 그들이 하는 일을 귀하게 여기는 것이다.

당신은 또한 직원들에게 자부심을 고취시켜 업무 효율성을 높일 수 있다. 창고 매니저의 사례는 새로운 설비의 설계자들에게 어느 정도 독창적이고 실질적인 아이디어를 제공할 수 있었다. 그 과정에서 직원들은 새 공장이 건립되기 이전에 그 계획의 결함을 고치는 일에 도움을 줄 수 있다. 또한 직원들은 공장이 완공된 뒤에 제대로 작동한다는 것을 입증하는 데 훨씬 더 많은 관심을 갖게 될 것이다.

당신이 사람들에게 요청하는 일이 가지는 가치에 대해 설명을 해주면 사람들은 그 일을 더 잘해야겠다고 자연스럽게 동기부여가 될 것이다. 같은 이유로 어떻게 작업을 단순화시킬 수 있는가 하는 방식에 대해 직원들의 의견을 물으면 그들은 자극을 받아서 더 효과적인 방법을 찾으려고 할 것이다. 만약 당신이 그들이 제시한 해법에 귀를 기울이면 사기가 올라가 생산성이 향상되고 당신은 엄청난 이익을 올릴 수 있다.

다이아몬드 캐기

◆ 어느 직원의 일이 사업의 전반적인 성공에서 중요한 이유를 설명하면 그것은 바로 당신이 그 직원과 그 일을 존중한다는 것을 보여 주는 것이다.

◆ 직원들에게 그들의 일을 더 효율적으로 수행하기 위해서는 어떻게 해야 하는지를 질문하라.

◆ 잘 경청한 뒤 적합하다고 판단되면 그렇게 바꾸어라.

◆ 바꾸지 않았다면 그 이유를 설명하라.

◆ 당신의 직원들이 수행해야 할 일과 업무에 대해 그들에게 일종의 소유권을 주어라.

63 질문: 최고의 의사소통

> 현명한 사람들은 모르는 것이 있을 때 질문을 한다. 그리고
> 때로는 그들이 알고 있는 내용에 대해서도 질문을 한다.
> – 말콤 포브스(Malcolm Forbes, 1919~1990), 미국의 출판가

"겨자가 있습니까?", "식초가 있습니까?", "다이어트 콜라 좀 더 마실 수 있을까요?" 나는 39년간의 여행을 통해서 많은 음식점에서 식사를 한 뒤 어느 날 갑자기 단순한 사실을 깨달았다. 바로 질문에는 대답이 필요하다는 것이다. 그것이 아무리 간단한 요청이라 해도 나는 그것을 질문으로 만들 수 있다는 것을 깨달았다. 이는 웨이트리스에게 겨자나 식초를 요청하는 것보다 훨씬 효과적인 대화 방식이다(많은 경우에 내가 요청한 사항은 실행되지 않았다).

나는 일상적으로 음식이나 서비스를 요청하는 것보다 질문하는 방식이 훨씬 더 효과적이며 성공적이라는 것을 알게 되었다. 즉 질문하는 기술이 대화에서 매우 중요하다는 사실을 발견했다. 질문은 대답을 필요로 하기 때문이다.

다이아몬드 캐기

◆ 그저 말하는 것이 아니라 질문을 해라.

나는 여섯 명의 정직한 사람을 갖고 있다. 그들은 내가 아는 모든 것을 가르쳤다. 그들의 이름은 바로 어디에서(where), 무엇을 (what), 언제(when), 왜(why), 어떻게(how), 누가(who)이다.

– 루드야드 키플링(Rudyard Kipling, 1865~1936), 작가이자 시인

64 협상: 협상하는 법을 배우거나 대리인을 임명하기

당신이 함께 일하고 있는 동료보다 더 현명하거나 많이 배운 것처럼 보이지 말라. 당신의 학식을 시계처럼 취급하고 잘 감추어 두어라. 시간을 헤아리는 데 그 시계를 꺼내서 보지 말고 당신이 질문을 받았을 때 몇 시인가를 말하라.
– 체스터필드 경(Lord Chesterfield, 1694~1773), 영국 정치가

테드 콘(Ted Cohn)에게 헬츠버그 다이아몬드의 자문역 임원을 맡아 달라고 요청한 뒤 나는 그에게 이 일을 함으로써 그가 얼마의 보수를 받아야 한다고 생각하는지를 물었다. 우리는 그의 보수를 협상하겠지만 나는 금액이 정해지기 전에 그가 얼마를 부르든 간에 그는 사기를 당하게 되는 것이라고 말했다. 이것은 내가 느끼기에 그가 매우 재능 있고 탁월한 사람이었기 때문이다.

비록 오만한 태도를 끔찍하게 싫어하지만 나는 미국 내에서 최악의 협상가로 보상 청구를 장기간 끌어 왔다. 나는 그렇게 한 것이 거만하다고 생각하지는 않는다. 내가 세상에서 최악의 협상가일 수도 있을 것이다. 나는 사람들이 자신의 협상 능력에 대해서 아는 것이 실제로 중요하다고 생각한다. 어떤 사람들은 훈련이 가능하지만 어떤 사람들은 그렇지 않다. (나는 그렇지 않은 부류에 속한다.)

당신이 더 나은 협상을 하도록 내가 도울 수 없다면 이 글은 필요가 없을 것이다.

- 협상에서 당신이 적합하지 않은 사람이라면 다른 사람을 활용하라.
- 이용할 수 있는 좋은 협상용 훈련 과정이 있다.
- 내가 협상에 대해 알고 있는 유일한 사항은 영리한 것은 멍청한 것이며 멍청한 것이 영리한 것이라는 점이다.

다이아몬드 캐기

- 당신은 협상가가 되기 어려울지도 모른다. 보다 숙련된 사람이 그 일을 하도록 해라.
- 협상하는 법을 훈련 받을 수 있는 훌륭한 방편이 있다.
- 영리한 것은 멍청한 것이며, 멍청한 것이 영리한 것이다.

65 마케팅, 말이 아니라 실천이다

캘리포니아에서 열린 국제쇼핑센터협의회(International Council of Shopping Centers) 세미나에 참석했을 때 나는 음식과 음료수를 준비해 두고서 손님들을 초대한다고 표지판에다 써놓은 한 기성복 가게 이야기를 들었다. 거의 모든 소매점은 음식과 음료수를 들고 가게에 들어올 수 없다는 내용을 표지판에 써놓고 있다. 그런데 미래의 고객들에게 그 가게가 주인의 입장이 아니라 고객들의 입장에서 일을 한다는 점을 분명히 밝힌 곳이 있다는 사실에 나는 흥미를 느꼈다.

마케팅의 세계에는 매우 많은 요구 사항들이 있다. 이것은 친절할 것을 요구하지만 때로는 매우 부정적인 규칙들을 만들어내곤 한다. 그런데 이 기성복 가게는 단지 그들이 친절하다고 말로만 하는 것이 아니라 실제로 진정한 친절의 모범 사례를 보여 주었다. 그래서 우리는 즉각 그 아이디어를 모방해서 모든 헬츠버그 매장은 음식물과 음료수를 준비해 두고 지나가는 사람들을 초대한다는 표지판을 세웠다. 우리는 그 방식을 통해서 우리가 다른 사람들과 다르다는 메시지를 확실하게 전달했다고 느꼈다.

흥미로운 대목은 사람들이 "음식물과 음료수"라는 단어를 보았을 때 먹고 있던 아이스크림콘을 다 먹을 때까지 가게 바깥에 서 있으려 했다는 점이다. 이런 광경을 보았을 때 우리는 미래의 고객들인 그들에게 걸어가서 음식물을 가게 안으로 갖고 들어오도록 했다. 그리고 농담 삼아서 그들이 음식물을 우리와 함께 나눠 먹는다면 특별히 더 환영한다고 말했다.

더 재미있게 하기 위해 카로우셀 스낵 바(Carousel Snack Bars)는 "당신이 음식물과 음료수를 즐기는 동안 헬츠버그 다이아몬드를 자랑하셔도 좋습니다"라는 표지판을 세웠다.

우리 표지판은 고객과의 대화의 시작이자 좋은 분위기를 만들어냈다. 그리고 그렇게 함으로써 우리가 왜 그곳에 있는지를 큰소리로 분명하게 전달했다고 믿었다. 바로 고객들을 그들의 입장에서 섬기기 위해 그곳에 있는 것이었다. 사람들은 맛있는 음식을 먹을 때 조심스럽게 행동하며 부주의나 경솔함으로 우리의 잔일거리를 더 만들거나 하는 일도 거의 없었다. 해마다 사람들이 소매점을 방문하도록 유혹하기 위한 광고와 판매촉진에 수백만 달러의 비용이 들어간다는 사실을 감안할 때 가게에 걸려 있는 음식물과 음료수 반입 금지 표지에 나는 완전히 속은 것이다. 고객들에게 가게 밖에 있어 달라고 말하기보다는 고객을 반기는 것이 거의 비용을 들이지 않는 마케팅 방법이라고 할 수 있다.

나는 기성복을 파는 그 친구에게 "일 년에 한두 벌의 옷이 손상되는 것이 당신 가게에 더 많은 손님이 들게 하는 값어치를 하는가?"라고 물었다. 위험과 보상 비율에 대해 이야기하다니! 분명히 나는 그

의미를 이해하지 못하고 있었다.

당신은 사업을 하면서 고객의 관심을 돌려 버리는 일을 하고 있지는 않은가? 표준적인 업계 관행과 반대로 함으로써 당신을 다른 사람들과 차별화할 수 있는 것은 없는가?

다이아몬드 캐기

◆ 당신이 친절하다고 말하지 말고 실제로 친절하라.

◆ 첫째, 사람들을 편안하게 해야 한다.

◆ 둘째, 사람들을 친구로 만들어라.

◆ 셋째, 사람들을 고객으로 만들어라.

◆ 만약 고객으로 만들 수 없다면 친구라도 돼라.

◆ 실행 가능한 것이 아니면 주장하지 말라.

- 언제라도 당신은 요금을 분담해서 낼 수 있습니다. 단지 우리에게 몇 분의 시간만 주면 됩니다.
- 음식을 나눠 먹거나 나눠 먹기 위해서 접시를 더 달라고 요구한다 해도 추가로 비용을 청구하지 않습니다.
- 특별한 요구 사항은 전혀 문제될 게 없습니다. "우리가 할 수 있는 일이라면 그렇게 합니다."
- 어떤 규모의 파티를 막론하고 팁을 비용으로 청구하지 않습니다.

　　　　　　　　　　　　– 퍼스트 와치 레스토랑 메뉴, 페어웨이, 캔자스

66 논쟁의 여지가 있는 회의 준비

> 두려워하는 사람은 당신과 의견이 다른 사람이 아니라 당
> 신과 의견이 다른 동시에 매우 겁이 많아서 당신에게 그 사
> 실을 말하지 않는 사람이다.
>
> — 나폴레옹(Napoleon Bonaparte, 1769~1821)

비영리기구의 차기 이사회는 논쟁의 여지가 매우 많은 문제를 다룰 예정이었는데, 그것은 남학교를 남녀공학으로 전환시키는 것이었다. 의장인 나는 이사회의 개별 구성원들을 일일이 방문해서 그들의 의견과 생각을 듣고 그 기구의 앞으로의 방향에 대해 생각을 나누었다. 나의 이런 행동은 그러한 변화가 실현 가능성이 있는 것인가에 대해 개별적으로 모든 사람의 의견을 구했다는 측면에서 매우 도움이 되었다. 그렇게 함으로써 나는 내가 왜 변화를 고려하고 있으며 그러한 변화를 긍정적으로 생각하고 있는지 그 이유를 설명할 기회를 가질 수 있었다. 이사회는 불필요한 토론 시간 없이 그 제안을 표결에 부쳐 만장일치로 통과시켰다. 분명히 나는 스스로도 모르는 사이에 올바르게 행동한 것이다.

개별적인 방문은 다른 이사회 구성원들이 없는 가운데 회원들 각자의 생각을 알 수 있는 기회가 된다. 또한 회원들이 해당 문제에 대

해서 그들이 느끼는 바를 개별적으로 말할 수 있는 기회가 된다. 이 사회 회원들을 방문하는 것은 내가 잠재적인 목표에 대해 배울 수 있게 해주고 전에 알지 못했거나 제대로 생각해 보지 않았던 점들을 알 수 있는 기회도 된다.

개별 회원과의 만남은 또한 어떤 회원이 그룹 내에서 그 자신의 생각을 한 방향으로 매우 강하게 주장함으로써 그를 궁지로 몰거나 변화에 당혹해 하지 않게 해준다. 이는 또한 회원들의 의견과 생각에 대해 존경심을 보여 주는 공손함의 표현이기도 하다. 이러한 행동은 그 단체에 대한 회원들의 희망과 꿈 그리고 걱정하는 바에 대해서 논의할 수 있게 할 뿐만 아니라 지식의 근간을 더욱 확충시킨다.

다이아몬드 캐기

◆ 중대한 결정이라고 생각되면 회의에 앞서 사전에 개별 회원들과 일대일 면담을 하는 일에 시간을 투자하는 것이 도움이 된다.

◆ 회의 이전에 미리 회원들을 만남으로써 그들이 걱정하는 사항에 대해 개인적으로 말할 수 있도록 한다. 그들은 회의에서는 자신들이 우려하는 바에 대해 모두 말하지는 않는다.

◆ 그렇게 함으로써 당신은 변화에 대해 중립을 지키고 있거나 반대할지도 모르는 사람들을 확신시킬 수 있는 기회를 갖게 된다.

◆ 당신의 목표가 올바르지 않거나 달성하기 어렵거나 시간이 불충분하다면 논쟁적인 회의를 피할 수 있다.

아이디어

67 회의 횟수는 줄이고 효율성은 높이기

> 인류가 완전한 잠재력을 달성하지 못한 이유를 한 마디로 말
> 해야 한다면 그것은 "회의"(meeting)라는 말이 될 것이다.
> — 데이브 배리(Dave Barry), 작가·1988년 퓰리처상 수상자

어느 화창한 날, 나는 창업을 지원하는 모임의 이사회에 참석했
다. 그곳에서 나는 오른손을 들어 당초 내가 매우 부정적이었던 쪽
에 찬성표를 던졌다. 그날 밤 집으로 돌아와서 나는 거울을 쳐다보
면서 스스로에게 물었다. "왜 너는 그러한 움직임에 대해 회의장을
박차고 나가서 장문의 통렬한 비난 성명을 내놓지 않고 거기에 찬성
표를 던진 거야? 대체 무엇이 너의 마음을 바꿔 놓은 것이지?"

해답은 이사회 이전에 회의를 소집한 사람들이 회의 참석자들을
위해 매우 상세한 질의 응답지를 준비한 데 있었다. 종이에는 찬반
양론이 적혀 있었다. 비록 어렵고 난처한 질문들이 포함되어 있었지
만 신중하게 쓰여진 답변들은 잠재적인 결정에 대해 찬반 양쪽으로
설명하고 있었다. 나는 표결해야 할 현안에 대한 나의 당초 입장이
옳지 않았다는 것을 깨달으면서 회의장에 들어섰다. 나는 통렬한 비
난 성명을 발표하는 데 시간을 허비하지 않았고 반대가 아닌 찬성
쪽에 한 표를 던졌다.

훗날 나는 이러한 기법의 결정판을 캔자스 시티의 유태인 헤리티

지 재단(Jewish Heritage Foundation of Kansas City)이 활용하는 것을 보았다. 일요일로 예정된 6시간의 회의에서 논의될 10가지 개별 주제에 대한 내용이 각각 한 장의 종이에 담겨 있었다. 각 종이에는 현재의 정책 또는 제기될 업무, 잠재적인 정책 변화 그리고 고려되고 있는 각각의 변화가 가져올 플러스와 마이너스 요인들이 열거되어 있었다.

모든 참석자는 회의가 시작되기 전에 그 문서를 받아서 개별 제안의 플러스와 마이너스 요소들에 대해 미리 생각할 수 있는 기회를 갖게 된다. 그것은 또한 문서에 열거되지는 않았지만 참석자들이 회의에서 제기할 수 있는 플러스와 마이너스 변수들에 대해 생각할 수 있는 기회가 될 수 있다. 결론은, 많은 정보를 갖게 된 이사회는 많은 내용을 터득함으로써 회의는 매우 생산적이 되고 결국 예정된 시간의 절반 이하의 시간에 구체적인 결과를 도출하게 된다.

결과는 시간을 엄청나게 절약하고 현명한 결정으로 끝맺음을 하게 했으며 서로를 이해하는 토대를 만들었다. 이렇게 함으로써 회의 이전에 미리 생각하고 의제에 대해 잘 알 수 있게 하여 이성적이고 시간을 허비하지 않는 질문들만 이사회장에서 제기하게 하는 것이다. 이러한 화법을 배워 사용함으로써 다른 단체들도 동일한 이점을 누릴 수 있다.

다이아몬드 캐기

◆ 회의 이전에 더 많은 노력을 기울일수록 질적으로 더 나은 결과를 얻을 수 있고 시간을 절약할 수 있다.

◆ 만약 당신이 회의 시간을 줄이고 효율성은 높이고 싶다면 이러한 접근 방법을 시도하라.

68

아이디어

마티 로스의 사후 점검 시스템

> 그 젊은이는 자신의 삶 — 습관, 교제, 독서, 학습, 일 등 — 을
> 진지하게 다룬 결과 지도와 나침반 없이 그리고 계획과 목표
> 및 자기 개선과 자기 수양 없이 꾸물거리는 동료들보다 자신
> 의 능력을 발휘할 수 있는 훨씬 더 많은 기회를 가졌다.
> — B.C. 포브스(Forbes, 1880~1954), 출판업자·포브스 잡지 창설자

1970년에 나는 뛰어난 사람이자 걸출한 전문 매니저인 마티 로스
(Marty Ross)와 함께 7년 간의 절약 활동을 시작하는 특전을 갖게 되
었다. 마티는 매니저보다는 선생님처럼 보였다. 그는 자신이 경험한
대로 우리를 가르쳤다. 그가 갖고 있는 많은 훌륭한 점 중에서도 단
연 으뜸은 그의 사후 점검 시스템이었다. 그는 메모장에 다시 방문
해야 하는 날짜를 "follow up"(사후 점검)이라고 표시하고 그것을
월별, 날짜별, 연도별 사후관리 파일에 정리해서 보관했다. 이것은
미루지 않기 위한 도구라기보다는 시각적으로 상기시키기 위한 시
스템이었다.

그의 연도별 사후점검 파일은 12개월의 폴더, 31개의 일별 폴더,
그리고 다음 해의 폴더로 구성되었다. 처음에는 월별 폴더에 항목을
기입하고 각 달의 시작 부분에 사후 점검 항목들을 날짜별 파일에
기입해 놓는다.

이러한 작업들은 2주짜리 사후 점검, 연간 크리스마스와 생일 혹
은 기념일 사후 점검, 또는 5년간의 사후 점검 등을 위해 활용된다.

그것은 또한 다른 동료들에게 배정된 프로젝트에 대해 당신이 사후 점검을 할 수 있도록 일깨워 준다. 그렇게 함으로써 당신은 더 나은 관리자가 되고 마음속에 무수하게 많은 세부 항목들을 챙기는 일로 부터 자유로워질 수 있다. 마티는 실제로 어떤 것을 기억할 필요가 없고 마음속을 어지르지 않아도 된다는 점에서 스스로 자부심을 갖고 있었다. 이는 일일 계획표 대신이 아니라 그것에 추가된 것이다.

직원들에게 할일을 부여하는 기업가에게 이 일은 언제 팀원들과 함께 사후 점검을 해야 하는가를 깨우쳐 준다. 마티는 또한 주간회의에서 직원들과 무엇을 논의해야 할지를 점검하기 위해 개별 보고서 파일을 갖고 있었다.

내가 이 시스템을 활용해 추가한 방법은 연간으로 다시 읽고 싶은 기사를 보았을 때 그것을 잊혀질 수도 있는 파일에 따로 두지 않고 일년 뒤의 사후 점검 파일에 넣어 둔다는 것이다. 그것은 상표권의 갱신과 같은 중요한 일을 잊어버리지 않게 해주는 좋은 방법이었다. 거기에는 각기 다른 사흘간의 사후 점검 표시를 해놓았다. 나는 어떤 로펌이 잘못하여 한 개의 상표권이 사라져 버린 것을 경험한 적이 있는데 그들의 사후 점검 시스템에는 용서할 수 없는 결함이 있었던 것이다.

마티의 시스템은 30년 이상 나에게 아주 귀중한 역할을 해왔다. 불행하게도 마티는 53세의 나이로 세상을 떠났다. 그의 개인적인 사후 점검은 그가 창조한 시스템을 뒷받침했으며 그는 일찍이 그 사실을 알고 있었다.

다이아몬드 캐기

◆ 사후 점검 시스템은 값을 매길 수 없을 정도로 매우 귀중하다.

◆ 사후 점검 시스템을 무엇인가를 상기시키는 일에 활용하거나 당신
이 다른 사람들과 함께 나누고 싶거나 해마다 회상하고 싶은 고전적
인 아이템에 사용하라.

◆ 한 장의 종이든 장문의 서류이든 이 시스템이 작동한다.

◆ 리스 계약 만료나 상표의 갱신과 같이 아주 중요한 아이템들은 각기
다른 사흘간의 날짜에 사후 점검 표시를 해두어라.

◆ 기억하는 일에 관한 한 무거운 짐을 벗어 던져라. 그 시스템이 기억
하는 일을 하도록 해라.

69 솔직한 피드백을 얻기 위한 노력

> 사람들은 그들이 갖고 있는 문제점에 대해 진실을 듣지 못
> 한다면 그들 가운데 대부분은 반드시 틀린 결정을 내린다.
> – 랠프 잉거솔(Ralph Ingersoll), 편집자겸 발행인

우리 회사의 회계 담당 직원이 그만두었다. 그는 그 일이 자신에게 적합한 일이 아닌 것 같다고 설명했다. 그는 더 지적인 일을 찾고 있었다. 후에 우리 부사장단 가운데 한 명은 이미 그가 그 일에 적합하지 않다는 생각을 했었다고 말했다. 나는 왜 그럼 미리 말하지 않았느냐고 물었고 그는 "당신이 그를 좋아한다고 생각했기 때문입니다"라고 답했다.

그것은 다른 사람들에게 자유롭게 그들의 생각이나 견해를 표현하도록 했다고 자부한 내게 충격적인 말이었다. 나체로 돌아다녀도 아무도 그에게 사실을 말해 주지 않는 동화 속의 벌거숭이 임금님 이야기가 떠올랐다.

당신도 그 임금님일 수 있다. 즉 당신이 알고 있어야 하는 회사와 관련한 중요한 사안들을 모르고 있을 수도 있다는 얘기다. 직원들은 당신이 생각하거나 요구하는 바와 일치하지 않는 것을 말하는 것이 당신을 불쾌하게 만드는 일이라고 생각하고 있지는 않은가?

만일 솔직한 피드백을 얻는 것에 진정으로 관심이 있다면, 당신 앞에는 많은 과제들이 놓일 것이다. 지금부터 소개하는 방법들은 다른 사람의 생각을 듣거나 제안을 받았을 때 올바른 방향으로 시작할 수 있는 방법들이지만 절대로 간단하지는 않다.

일단 질문을 던지는 것이 가장 중요하다. 우선 당신이 칭찬의 말이나 입에 바른 대답이 아닌 실제로 도움이 되는 건설적인 코멘트를 원한다는 것을 확실하게 밝혀야 한다. 물론 긍정적인 이야기들은 당신에게 무엇을 계속 해야 하는지를 말해 준다. 하지만 긍정적인 말은 대개 당연한 것이므로 당신이 발전하는 데 도움을 주지 못한다.

만일 당신이 진정으로 원하는 것이 솔직한 피드백이라면, 그것이 얼마나 얻기 어려운가를 알아야 한다. 솔직한 피드백에 실패한 나는 내 수업에 들어오는 학생들에게 이렇게 말했다. "나는 칭찬하는 말을 듣는 것을 좋아한다. 하지만 칭찬의 말들이 이 수업을 더 낫게 만드는 데 도움이 되지는 않는다. 이 수업이 어떻게 하면 더 나아질 수 있겠는가?" 나는 록허스트 대학 MBA 과정 학생들에게 이런 질문을 던져서 가치를 따질 수 없는 소중한 조언을 얻었다. 물론 여기에는 다음과 같은 부연 설명이 있었음을 인정한다. 즉 그들보다 먼저 이 수업을 들은 학생들이 그들을 위해 이 수업을 더 낫게 만들었으므로 그들도 다음 학생들을 위해 그렇게 할 필요가 있다고 나는 설명했다.

당신이 알고 싶어하는 것에 정확하게 초점을 맞춰 질문하라. 그것은 사람들이 느끼기에 부정적인 것들이나 혹은 당신이 모를 것이라고 생각되는 것들에 대해서도 편안하게 의사 전달을 하도록 만들어 준다.

우리 수업에 연사로 초대된 메리 맥엘로이(Mary McElroy)는 다음의 세 가지 마술 같은 질문을 소개해 주었다. 당시 학생들은 그들의 연봉 협상 자리가 커리어를 쌓거나 실적을 개선시키기 위한 길잡이가 되기보다는 단지 급여 인상과 함께 등을 두드려 주는 자리에 불과하다는 것에 불만을 갖고 있었다. 그녀는 다음 세 가지 질문을 던지라고 했다.

1. 내가 지금 하고 있는 일 중에서 당신이 좋아하는 것은 무엇인가?
2. 내가 지금 하고 있는 일 중에서 당신이 좋아하지 않는 것은 무엇인가?
3. 당신이 좋아할 만한 일 가운데 지금 내가 하고 있지 않은 것은 무엇인가?

이러한 질문은 연봉 협상 담당자들이 묻지 않는다고 하더라도 그 자리에서 논의될 수 있다. 나는 회사들이 이러한 질문을 고객들에게 던져 중요한 피드백을 얻고 있다는 것도 알고 있다. 그것은 당신의 커뮤니케이션 수준을 엄청나게 높여 줄 것이다.

만일 당신이 있는 그대로의 진실을 듣는 데 관심이 없다면 묻지 말라. 이는 역효과만 일으키는 정말 부정적인 절차에 불과하다.

다이아몬드 캐기

◆ 만일 진정으로 솔직한 피드백을 얻기 원한다면 반드시 그 피드백을 얻기 위한 테크닉을 완벽하게 구사해야 한다. 적절한(매우 집중적인) 질문을 던져라.

◆ 상황에 맞게 다음의 세 가지 질문을 변형시켜 사용하라.

1. 지금 일어나고 있는 일 중에서 당신이 좋아하는 것은 무엇인가?

2. 지금 일어나고 있는 일 중에서 당신이 좋아하지 않는 것은 무엇인가?

3. 지금 일어나지 않고 있는 일 중에서 당신이 좋아할 만한 것은 무엇인가?

◆ "어떻게 하면 우리가 나아질 수 있을까"라고 질문하라.

◆ 듣고 듣고, 또 들어라.

◆ 다른 사람들이 알고 있는 바를 당신도 알고 싶어한다는 점을 말로나 말이 아닌 것으로도 끊임없이 드러내라.

◆ 당신의 생각을 적어 놓고 심사숙고한 뒤에 대답하라. 절대로 즉각적인 대답을 해서는 안 된다.

◆ 유쾌하지 않은 내용의 솔직한 피드백을 얻을 때 당신한테서 나오는 부정적인 반응은 조직 전체에 퍼질 것이다. 당신은 바로 이 정보를 필사적으로 원해야 한다.

아이디어

70 당신의 고객, 물품 공급업자, 직원들과 점심을 같이 해야 할까 말아야 할까?

> 친밀함과 친목은 건전한 사업 거래에서 방해물이다.
> – 슈마랴 레빈(Shmarya Levin), 헨즐(Henzl)의 협력자

예전에 우리 가게 소유주는 우리가 가게를 비우고 영업을 중단하겠다는 것을 거절한 적이 있다. 나는 그와 함께 점심을 먹으면서 대화를 나누었고 그 대화는 우리의 관계를 강화시켜 주었다. 몇 년 뒤, 나는 그와 다시 점심을 먹고 몇 잔의 술을 마신 뒤 가게를 비우겠다는 이야기를 다시 꺼냈다. 그리고 충분한 대화를 나눈 뒤 그는 결국 우리가 가게를 닫는 데 동의했다. 우리의 관계는 그 점심식사 뒤로 더욱 각별해졌다.

당신의 고객이나 사업 파트너와 점심이나 아침을 함께 하는 것이 항상 현명한 일일까? 반드시 그렇지는 않다. 그것은 당신의 판단에 달려 있다.

만일 당신이 (그것도 초기 단계에) 관계를 형성하고 싶다면, 그것은 아마 좋은 전략이 될 것이다. 하지만 어떤 협상 자리에서 호인이 되는 것을 피하고 싶다면 함께 식사하는 것을 피해야 할 것이다.

생각해 보라. 당신의 목표와 목적이 무엇인지. 만일 친밀한 관계가 당신의 목적에 역효과를 가져온다면 함께 식사하는 것을 피하라.

다이아몬드 캐기

◆ 같이 식사를 하기 전에 곰곰이 생각하라.
◆ 개인적인 관계를 맺는 것이 적절하지 않을 경우에는 함께 식사를 하지 말라.

71

전문용어나 헷갈릴 수 있는 약어는 피하라

전문용어(Buzzwords): 비즈니스 세계에서는 성공을 위한 옷차림과 같은 의미이다. 어떤 어휘는 깔끔한 정장이나 회사를 표시하는 물건만큼이나 당신의 지위를 높여 주기도 한다.
– 릭 베이안(Rick Bayan), 《비꼬는 사전 Cynic's Dictionary》의 저자

한 번은 우리 회사의 이사회에 참석해서 위원장의 얘기를 듣고 있었다. 그런데 그가 계속해서 MANTEC, KTEC 등의 약어를 사용하는 바람에 나는 그것들을 해석하느라 정신이 없었다. 계속해서 그런 용어들이 들리자 나는 머리가 멍해졌고 결국 그의 프레젠테이션에 제대로 집중할 수 없었다. 이사회 멤버 가운데 한 사람이 마침내 이의를 제기하고 그 약어들의 해석을 요청할 때까지 나는 그 방에서 혼자 바보가 된 느낌이었다.

당신의 아이디어를 전달할 때 청중들이 자동적으로 꺼짐(turnoff) 버튼을 누르게 만들고 싶은가? 청중들을 잃는 간단한 방법은 전문용어나 약어들을 많이 사용하는 것이다. 전문용어는 그것을 이해하는 사람이 있다고 해도 일부 사람들에게는 까다로울 수 있다. 그들은 당신의 말에 집중하지 못할 것이다. 그리고 가끔씩은 전문용어를 말하는 사람은 교활해 보이기도 한다.

물론 어떤 것들은 매우 유용하다. 내가 개인적으로 가장 좋아하는 것은 "이 완벽한 세상에서"(in a perfect world)인데 이것은 내가 어떤 것에 대해 의사소통을 하고 있는지를 구체적으로 표현해 준다. 나는 "전략적 이니셔티브"(strategic initiative)가 무엇인지 혹은 "리딩 립스틱 인디케이터"(leading lipstick indicator - 세계적인 화장품 브랜드 에스테로데가 집계하는 립스틱 판매 지수로, 경기가 좋지 않을 경우 여성들이 상대적으로 가격이 저렴한 립스틱을 구매하면서 심리적 만족을 얻는 경향이 나타난다)에 대해 잘 알지 못한다. 인터넷 검색 엔진을 통해 전문 용어들을 보다 쉽게 설명해 준 것을 찾아라.

듣는 이들을 돌아서게 만들어서는 절대로 전투에서 이길 수 없다.

다이아몬드 캐기

◆ 다른 사람들을 침묵하게 만드는 일을 하지 말라. 그들이 모르는 약어나 전문용어를 사용하지 말라.
◆ 방 안에 있는 다른 사람들보다 똑똑해 보이도록 노력하지 말라.
◆ 기억하라, "영리한 것은 우둔한 것이고, 우둔한 것이 영리한 것이다."
◆ "말하자면"(as it were), "당신이 그럴 용의가 있다면"(if you will) 이런 표현을 피하라. 그것은 당신이 똑똑하다는 것을 과시하는 것 외에는 아무런 의미가 없다.

72 당신의 성공을 남에게 알리지 말라

> 당신의 성공을 알리지 말라. 그들은 당신에게서 직원들과
> 아이디어를 훔쳐갈 것이다. - 레오나르 로더, 에스티 로더 회장
>
> 잠자코 있어라(Be a sleeper)   - B.C. 헬츠버그

아버지는 매우 외향적인 사람이었지만 "잠자코 있는 사람"이 되
는 것이 적절한 전략이라고 말한 적이 있다. 그 말은 내가 성공했을
때 그것으로 유명해지지 말라는 이야기였다. 흥미롭게도, 이같은 생
각은 얼마 전 기업가들을 상대로 연설에 나선 화장품 업체 에스티
로더의 회장 레오나르 로더(Leonard Lauder)가 다시 언급한 것이었
다. 그는 "당신의 성공을 알리지 말라. 다른 사람들이 당신의 직원들
과 아이디어를 훔쳐갈 것이다"라고 했다.

한 번은 우리 회사의 구매 부서 직원들이 나에게 매우 불만족스
러워한 적이 있었다. 회사의 성공에도 불구하고 직원들은 우리 이름
을 한 번도 들어 본 적이 없는 미래의 공급업체들을 방문해야 했다.
사업이 점점 성공할수록 당신은 어떤 모임의 연사로 참석하거나 인
터뷰 대상이 되는 등 불가피하게 회사를 남들에게 선전하는 일을 많
이 하게 될 것이다.

당신의 회사가 주목을 받게 되면 분명 장점과 단점들이 있다. 이

점들을 신중하게 고려하라. 그리고 당신이 갖고 있는 모든 것이 당신이 가장 원하지 않는 곳에 쓰이게 된다는 것을 고려하고 그에 알맞게 처신하라. 그래야 나중에 후회하지 않을 것이다.

다이아몬드 캐기

◆ 당신 회사의 정보 중에서 최대 경쟁업체가 알아서는 곤란한 내용을 공개해야 될 때는 신중하게 생각하라.

◆ 회사 밖으로 유출되는 정보는(또 밖으로 유출되지 않는 정보라고 해도) 주의해서 관리하라.

◆ 당신 회사가 성장할수록, 작은 의심병(paranoia)은 건강한 것이다. 무엇이 회사에 이익이 되는지를 공유하라.

◆ 점점 더 널리 알려질수록 당신이 무엇을 하는지에 대해 남들이 더 잘 알게 된다.

◆ 당신이 사업을 하는 지역에서 유명해지는 것과 전체 업계에서 유명해지는 것의 의미가 다름을 이해하라. 지역 내에서 유명해지는 것은 당신의 매출에 도움이 되겠지만 업계 전체로 널리 알려지는 것은 단지 당신의 자존심에 도움이 될 뿐이다.

◆ 만일 당신의 자존심이 문제가 된다면, 그 문제를 인식하고 자신을 억제하라.

아이디어 73 "나"라는 말을 피해야 할 때와 적절하게 사용해야 할 때

> 잘난 척하는 사람일수록 그를 대신하는 것은 쉽다.
> – 헨리 A. 커트니(Henry A. Courtney, 1916~1945), 전쟁 영웅

어떤 사람의 행동이나 업무수행에 대해 만족스럽지 않을 때에는 "나"라는 말로 시작해야 한다. 즉, "당신은 너무 게을러", "당신은 멍청해"라고 하기보다 "나는 실망했다", "나는 매우 화가 나 있다"라고 해야 한다. 절대로 다른 사람의 자존심을 공격해서는 안 된다. 사람의 인격이 아닌 그 상황에 대해 얘기하라.

"나"를 언제 어떻게 사용해야 하는지를 현명하게 판단해야 한다. 사람들은 당신보다 그들 자신에 대해 훨씬 더 관심이 많다는 것을 명심해야 한다.

그런 점에서 당신이 어떤 일에 대해 동의하지 않을 때 "나는 이해하지 못하겠습니다"라고 말하는 것이 "나"를 적절하게 사용하는 것이다. 대신 의사소통에서 장벽이 될 수 있는 "나는 동의하지 않는다"라는 말은 피하라. 만일 당신이 동의하지 않는다면, "정말로 이 아이디어(혹은 그 결론)를 이해하려고 노력하고 있습니다. 그것에 대해 좀

더 설명해 주시겠습니까?"라고 말하는 것이 효과적이며 예의 바른 태도이다.

"나"를 써야 할 또 다른 적절한 경우는 어떤 일을 실패했을 때 그 것에 대한 책임을 져야 할 때이다. 이는 당신에 대한 존경심을 높여 줄 뿐 아니라 누구에게 잘못이 있는지를 따지는 비생산적인 시간 낭비를 막아 준다.

다이아몬드 캐기

◆ 사람들은 당신보다 자기 자신에게 훨씬 더 관심이 있다는 것을 명심하라.

◆ "당신이 일을 망쳤어"라고 말하는 것보다 "나는 실망했습니다"라고 말하는 것이 더 효과적이다.

◆ 당신 자신의 실패나 이해 부족에 대해 책임을 져야 할 때 "나"를 사용하라.

자아(Ego): 헬륨으로 채워진 풍선은 종종 야심가들을 매우 높은 곳에 있는 목적지까지 끌어올리지만 거기에서는 기압 변화로 갑자기 그 풍선이 터질 수 있다. ─ 릭 바이얀(Rick Bayan), 《비꼬는 사전 Cynic's Dictionary》의 저자

감사인 클로제오(Clouseau)도 지난해 실적부진의 책임이 누구에게 있는 지 찾아냈다. 여러분들의 회장인 바로 나였다. 내가 거둔 업무 성과는 네 개의 F 학점과 한 개의 D 학점을 받은 한 쿼터벡을 생각나게 한다. 그의 성적은 형편없이 부진했으나 이해심 많은 코치는 "애야, 나는 네가 그 한 가지 과목에 너무 많은 시간을 소비하고 있다고 생각한다"고 말했다.

─ 워렌 버핏, 버크셔 헤서웨이 연례 보고서 1999

---

74 놀라지 않게 하기

최선의 수비는 훌륭한 공격이다. – B.C. 헬츠버그 1세

앨런 그린스펀은 의사소통에서 "놀라지 않게 하기"의 원칙을 사용하는 방법을 잘 보여 준 인물이다. 1999년 가을 연준리의 금리 인상에 앞서 신문들은 일제히 "그가 '금리가 인상될 것이다'라고 말하는 것을 제외하고는 할 수 있는 모든 일을 다했다"고 보도했다.

그 결과, 금리가 실제로 5.25%에서 5.5%로 인상되었을 때 금융시장은 놀라지 않았다. 모든 사람들이 금리가 얼마나 인상될지는 몰랐지만 인상될 것이라는 점은 예상하고 있었기 때문에 그 뒤로 생활은 정상적으로 돌아갔다.

그린스펀은 훌륭한 역할 모델이다. 만일 어떤 일이 일어날 수 있는지 사전에 적절한 신호를 주기만 하면, 즉 적절하게 씨를 뿌려 놓으면 당신의 행동에서 끔찍한 충격을 줄 만한 요인은 없을 것이다. 사람들을 미리 대비하게 만들었다면 당신은 폭풍을 피할 수 있을 것이다. 《먼저 모든 규칙을 깨라! First, Break All the Rules!》라는 책에서 저자들은 "이 주사는 조금 아플 거예요"라고 말하는 간호사가 "조금

도 아프지 않습니다"라고 말하는 간호사보다 얼마나 환자들을 긍정적으로 다루는지에 대해 설명한다. 즉 훌륭한 간호사들은 환자들을 충격에 미리 대비시킨다는 것이다. 만일 당신의 팀원들을 언젠가 일어날 변화 가능성에 대비하게 한다면, 실제로 변화가 일어났을 때 놀라지 않을 수 있을 것이다.

아울러 충격을 피하기 위해서는, 특히 그것이 나쁜 뉴스일 경우, 그것을 외부에서 루머처럼 듣는 것보다는 상사에게 직접 듣는 것이 훨씬 낫다. 이것은 특히 당신의 거래 은행이나 동료들에게 적용된다.

어떤 일이 일어날 가능성에 대해 미리 편안하게 얘기할 수 있다면, 당신은 앨런 그린스펀의 예를 제대로 따르는 것이다. 이것은 긴급함과 더불어 본질과도 관련이 있다. 대개 나쁜 소식은 빛의 속도보다 빨리 전달된다. 따라서 당신은 그 소문이 더욱 과장된 다른 루머들로 확산되기 전에 그 소문으로 인한 불가피한 문제들을 피할 수 있도록 서둘러야 한다.

어떤 직원이 자신의 해고 소식에 놀라게 되는 것은 서툰 경영 방법의 전형적인 예에 해당한다.

다이아몬드 캐기

◆ 가능한 한 "놀라게 하기"를 피하라. 그러면 많은 문제들을 예방하게 될 것이다. 그리고 그렇게 하는 것이 당신의 동료들과 가족들 그리고 친구들에게 보다 공정한 것이다. 당신이 다루어야 할 충격과 잠재적인 실망감 그리고 노여움이 훨씬 줄어들 것이다.

◆ 당신이 나쁜 소식을 알려 줄 때 만약 그들이 그 소식을 당신으로부터 처음 듣는 것이라면, 그 사람들은 놀랍게도 당신에게 감사하면서 그 소식을 받아들이게 될 것이다.

75 당신의 직원들을 챙겨라

우리는 거의 모든 이들을 자발성을 지닌 사람으로 간주해
야 한다.
– 피터 드러커(Peter Drucker), 작가·교육자·경영 컨설턴트

새로운 매장을 열기 전에 우리는 트레이닝 세미나를 가진 적이
있다. 나는 영광스럽게도 그 세미나에서 하나의 프레젠테이션을 맡
았고 그 자리를 통해 새로운 직원들과 만나는 한편 기존 직원들과의
유대를 강화시킬 수 있는 기회를 얻었다. 나는 프레젠테이션 도중
"누가 가장 중요한가?"라는 질문을 받았다. 그에 대한 대답은 의심
의 여지도 없이 "고객들"이라고 생각했다. 그 세미나에 참가했던 모
든 사람들은 내 대답을 큰 소리로 칭찬했다

그 경험이 있은 지 30여년이 지난 어느 날, 나는 갑자기 가장 중요
한 것은 고객이 아니라 우리 회사의 직원들이라는 것을 깨닫게 되었
다. 말 그대로 모든 것이 그들로부터 나왔다. 의심의 여지 없이 성공
의 열쇠는 단연 직원들이었다. 그것은 직원 개개인을 존중하고 실적
이 뛰어난 직원을 축하해야 한다는 것을 의미한다.

나는 매달 가장 좋은 실적을 올린 25명의 영업직원들에게 모형 메

르세데스 자동차 등의 선물을 보내기를 즐긴다. 그리고 그 선물과 함께 우리 회사가 우수 직원들을 위해 모형 메르세데스를 구입하는 유일한 보석 업체라는 설명을 손수 적은 편지를 전달한다.

우수 직원들을 대우하고 치켜세우려는 우리의 노력은 끝이 없다. 나와 아내는 매년 그들을 우리 집으로 초대하고 호텔에서 최고급의 식사를 대접하기도 한다. 또 우수 직원들을 위해 준비된 시상대에 직원들이 올라올 때마다 그들의 출신 지역과 관련된 음악들이 연주되기도 한다.

이전에는 5년에 한 번씩 매니저들과 그들의 배우자들에게 며칠간 고급 리조트를 이용할 수 있는 기회를 주기도 했다. 하지만 회사가 커지면서 비용이 너무 많이 들게 되자 그런 혜택을 중단해야 했다.

매장 매니저들도 귀하게 여겨야 할 사람들이다. 매장을 방문했을 때 나는 그들과 일대일로 점심이나 저녁을 먹는다.

쇼핑몰의 영업시간을 이용하면 정말로 도움이 된다. 하루나 이틀간의 일정으로 아침식사를 매장 직원들이나 매니저와 함께하는 것으로 시작해서 밤 9시까지 문이 열려 있는 가게들을 방문하고 문을 닫은 이후에 매니저와 함께 늦은 식사를 함으로써 많은 매장을 돌아볼 수 있었다.

옛날 노래 가사 중에 "오전에도 사랑하고, 오후에도 사랑하고"라는 구절이 있는데 그것은 내가 우리 회사 직원들을 생각할 때마다 떠올리는 구절이기도 하다.

성과가 부족할 때는 어떻게 하는가? 어떤 매장은 많은 반품 때문에 적자를 보는 날이 있다. 그런 날 중에 하루가 지난 뒤 나는 한 매니저를 불러서 그녀를 격려했던 것을 기억한다. 하지만 그렇게 소집하는 일을 반복하지는 않았다.

아내는 우리가 직원들을 대하는 방법을 지켜보고는 나에게 자주 이렇게 잔소리를 한다. "제발 나도 당신 회사 직원처럼 대해 줘요." 나는 그 소리를 들을 때마다 내가 적어도 회사 직원들한테는 제대로 하고 있음을 느낀다.

다이아몬드 캐기

◆ 직원들의 자그마한 성공도 축하해 주어라.
◆ 직원들을 오전에도, 오후에도 사랑하라.
◆ 직원들에게 개인적인 일로 손수 편지를 쓸 기회를 놓치지 말라(직원이 아기를 얻었을 경우 등). 만일 당신이 신경을 쓰고 있다면 그것을 보여 주어라. 거기에는 가족을 잃는 등의 비극적인 일도 포함된다.

경영자나, 리더 또는 소위 매니저라고 불리는 사람들이 갖추어야 할 가장 위대한 덕목은 사람들과의 관계를 살피는 일이다.
　　　　　　　　　　　　　　　　– 어윙 M. 카우프만, 제약회사 기업가

사람들의 머리를 쥐어박으면서 그들을 이끌어서는 안 된다. 그것은 폭행이지 리더십이 아니다.
　　　　　　– 아이젠하워(Dwight D. Eisenhower, 1890~1969), 미국의 34대 대통령

76 협력업체들도 챙겨라

남들이 당신에게 하는 것에다 10%를 더해서 그들에게 돌려주어라.
– 헨리 키신저(Henry Kissinger), 외교관 · 1973년 노벨 평화상 수상자

리오넬(Lionel)은 쇼핑몰에서 신발을 판매하는 사업을 했다. 그가 다른 업체들과의 경쟁에서 벗어나기 위해 사용한 방법은 최신 스타일의 제품을 남보다 빨리 입수하는 것이었고 또한 경쟁업체들보다 더 많은 제품을 구비하는 것이었다. 그는 어떻게 사업을 그렇게 경영할 수 있었을까? 리오넬이 성공으로 갈 수 있었던 비결은 제품을 공급하는 업체들과의 가까운 관계였다. 공급업체의 판매 사원들이 그의 사무실을 방문하면 그는 그들을 마치 중요한 고객처럼 맞이했다. 그들은 커피를 대접받았고 그들이 가지고 다니는 무거운 가방은 운반하기 쉽게 설치된 "특별 엘리베이터"로 옮겨졌다. 분기마다 열리는 신제품 발표회에서 리오넬은 술값과 식사비용을 책임졌다. 그는 심지어 그들의 가족 생일까지 기억하기도 했다. 한 마디로 그들을 그저 공급업체가 아닌 최고의 고객들로 간주한 것이다.

그 결과, 과연 최신 스타일의 제품들을 누가 먼저 얻었겠는가? 물량이 넉넉하지 않을 때 누가 먼저 제품을 공급 받겠는가? 누구의 가게가 두드러지는 실적을 올렸겠는가? 그것은 리오넬이었다.

다른 예를 들어 보자. 어윙 카우프만의 매리언연구소 구매팀이 독일에서 귀국해 카우프만에게 새로운 공급업체와 좋은 조건의 계약을 맺었다고 보고했다. 그런데 구매팀은 원래의 공급업체가 사업을 유지하기 위해 어쩔 수 없이 가격을 낮추자 다시 원래의 업체로 돌아갔다. 카우프만은 직원들에게 새로 계약을 맺은 공급업체가 그 가격으로 수익을 낼 수 있느냐고 물었다. 대답은 "아니오"였다. 그러자 카우프만은 직원들에게 새로 계약을 맺은 공급업체가 수익을 낼 수 있도록 공급 가격을 올려 주라고 했다.

특별한 제품을 공급하던 원래의 공급업체가 나중에 그 사업에서 손을 뗀 뒤 매리언 연구소는 자신들에게 호의적이고 친근한 새로운 공급업체와 거래를 하게 되었다. 이 이야기의 교훈은, 어떤 사람들은 자신이 대접받고 싶어하는 방법으로 다른 사람들(협력업체를 포함하여)을 대함으로써 매우 성공했다는 것이다.

다이아몬드 캐기

◆ 제품을 공급하는 업체들까지 고려하는 의사 결정을 내려야 한다.
◆ 당신의 팀은 정기적으로 모여서 다른 사람들을 고려하기 위해 마련된 프로그램과 그 효율성에 대해 검토해야 한다.
◆ 그 프로그램에 무엇을 더하고 무엇을 빼야 할지에 대해 정기적으로 검토해야 한다.
◆ 당신은 회사의 전체적인 분위기를 정책의 일관성과 적합성을 유지하는 데 도움이 되도록 만들어야 한다.

77 대출기관들에 대해서도 신경 써라

모든 미덕은 결국 어떤 일을 공정하게 처리하는 것으로 요약된다.
– 아리스토텔레스(Aristotle, B.C 384~322), 고대 그리스 철학자

우리 회사는 프루덴셜 보험으로부터 50만 달러를 빌린 적이 있었다. 당시 우리는 방향을 제대로 잡지 못한 채 어려움을 겪고 있었고 수익도 별로 좋지 않았다. 따라서 그럴 듯한 재무제표도 없었고 회사도 그다지 발전하지 못했다. 프루덴셜의 경영진인 프레드 케네디(Fred Kennedy)와 딕 앤더슨(Dick Anderson)은 정기적으로 우리 회사를 방문했다. 몇 년간에 걸쳐 우리는 좋은 관계를 맺었다. 그들이 우리를 방문했을 때 상황이 전혀 좋지 않았지만 놀랍게도 그들은 우리를 매우 지지해 주었다. 정직한 관계를 맺는 일이 가치 있다는 사실을 다시 한 번 확인한 것이다.

당신 회사가 거래하는 금융기관들은 당신 회사의 장기적인 발전과 성공에서 매우 중요하다. 그들을 파트너로 간주하면 제한 요소는 더 적어지고 많은 돈을 빌릴 수 있는 혜택을 얻을 수 있다.

기본적으로, 돈을 빌려주는 기관들을 투자자나 파트너로 간주하라. 약속은 적게 하고 실천은 그 이상으로 하라. 만일 그들이 분기별

보고서를 원한다면 그들에게 월간 단위로 보고서를 제공하는 것을 고려해 보라. 만일 그들이 연간 단위로 그들의 사무실에서 회의를 갖고 싶어한다면 그들을 당신의 사무실로 초대하라. 그들이 당신 회사의 공장과 창고, 매장을 둘러볼 수 있는 계획을 마련하고 그것에 대해 설명하라. 그들에게 당신이 무엇을 생각하고 있는지를 전달하라.

당신 회사의 핵심 인물들이 그들에게 프레젠테이션을 하도록 하라. 그렇게 함으로써 당신의 직원들에게 주인의식을 갖게 할 수 있고 당신이 그들을 얼마나 자랑스럽게 생각하는지를 은행에 보여 줄 수 있다.

무엇보다 대출기관들을 놀라게 해서는 안 된다. 만일 어떤 기간 동안의 실적이 좋지 않을 것 같으면 비록 정확한 수치가 나오지 않았더라도 그들에게 가장 먼저 알려라. 그 사실을 미리 알려 주면서 그 이유와 원인을 설명하라. 그리고 앞으로 어떻게 나아갈지에 대해서도 언급해라. 최악의 시나리오는 그들이 당신이 말하기 전에 나쁜 소식에 대한 루머를 듣는 것이다. 언제나 최선의 방어는 좋은 공격이다. 미리 움직여라. 그렇게 하면 좋은 결과를 가져올 것이다. 당신이 계속 신뢰를 지키고 있음을 보여 주고 재무상태에 대해서도 정직하게 보고하면 그들은 안심할 것이다. 그들은 엔론과 엔더슨, 타이코 등이 저지른 일들로 인해 위험한 상황을 감지하는 능력이 있다.

자금을 대출해 주는 기관들을 중요하게 여기고 그들과 개인적인 관계를 형성하라. 당신의 대출 신청서가 컴퓨터로 처리되고 그래서 다음 대출 거래에 아무런 영향을 주지 않는 기관과의 거래는 피하라.

의사결정권이 있는 사람과 거래를 하라.

우리가 훌륭한 은행가들과 오랜 기간 동안 개인적인 관계를 유지하지 않았더라면 이 책의 제목은 상당히 달라졌을 것이다. 당신이 물에 빠져 죽을 때까지 구명보트를 기다려서는 안 된다. 지금 당장 선장을 친구로 만들어라.

다이아몬드 캐기

◆ 필요하기 전에 미리 자금 대출기관들과 관계를 맺어라.

◆ 그들을 당신의 회사로 초대하고 당신의 사업과 전략에 대해 설명하라.

◆ 당신의 강점과 함께 약점도 일부 보여 주어라. 당신이 완벽하지 않은 이상 이러한 전략도 관계 구축에 도움이 될 것이다.

◆ 당신의 핵심 직원들로 하여금 자금을 대출해 주는 기관들 앞에서 프레젠테이션을 하게 하라.

◆ 당신의 회사에 대한 나쁜 소식으로 그들을 놀라게 하지 말라. 결코 그런 일이 있어서는 안 된다.

집중하기
Focusing

아이디어

78 당신은 어떤 사업을 하고 있는가?

> 우리는 은행과 거래를 한다. 하지만 그들은 피자를 만들지 않고 우리는 수표를 다루지 않는다. — 쉐이키 피자(Shakey's Pizza)의 간판에서
>
> 나는 성공의 열쇠를 모른다. 하지만 실패의 열쇠는 모든 사람을 만족시키려고 노력하는 것이다.
>
> — 빌 코스비(Bill Cosby), 코미디언·배우·작가

항공 여행과 화물 수송이 본격적으로 성장하기 시작한 20세기 중반 무렵, 캐나다 퍼시픽 레일웨이즈(Canadian Pacific Railways)는 미래를 향한 준비를 하고 있었다. 그 회사는 여객과 화물의 운송 수단을 제공하는 것을 사명으로 알고 있었고 마침내 캐나다 퍼시픽 에어라인즈(Canadian Pacific Airlines)라는 회사를 만들었다.

그 회사의 남쪽에 있던 아메리칸 레일로드(American Railroad)는 그들의 사업을 오직 철도 수송으로만 정의하고 있었다. 그들은 자신들의 사업을 운송업으로 간주하지 않았고 그것이 그들이 몰락한 원인이 되었다.

헬츠버그 다이아몬드의 사업은 보석류를 다루는 것이지 쇼핑몰을 운영하는 것이 아니다. 우리가 독립 매장들을 추가했을 때 우리는 쇼핑몰 진입을 위해 시내를 떠났을 때에 비해서 사업 양식에 변화를 주

지 않았다. 우리는 계속해서 보석을 팔았다. 단지 진열을 다르게 해서 팔았을 뿐이다. 헬츠버그가 여러 상품 라인들을 포기했을 때(심지어 우리는 몇 년 동안 시계류도 포기한 적이 있다) 가게 간판은 "헬츠버그 보석"에서 "헬츠버그 다이아몬드"로 바뀌었다. 우리가 원하는 것과 사람들이 생각하고 있는 우리 이미지에만 초점을 맞추었던 것이다.

당신이 현재 하고 있는 사업이 어떤 것인지를 명확히 인식해야 하며 다른 사람들에게도 당신이 현재 어떤 사업을 하고 있는지 알려야 한다. 소비자들은 하루도 빠지지 않고 수천 개의 광고 메시지에 노출된다. 그런 점을 감안하면 회사 이름은 무척이나 중요하다. 나는 우리 회사 이름을 매우 자랑스럽게 생각한다. 우리가 무슨 일을 하는지 회사 이름이 정확하게 말해 주기 때문이다. 나는 우리 직원들이 "다이아몬드"라는 말을 빼고 "헬츠버그"라는 말만 사용하지 않도록 하기 위해 애쓴다.

어떤 회사나 가게 이름을 들을 때 무슨 뜻인지 잘 모를 때가 있다. "Joe's"가 뭐지? 성공적인 레스토랑인가? 옷 가게? 아니면 배관 업체? 물론 예외가 있을 수는 있다. 하지만 당신은 당신이 누구인지 그리고 무슨 일을 하는지를 표현할 수 있는 이름이 필요하다. 보잉이나 클로록스*(Clorox, 미국의 가정용품 생산판매 업체)가 아닌 이상 당신이 누구인지를 설명해야 할 것이다.

스스로에게 이렇게 물어라 "내가 정말로 하고 있는 사업은 무엇인가?"

철도 사업인가 아니면 운송업인가?

영화 산업인가 엔터테인먼트 산업인가?

쇼핑몰 사업인가 아니면 소매업인가?

식품 사업인가 아니면 접대 사업인가?

사진 필름 사업인가 아니면 이미지 전송 사업인가?

사업의 세계에서 계속되는 변화만큼이나 도전적이고 흥미로운 것이 또 있을까? 변화에 맞서 싸우는 것은 피할 수 없는 일을 피하려는 것이다. 변화는 당신이 무엇을 하든 일어날 수밖에 없다. 따라서 업계에서 일어나는 우여곡절에 대비해야 한다. 쇼핑몰에 일찍 매장을 낼 수 있었던 기회를 놓친 많은 시내 보석상들처럼 지금까지 일어난 일에 대해서만 집착하지 말라(나 역시 그들 가운데 하나였기에 이것을 몸소 배울 수 있었다).

텔레비전이 처음 나왔을 때 영화 업계는 그것이 새로운 경쟁자가 될 것이라는 생각을 비웃으며 여유만만해 했다. 쓸모없어진 텔레비전들이 영화의 소재가 되기도 했다. 하지만 오늘날에 와서는 이 둘 사이의 관계가 100% 공생 관계는 아니더라도 영화 산업은 텔레비전 프로그램의 성장과 비디오나 DVD의 사용으로 인해 많은 혜택을 받고 있다.

보석 소매산업 역시 격심한 변화를 겪고 있다. 먼 과거에는, 시력을 측정하는 검안사들이 보석 가게 한 켠에 세를 얻어 자리를 잡고 있었다. 이렇게 함으로써 수익도 높아졌고 새로운 고객도 많이 유치

할 수 있었다. 그런데 이러한 관계가 위협을 받기 시작했고, 나를 포함한 많은 소매 보석상들은 이런 관계가 무너지는 것을 막기 위해 정책 입안자들에게 로비를 했다. 하지만 실제로 검안사들이 우리 가게 안에서 영업을 중단했을 때, 우리는 사업에 훨씬 더 집중할 수 있는 이점을 얻게 되었다. 변화는 불가피했고 그것을 막기 위한 노력은 시간과 돈의 낭비였다.

나는 특히 우리가 시계 제품을 포기하면서 다이아몬드에 집중할 수 있었던 8년간의 시간을 만끽했다. 그 결정은 100% 이성적인 방법으로 내려진 것은 아니었다. 나는 애리조나 주 투산에 위치한 파크몰(Park Mall, 지금은 Park Place로 불림)의 매장 개업식에서 진열해 놓았던 시계들을 철수시키면서 "이 가게는 시계를 팔지 않는 첫 번째 헬츠버그 매장이 될 것이다"라고 말했다. 우리는 그 기간에 매우 높은 수익을 올렸다. 또한 고객의 불만 가운데 90%가 전체 매출의 8%를 차지하고 있던 시계 제품에서 나온다는 것을 알게 되었다. 나는 우리 직원 모두가 오직 다이아몬드에만 집중한다면 많은 두통거리가 사라질 것이라고 생각했다. 포드의 슬로건("Does it sell Fords?")을 인용한 나의 지침은 "다이아몬드를 파는가?"("Does it sell diamonds?")였다. 아울러 우리가 경쟁업체들과 다소 다른 전략을 구사하는 것이 우리 직원들에게 자부심을 준다는 점을 깨달았다.

직관에 반하는 생각을 가지고 일을 진행시키는 것은 상당히 재미있다. 내가 철수시킨 시계 제품들을 우리의 새 경영진은 다시 매장에서 판매하기 시작했다. 거기에 대해 나는 아무 불만을 제기하지 않았다. "세상에는 너의 방법과 나의 방법, 그리고 올바른 방법이 있다"
라는 아버지의 말씀처럼.

다이아몬드 캐기

◆ 집중, 집중, 또 집중하라!
◆ 적을수록 좋다.
◆ 당신이 가장 잘할 수 있는 일을 하라. 그리고 나머지는 버려라.
◆ 당신의 결정에 이 테스트 방법을 이용하라. "이것이 과연 우리를 목
   표에 더 가깝게 가도록 해줄까?" 만일 그것이 오직 돈을 버는 수단
   에 불과할 경우, 그것은 실수일 가능성이 크다.

79 생활의 균형을 맞춰라: 일, 여가, 자녀, 건강 그리고 돈

아이디어
79

> 당신이 어떤 긴급한 회사 일로 아이의 스포츠 행사나 예능 활동 발표회를 놓친다면, 1년 후쯤에 당신은 그 일을 잊어버릴 수 있지만 아이는 그 자리에 당신이 없었다는 것을 잊지 않을 것이다. – 로렐 컬터(Laurel Culter), 미국의 광고 대행사 Foote, Cone & Belding의 부회장
>
> 야망의 궁극적인 결과는 가정 안에서 행복을 느끼는 것이다. – 새뮤얼 존슨(Samuel Johnson, 1740~1795), 영국의 시인·비평가 겸 언론인

그날은 엄청난 한파가 닥쳤다. 나는 아침 6시에 사무실에 도착했다. 당시 내가 무슨 생각을 했겠는가? 아무리 날씨가 좋지 않아도 지각하지 않는다는 것을 보여 주겠다는 생각? 그날 일과는 8시에 시작되었다. 내가 두 시간이나 일찍 와서 과연 달라진 것은 무엇이었을까?

나는 다소 과잉반응을 하는 버릇이 있다. 창업주의 아들이었기 때문에 남들보다 더 열심히 그리고 더 오래 일할 수 있다는 것을 입증하고 싶었다. 명백하게 생산성은 활동량보다 훨씬 중요한 개념이지만 나는 가끔 이 두 가지를 혼동하곤 했다. 다른 회사들에서 자주 나타나듯이 나는 모든 이들이 내가 게으름뱅이가 되거나 회사를 망칠 것으로 기대한다고 생각했다.

나는 종종 우리 가족과 더 많은 시간을 보낼 수 있었던 시기들을 떠올린다. 만일 내가 활동량보다 생산성을 더 중요하게 여겼더라면 그렇게 할 수 있었을 것이다. 나에게 가장 큰 동기 부여가 되었던 것은 내가 창업주의 아들이라는 사실이며 나에게 주어진 그러한 동기 부여가 소중한 것이었다는 것을 인정한다. 하지만 나는 좀더 균형 감각을 가질 수도 있었다. 생산성이 높을 때 열심히 일하는 것은 확실히 영리한 짓이다. 비록 나는 가족들과의 관계에 있어서 매우 운이 좋다고 생각하지만, 얻어진 결과물에 비해서는 너무 많은 투자를 한 것이다. 매출이나 이익 그리고 훌륭한 사람들과의 사업 관계를 형성하는 것도 중요하지만 그러기 위해서 시간을 얼마나 투자하는가도 중요한 문제이다.

시간이 지나면서 내가 우리 아이들과 함께 한 시간이 매우 적었다는 사실을 이해하기 시작했다. 그래서 우리는 멋진 가족 여행과 낚시 여행을 떠났다. 아이들을 학교에 데려다주고 돌아오면서 나는 그들과 일대일로 시간을 훔치는 행복한 도둑이 된 느낌이 들었다. 내가 알고 있는 기업가들은 그들의 가족에게 많은 신경을 쓰고, 기업가의 의미를 생각하는 데 많은 시간을 들인다. 당신은 매우 협조적인 배우자와 가족이 필요하며 아울러 당신이 혼자서 모든 일을 다할 수는 없다는 깨달음도 필요하다. 이는 특히 위기 상황에서는 더욱 그렇다.

균형잡힌 삶을 위해 고려해야 할 다른 부분은 건강이다. 건강은 체중과 체력, 유연성 등에 많은 영향을 받는다. 혹시 당신이 주로 하는 운동이 골프 카트를 운전하는 것은 아닌가?

아이들이 어른이 되었을 때 당신은 어떤 것을 회상하고 싶은가? 그들과 어떤 추억이 있고 어떤 시간을 보냈는가? 당신은 친구들과의 우정을 지속하기 위해 헌신적인가? 무엇보다도 당신은 배우자와의 사랑을 잘 가꾸어서 자녀들이 모두 집을 떠났을 때 집에 남은 두 사람이 서로 낯설게 느끼는 일은 없게 해야 할 것이다.

나는 오늘날의 기업가들이 그들의 사업상 의사결정에 있어서도 개인 생활을 많이 고려한다는 점에서 그들을 존경한다. 내 세대의 기업가들에게는 이런 점이 많이 부족했다. 당신의 기업가적인 의사결정에 있어 가족은 매우 중요한 부분이다. 그리고 그 부분은 점점 커진다. 왜냐하면 당신의 가족은 사업상 어려운 일이 벌어졌을 때 당신의 감정 및 금전적인 문제와 깊은 관련이 있기 때문이다. 이러한 트라우마(정신적 외상)들에 당신이 어떻게 반응할 것인가를 고려해 보는 게 좋다. 당신 일의 우선순위와 기업가 정신의 의미에 대해 가족과 의견을 주고받는 것은 그만큼 가치 있는 일이다.

다이아몬드 캐기

◆ 투입물이 아닌 결과물에 가치를 두어라. 결과도 얻지 못하는데 불필요한 시간을 투자하는 것은 바보 같은 짓이다.

◆ 활동량과 생산성을 혼동하지 말라.

◆ 당신 삶의 균형을 잡아라. 가족과 함께 하는 매 순간을 소중히 여겨라. 기회는 다시 오지 않는다.

◆ 당신이 사업에 투자해야 하는 시간을 이해해 주고 자녀들을 위해 당신 대신 훌륭한 부모 역할을 해주는 협조적인 배우자를 가져라.

◆ 당신의 건강을 적절하게 관리하고 있는가? 혹시 관리를 미루는 전형적인 사례는 아닌가?

◆ 기업가로서 당신의 삶은 당신이 완전하게 통제할 수 있는 것이 아니다. 회사의 위기가 당신의 가족들에게 영향을 줄 수 있고 반대로 가족의 위기가 회사에 영향을 미칠 수 있다. 위기를 예상하고 그것에 대비하라. 적어도 인생이라는 여정에서 일어나는 불가피한 위기들에 대해서는 인식하고 있어야 한다.

만약 균형잡힌 삶이 아니라면 성공의 비용은 너무 클 것이다.
- 린다 스트라이커(Linda Stryker), 선교 간호사

---

80 되돌려주기

> 우리는 타인으로부터 받은 것으로 생활하며 타인에게 나눠
> 준 것으로 인생을 만들어 간다.　　　　　– 윈스턴 처칠

되돌려주는 것은 당신이 살면서 느낄 수 있는 가장 큰 즐거움일 것이다. 그것은 이제껏 내가 한 일 중에서 가장 이기적인 것이기도 하다. 왜냐하면 나는 되돌려줌으로써 너무 많은 것을 얻었기 때문이다. 나는 되돌려주는 것이 절대로 관대한 일이라고 생각하지 않는다. 차라리 그것은 가장 즐거운 일이고 아마도 가장 이기적인 행동일 것이다.

되돌려주는 것의 이면에는 직원들이 보너스를 못 받거나 해고의 위기에 처해 있음에도 불구하고 자존심이나 사회적인 체면 때문에 자선단체에 기부금을 내놓는 사람들이 있다. 기업가로서 당신의 최우선 의무는 회사의 미래와 직원들의 고용을 보장하기 위해 회사가 이익을 내도록 만드는 것이다. 그 일은 우아한 외부 활동들보다도 우선순위에 놓여야 한다.

나는 몇몇 멘토들로부터 대외 자선 활동에 대해 소중한 충고를 받

았다. 우리 회사의 부회장인 매트리 로스(Matry Ross)는 "그 어떤 것에서도 우두머리가 되지 말라"고 말했다. 어윙 카우프만의 조언은 "회사에 계속해서 집중할 수 있도록 당신의 대외 활동을 최대 두 개로 제한하라"였다. 내 개인적인 견해는, 모임이나 다른 활동에서 당신보다 훨씬 더 전문적인 사람이 있는 곳은 제외하고 당신이 진정으로 기여할 수 있다고 생각되는 일에만 참가하라는 것이다.

세금이 면제되는 단체나 기구에서 일하는 것은 오래 할 수 있다. 진정으로 다른 사람들을 도울 수 있는 데다 스스로가 발전되고 있음을 느낄 수 있다는 점에서 큰 기쁨이 될 것이다. 그리고 무엇보다 함께 일하는 사람들이 당신의 소중한 친구가 될 것이다.

다이아몬드 캐기

- ◆ 외부 활동은 당신의 회사가 제대로 돌아가고 있을 때 하라.
- ◆ 당신의 대외 활동은 그 수를 너무 늘리지 말고 활동의 수준도 편안한 위치에서 하라.
- ◆ 당신의 시간과 가족이 잃어버리는 시간의 잠재적 손실을 신중하게 고려하라.

내가 그곳에 들어갔을 때 세상은 황폐하지 않았다. 나의 선조들이
나를 위해 나무를 심었듯이 나도 자식들을 위해 나무를 심는다.
- 탈무드

만일 내가 나를 위하지 않는다면, 누가 나를 위해 주겠는가?
만일 내가 남들을 위하지 않는다면, 나는 무엇인가?
지금이 아니라면, 언제인가?
- 힐렐(Hillel), 유대교 랍비

당신에게 받은 걸 갚을 수 없는 사람을 위해 무언가 하지 않았다면
당신은 돈을 벌었다고 해도 완벽한 하루를 산 것이 아니다.
- 루스 스멜처(Ruth Smeltzer)

추천도서

Buckingham, Marcus and Coffman, Curt. *First, Break All the Rules* (New York: Simon & Schuster, 1999).

Cohn, Ted, and Considine, Ray. *WAYMISH... Why Are You Making It So Hard... for me to give you my money?* (1-888-WAYMISH).

Collins, Jim. *Good to Great* (New York: HarperCollins, 2001)

Herzberg, Frederick. "One More Time: How Do You Motivate Employees," *Harvard Business Review* (republished January 2003)

McGregor, Douglas. *The Human Side of Enterprise* (New York: McGraw-Hill/Irwin, 1985)

Mackay, Harvey. *Dig Your Well Before You're Thirsty* (New York: Doubleday, 1997)

Mornell, Pierre. *Hiring Smart* (Berkeley, California: Ten Speed Press, 2003)

Smilor, Ray. *Daring Visionaries: How Entrepreneurs Build Companies, Inspire Allegiance and Create Wealth* (Avon, Massachusetts: Adams Media Corp., 2001)

이 책에 대한 생각이나 코멘트, 아이디어를 환영합니다.
(단 개인적인 요청에 대해서는 답을 해드리기가 어렵습니다.)

Barnett C. Helzberg, Jr.
4520 Main Street
Suite #1050
Kansas City, MO 64111
또는
BHelzberg@aol.com

기업 멘토링 프로그램에 대한 정보를 원하면 다음의 주소로
연락 바랍니다.

Helzberg Entrepreneurial Mentoring Program
4747 Troost
Kansas City, MO 64110

Website: HelzbergMentoring.org